NEW

VISION

ON

EDUCATION

教育

新视野

主编 翟博

执行主编 周飞 汪瑞林 唐景莉

教育科学出版社

·北京·

　　越来越多的人发现，一种教育现象的背后，影响因素往往是多元的、交互的，涉及诸多学科和领域，与经济水平、社会管理、文化体制、传统观念、技术发展、国际趋势等息息相关。很多教育问题的解决，更非教育管理部门一己之力所能及，而是需要协同多方力量。与这种特点相对应，我们分析和看待教育的视角也应突破校园围墙和狭义教育的藩篱，否则就可能管中窥豹，一叶障目。

　　因为专注，所以专业。《中国教育报》作为一家教育类的专业日报，对于教育问题的分析研究不可谓不细、不可谓不深，但是反过来看，却可能因为对于具体教育问题关注过多而导致在视野的广度上有所欠缺，正所谓"不识庐山真面目，只缘身在此山中"。正是出于这样的考虑，2013 年 3 月，《中国教育报》深度报道版推出了一个全新的栏目——高端访谈。该栏目力图聚焦教育与社会的结合点，从更高、更广阔的视野来审视教育问题、解读教育现象。访谈对象中既有全国人大常委会原副委员长、文化部原部长等高层领导，也有中科院、社科院、企业界等教育圈外的知名学者，还有社会文化名流及关注中国教育的国际友人。他们不一定对教育有专业的研究，但其身份、学识和职业专业背景与教育有交集，他们跳出教育看教育，带给读者许多新的启迪和思考。

　　歌德说，"读一本好书，就像是和高尚的人谈话"，而聆听一位高尚的人谈话，收获也不亚于读一本好书。因为这些谈话，往往浓缩了这些名家的思想精华，是其研究成果、核心观点、心得感悟的集中体现。高端访谈栏目开办一年半的时间里，刊出了数十位知名专家的访谈或署名文章。这些知名专家或社会名人工作繁忙，采访和约稿难度较大。这些文章紧贴时下教育热点，思想内涵十分丰富，将这些访谈文章精选汇编成册，奉献给读者，让读者读一本书，就能和那么多的高端人士"谈话"，岂不是善莫大焉？

　　"横看成岭侧成峰，远近高低各不同"，期望通过"高端访谈"文章集萃，我们能带你进入一个不同的教育世界。

《教育新视野》编委会

第一部分　中国梦与教育梦

第二部分　全球视野看中国教育

第三部分　教育信息化挑战与趋势

第四部分　教育改革与人才培养

第五部分 教育与传统文化

第六部分　教育与经济、科技

第一部分

中国梦与教育梦

中国梦　教育梦

——访清华大学中国国情研究院院长胡鞍钢

人物简介：胡鞍钢

党的十八大代表，现任清华大学中国国情研究院院长，清华大学公共管理学院教授、博士生导师。兼任国家"十二五"规划专家咨询委员会委员、国家减灾委专家咨询委员会委员、北京市人民政府专家咨询委员会委员等职务。出版各类中英文专著、编著 60 余本，发表学术论文近300 篇。

"现在，大家都在讨论中国梦，我认为，实现中华民族伟大复兴，就是中华民族近代以来最伟大的梦想。"2012 年 11 月 29 日，中共中央总书记习近平带领新一届中央领导集体参观中国国家博物馆"复兴之路"展览，回顾近代以来中国人民为实现民族复兴走过的历史进程，号召人们把国家建设好，把民族发展好。在讲话中，习总书记特别阐述了他对中国梦的理解。习总书记这番讲话引发各界的热评和思考。什么是中国梦？我们如何才能实现中国梦？作为教育人，如何为实现中国梦尽一份力？围绕这些问题，本报记者采访了清华大学中国国情研究院院长胡鞍钢。

中国梦——中华民族的伟大复兴

记者：如何理解中国梦的内涵？

胡鞍钢：中国梦是每个中国人的梦，是人民幸福之梦；中国梦是国家富强之梦，是中华民族伟大复兴之梦。个人的梦和国家的梦、民族的梦是统一的、相互促进的。没有国家强、民族兴，就不可能有人民幸福。国家强、民族兴根本上是要实现人民的福利最大化、幸福最大化，共享、共建"大同世界""太平盛世"。

中国梦是整个中华民族的民族情结、社会理想和心灵归宿。它体现了中华民族和中国人民的整体利益，是每一个中华儿女的共同期盼。当下，它具体体现为中国共产党的执政目标、治国方略与政策方针，它是整个国家和民族的奋斗目标与精神彼岸。

记者：2008 年奥巴马赢得总统选举，被称为是"美国梦"的生动阐述。2012 年 11 月 6 日，奥巴马在胜选后发表的演讲中再次重申"美国梦"。在您看来，"中国梦"和"美国梦"最大的不同之处是什么？

胡鞍钢：中国梦不同于美国梦。美国梦是强调一个人只要辛勤工作就能有体面的生活，实现自己的理想，而中国人民不仅关心自己，还仁者爱人、心怀天下，崇尚个人价值与社会价值的高度和谐，有着强烈的集体主义倾向。我们不仅追求个人的成功，更要实现中华民族的伟大复兴。历史告诉我们，每个人的前途命运都与国家和民族的前途命运紧密相连。个人的梦想要在国家和民族的梦想中实现。

记者：实现中华民族的伟大复兴，需要经过什么样的路径，达到什么样的目标？

胡鞍钢：进入 21 世纪，中共中央提出了伟大中国"三部曲"：第一部曲，用 20 年时间，到中国共产党成立 100 周年时全面建成小康社会，现在时间过半，任务完成超额过半，十八大又围绕这一核心目标系统地设计了经济建设、政治建设、文化建设、社会建设和生态文明建设"五位一体"的目标体系。第二部曲，再花 30 年时间，到新中国成立 100 周年时，全面实现中国特色社会主义现代化。第三部曲，在整个 21 世纪，一步步实现中华民族伟大复兴。

中国的伟大复兴是全面的复兴，是"五位一体"的复兴，中国不但要建成比资本主义国家更高的物质文明，还要建成更高的政治文明、社会文明、生态文明和精神文明，为人类的文明开辟新的境界。

记者：现在国际上有不少反华、仇华势力将中华民族的复兴、中国的强盛视为一种威胁，您怎么看？

胡鞍钢：当前，中国和世界的关系发生了历史性的变化。研究表明，在过去十年，中国对全球新增 GDP 的贡献超过了美国，中国对全球的进口增长和出口增长的贡献也都超过了美国。中国对全球的影响之大、之深、之强烈，只有对方才能感受到。中国加入 WTO 后，我们称之为开放中国、融入世界、影响世界。中国希望对世界做出更大的贡献。当前中国仍处于战略机遇期，大有希望、大有作为、大有贡献，最终落脚点在大有贡献。未来十年，毫无疑问，中国主要的经济指标对全球的贡献一定是第一位的。

实现中国梦还有很远的路要走

记者：近代以来，中华民族的复兴之路经历了怎样的坎坷历程？

胡鞍钢：民族复兴是近代以来中国人最伟大的民族梦想。中华文明数千年绵延不绝、生生不息，屹立在世界东方。只是到了近代，中国因封闭而落伍，因落伍而挨打，因挨打而奋起，这才有了孙中山"振兴中华"的夙愿，但是他并没有找到真正的复兴之路，中国仍然加速衰落。中国国内生产总值（GDP）占世界总量的比重从 1900 年的 12.0% 下降至 1950 年的 4.6%，这是中国两千年来，特别是二百年来，占世界 GDP 总量比重最低的历史记录，当时的中国也是世界绝对贫困人口最多的国家。

新中国成立 63 年来，党带领全国各族人民不断探索，改革开放，共同建设中国特色社会主义，取得了举世瞩目的辉煌成就。可是，我们才走完了民族复兴这万里长征的第一步，要实现中华民族的伟大复兴，我们还有更远的路要走，要始终秉持"天行健，君子以自强不息"的民族精神不断奋进。

记者：很多人把能否超越美国作为实现中国梦的一个观察指标，甚至有些学者认为"不超美国，谈何复兴"，您怎么看这个问题？

胡鞍钢：在整个 20 世纪，苏联和日本都曾经直接或者间接地提出超过美国成为世界第一的目标，但都没有实现。

"赶超美国"是毛泽东主席为我们提出的"中国梦"或"强国梦"。50 年前，他在党的八大预备会议上首次提出用 50 年或 60 年的时间赶上并超过美国的战略设想。在世界上 200 多个国家和地区中，真正有资格能够追赶并超越美国的只有中国。

从现代国家发展生命周期角度看，毛泽东时代是这一生命周期的第一个阶段，即初步成长期和工业化初期，还不可能实现这一梦想，但是却为中国建立了比较独立、比较完整的工业体系和国民经济体系，使中国进入了世界经济大国的前十位。

毛泽东之后，邓小平不断地重建社会主义制度，不断地改革经济体制、政治体制，消除弊端，创造优势，因而激发了人民的创新、社会的创新、国家的创新和党的创新，开启并实现了从追赶到超越的过程。自改革开放以来，中国进入了这一生命周期的第二阶段，即迅速崛起期和工业化加速期，明显加快了对美国的经济追赶和技术追赶，但是直到苏联解体的 20 世纪 90 年代初，中国与美国的经济实力和综合国力的差距仍相当悬殊，美国成为独一无二的超级大国。

进入 21 世纪，党中央及时做出准确的判断："综观全局，21 世纪头 20 年，对我国来说，是一个必须紧紧抓住并且大有可为的重要战略机遇期。"这一战略机遇期的核心目标就是"富民"，即到 2020 年全面建成小康社会。由于中国是世界人口最多的国家，比美国多出 10 亿人口，即使人均收入只增长到相当于美国人均收入水平的 1/5 至 1/4，经济总量也会超过美国。这是一个多种主要总量指标连续加速赶超美国的过程，从农业第一到工业第一，从货物出口第一到货物进口第一，从投资第一到消费第一，从制造第一到科技创新第一。这个过程早已开始，而采用汇率法计算的 GDP 指标超过美国只是这个过程的最终标志，而不是唯一的标志。

记者：中国赶超美国，从世界范围看有什么积极意义？

胡鞍钢：从实现路径上看，中国全面追赶美国的过程，也是在局部超越美国、进而主体超越美国的过程。中国崛起的经济含义是中国经济总量占世界比重大幅度上升，中国与发达国家特别是美国的经济差距显著缩小。世界人口最多的发展中国家追赶世界最发达的、也是最强大的美国，这将构成 21 世纪中国影响人类发展进程的、令人关注的重大事件。这对于打破长期以来美国独霸世界、西方主导全球的政治经济贸易格局具有极其深刻的意义，对于促进新兴市场国家力量步入上升期具有十分积极的国际意义。

中国超越美国，与之前任何一个世界第一大国最重要的不同在于，中国不是推行霸权主义而是倡导和平主义，不是推行单边主义而是主张多边主义，不是推行零和博弈而是奉行互利共赢的原则。一个日益强大的中国需要对人类发展做出更大的贡献，这既包括减少贫困的贡献、经济增长的贡献、贸易增长的贡献，还包括知识的贡献、文化的贡献、绿色发展的贡献。

记者：党的十八大报告提出，我们当前仍处于重要的战略机遇期，对此该如何理解？

胡鞍钢：我用"天时、地利、人和"这六个字来说明为什么说当前中国仍处于战略机遇期。所谓天时，就是全球化知识革命，以及正在酝酿和发动的第四次工业革命，即绿色革命，同时第三次工业革命即信息革命尚未完成，还在加速当中。中国现在已经成为这几场革命最大的受益者，用户量和生产量都居世界第一。地利是指在过去二十多年，由于中国的发展，亚洲在整个世界五大洲中，经济、贸易、吸引外国投资增长率是最快的。最近的这次国际金融危机后，中国是除日本外的亚洲地区经济增长最快的国家，因此地利是非常重要的。最重要的当然还是人和，能不能把握战略机遇期，关键是在国内科学发展、构建和谐社会、如期实现全面建设小康社会目标，我对此充满信心。

天时、地利、人和这三大因素相互作用、相互关联，在我国近现代史上是少有的。所以我们既要珍惜战略机遇期，还要创造战略机遇期。

记者：从当前中国国情看，实现中国梦有什么有利因素，又有哪些不利的方面？

胡鞍钢：我们比历史上任何时期都更加接近中国梦。中国与美国综合国力的相对差距明显缩小，由 2000 年的 2.55 倍缩小至 2008 年的 1.50 倍，中国已经成为名副其实的世界第二强国。

未来推动中国梦实现的主要有五大红利。

一是人力资本投资红利。在人口红利减少的同时，人力资本红利将持续上升，会抵消前者的负面影响。

二是结构变革红利。这是指就业结构中农业比例下降而非农业比例上升，反映了劳动力从低劳动生产率部门转移到高劳动生产率部门，这一红利不仅是明显的，还是长期性的。

三是所有制变革红利。一方面非国有经济迅速发展，成为就业主体、经济主体，显示了新经济成分的生命力和快速成长性；另一方面国有经济经过战略性调整和现代企业制度重建，重新崛起，集体崛起。目前中国进入世界 500 强的企业达到 64 家，到 2020 年中国进入世界 500 强的企业数预计将超过 140 家，从世界第二位上升为世界首位，既包括国有企业，也包括民营企业，组成特有的"中国兵团"，公开与欧美日兵团竞争。

四是科技进步红利。从国际科技竞争的视角，按科技实力指标来评估（包括科技投入能力、科技人力资源投入能力、科学研究能力、技术发明能力、科技产品的国际竞争力五个指标），估计到 2030 年，这五大科技指标，中国占全世界的比重将达到 30%，相当于美国和欧盟的总和。

五是开放红利。从中国进口、出口占世界总量的比重看，我们估计，到 2030 年中国进口、出口占世界总量的比重分别为 27.0% 和 24.0%。

这五大红利的充分释放和综合作用，不仅推动了中国经济起飞，融入世界经济，还从根本上改变了中国在世界的地位和作用，这是一百多年来从未有过的。无论是康有为、孙中山，还是毛泽东、邓小平所期望的实现中华民族伟大复兴的梦想，不仅条件已经具备，而且时机已经成熟，将逐渐变为现实。这就是 21 世纪的"中国大势"。

与此同时，中华民族的伟大复兴是万里长征之路，绝不是笔直大道，更不会一帆风顺，有许多我们可以预见的挑战，还有许多我们无法预见的冲击，概括地讲还是那句话——"机遇前所未有，挑战前所未有"，关键是我们如何有效地识别挑战，及时地主动应对挑战，智慧地将危机转化为机遇。

中国所面对的挑战来自国内和国际两个方面，这就需要把握两个大势，即中国大势、世界大势；统筹两个大局，即全国大局、世界大局；设计两个大战略，即国内大战略、国际大战略；创造两个机遇，即中国机遇、世界机遇。

教育如何为实现中国梦助力

记者：如何理解教育在实现中国梦过程中的地位和作用？国家提出教育优先发展的战略有何深意？

胡鞍钢：教育兴，国家兴。教育是实现经济发展、国家繁荣的最好途径，尤其是对世界人口大国而言，它还是成为世界强国的基本条件和最好途径。21 世纪是中华民族伟大复兴的世纪，同时也是中国现代教育发展、人力资源开发的黄金时期，我们将加快从世界教育大国向教育强国、从世界人力资源大国向人力资源强国迈进。只有中国人口不断现代化，人力资本不断跃升，创造力不断释放，我们才能说"中国人口众多是一件极大的好事"。人口不再是发展的沉重包袱，而是发展的最大源泉；不再是发展的制约劣势，而是发展的最大优势；不再是发展的负债，而是发展的最大资产。教育对于经济建设、政治建设、文化建设、社会建设和生态文明建设都具有支撑作用。

教育具有先导功能、引领功能。教育现代化处于现代化目标的优先位置，对全面现代化有引领的作用。对于中国这样的人口大国而言，教育也是成为世界强国的基本条件。教育对于人才培养的作用具有时间上的延后性，"十年树木，百年树人"，作为人力资本培养基础的教育必须先行。因此，教育必须始终处于中国现代化进程中优先发展的地位。教育优先符合经济社会发展的内在客观规律。

党的十八大提出了两个"百年"的目标：在中国共产党成立一百年时全面建成小康社会，在新中国成立一百年时建成富强、民主、文明、和谐的社会主义现代化国家。围绕这两个"百年"的目标，确保到 2020 年实现全面建成小康社会的宏伟目标，教育起着至关重要的作用。教育现代化既是两个"百年"目标的重要组成部分，又是促进小康社会建设的重要前提和驱动力。

记者：中华民族的伟大复兴对于教育提出了什么样的要求？我们当前的教育与发达国家比、与时代的要求比，还存在哪些差距？

胡鞍钢：中华民族伟大复兴的伟业对教育的发展提出了更高的要求。中国特色社会主义教育现代化是中国全面现代化的重要组成部分，教育需要为国家现代化建设提供人才和人力资源保障，需要为国家实施创新驱动发展战略提供根本动力。教育现代化对全面现代化具有引领和支撑的作用，是实现两个"百年"目标的根本前提。

中国目前已经是教育大国，但还不是教育强国，内部发展还很不均衡，教育质量还有待提高，与发达国家的教育现代化水平相比仍有相当的差距。

从国际比较来看，中国的初等教育毛入学率已经达到发达国家的同等水平；中等教育毛入学率处于发展中国家前列，大大高于印度（2000 年中国为 61%，印度为 46%）；从高等教育毛入学率来看，中国大大低于美国，同时也略低于印度，这也要求人力资本积累从初、中等人力资源快速积累转向高等教育人力资源快速积累。

第二个重要方面是教育投入。加大教育投入是实现教育优先发展的基础，也是国家教育改革发展规划的核心指标。尽管我国教育经费在较快增长，但公共财政教育经费支出占 GDP 的比重在世界上仍处于较低水平。根据美国中央情报局（CIA）提供的资料，在世界 182 个国家和地区中，我国这一比重的排位为第 135 位，还低于邻国尼泊尔。从教育总经费占 GDP 的相对值来看，2008 年我国全社会教育总投入相当于 GDP 的 4.62%，分别低于 2003 年 OECD（经济合作发展组织）国家与世界中等偏上收入国家 5.9% 和 5.7% 的平均水平。教育经费投入严重不足依然是我国教育事业发展的主要瓶颈。这需要我们继续坚持教育优先发展战略，加大教育投入，解放思想，开阔视野，创新和建立全社会各方激励相容的投入机制，包括发挥政府和市场的"两只手"的互补作用，发挥中央和地方"两个积极性"的合力作用，发挥国家和社会"两个伙伴"的合作作用。

记者：党中央提出要"办人民满意的教育"，您认为什么样的教育才是人民满意的教育？

胡鞍钢：办人民满意的教育的关键，在于最广大的人民可以平等地享有高水平的教育机会。教育是社会民生的重点领域，是缩小城乡差距、统筹城乡发展的突破口，是促进社会公平、实现社会福利最大化的重要手段，是提高人类发展水平的关键因素，教育领域还是吸纳社会就业的重要增长点。人民满意的教育就是充分体现中国因素、社会主义因素、现代化因素的教育；办人民满意的教育是一个教育水平不断提高、教育公平不断扩大、教育质量不断提高、教育结构不断优化、教育体系不断现代化的过程。

（《中国教育报》2013 年 3 月 3 日第 3 版）

中国现代化　教育要先行

——访中国科学院中国现代化研究中心主任何传启

人物简介：何传启

　　现任中国科学院中国现代化研究中心主任、中国现代化战略研究课题组组长。1998 年提出第二次现代化理论，1999 年以来主持完成《第二次现代化》丛书 10 本。2000 年以来负责中国现代化战略研究，主持完成 2001—2012 年的《中国现代化报告》年度报告 12 本。发表论文 100 余篇，出版学术著作 30 余部。

　　中华民族伟大复兴的过程，就是中国全面走向现代化的过程，现代化是中华民族伟大复兴的必由之路。世界各国现代化的进程是怎样的？如何理解我国的现代化战略？什么是国家的全面现代化和教育现代化？为何教育现代化要比国家的全面现代化早 30 年实现？本期访谈嘉宾——中国科学院中国现代化研究中心主任何传启结合自己的研究，一一为大家解答。

追求现代化是发展中国家的战略目标

　　记者：近现代以来，中国人民在追求现代化的道路上进行了哪些探索？

　　何传启：从 19 世纪中叶的"鸦片战争"开始算起，中国现代化进程大致可分为三个阶段。

　　第一阶段是清朝晚期的现代化起步（1840/1860—1911 年）。现代化探索主要包括洋务运动、维新运动和立宪运动。洋务运动提出了"中学为体、西学为用"等主张，制造近代军事装备，建立近代工业，学习西方近代科学技术，发展教育文化等；维新运动提出维新变法，推行"新政"，废除八股，变革科举，兴办新式学堂，组织开展传播科学与民主的启蒙活动等。

第二阶段是民国时期的局部现代化（1911—1949 年）。这一时期，在政治大动荡的同时，民族工业得到一定发展，北平研究院等一批科研机构建立，高等学校也有较大发展，孙中山的"民族、民权、民主"三民主义得到有限推行。

第三阶段是新中国的全面现代化（1949 年至今）。1949 年新中国的成立，拉开了全面现代化建设的序幕。根据其特点，可以把这个阶段分成四个时期。第一个时期：1949—1965 年，重点推进工业化，发展计划经济，建立现代工业体系等；第二个时期：1966—1976 年，发生了"文化大革命"，造成很大破坏；第三个时期：1977—1996 年，进行了改革开放，发展市场经济和高技术等；第四个时期：1997 年以来的现代化，发展新型工业化、知识经济和国家创新体系，参与经济全球化，推动新型城镇化和环境保护等。

记者：我是"70 后"，我们这代人是在"为实现四个现代化而奋斗"的号召下长大的。"四个现代化"的历史背景和含义是什么？

何传启："四个现代化"是新中国第一代领导人提出的一个国家目标，是中国现代化建设的第一个系统目标。早在 1954 年，中国政府就提出了"建设现代化的工业、农业、交通运输业和国防"的基本任务。1964 年 12 月，周恩来总理在《政府工作报告》中正式提出实现"四个现代化"的战略目标，并提出了国民经济发展的"两步走"设想。

"四个现代化"也是中国现代化建设的一个阶段目标（到 20 世纪末）。它的实质是四个部门的现代化，包括农业、工业、国防和科技部门现代化，重点是经济现代化。这个战略目标适合当时的中国国情。

记者：世界各国向现代化迈进的路线图是怎样的？我国在国际大格局中处于什么样的地位？

何传启：我们系统研究了世界现代化的 300 年历史，分析比较了全球

130多个国家的现代化进程。研究结果显示，发达国家的现代化，一般是先完成工业化、城市化和民主化，同时造成了环境污染和资源破坏，然后再进行知识化、信息化和生态化，治理污染和保护环境，就是先完成第一次现代化，然后再进行第二次现代化。到2010年，大约有30个国家已经进入第二次现代化，发达国家全部进入第二次现代化；大约有90多个国家处于第一次现代化；大约有6个国家和许多地区处于传统农业社会。

目前，中国属于具有初等发达水平的发展中国家，处于发展中国家的中间水平。2010年中国第一次现代化大约完成90%，第二次现代化指数大约为发达国家的40%，在131个国家中排名60多位。

"四化同步"：两次现代化协调发展

记者：您曾经指出，中华民族伟大复兴的过程就是实现全面现代化的过程。那么，什么才是一个国家的全面现代化？

何传启：中国在18世纪以前曾经具有世界先进水平，曾经是一个发达国家，但后来衰落了，在19至20世纪期间成为一个发展中国家，并为此付出了巨大代价。2012年11月，习近平总书记提出"中华民族伟大复兴的梦想"，在全国上下引起强烈共鸣。从现代化科学角度看，如果一个发达国家下降为发展中国家后，经过不懈努力，再次成为一个发达国家，那就是一种国家复兴。

关于现代化的研究已有60多年的历史，但"现代化"目前尚无统一定义。现代化是18世纪以来的一种国际竞争，是追赶、达到和保持世界先进水平的国际竞争。形象地说，现代化运动就像是一场国际马拉松比赛，跑在前面的国家成为发达国家，跑在后面的国家成为发展中国家。一般而言，发达国家就是现代化的国家。现代化也是18世纪以来人类文明的一种前沿变化，它包括从传统文明向现代文明、从传统社会向现代社会、从传统经济向现代经济、从传统政治向现代政治、从传统文化向现代文化的转型和变化。

所谓全面现代化，就是在现代文明的各个领域和方面，都达到和保持世界先进水平。达到这种水平的国家，就是全面现代化的国家。

记者：一个国家是否达到现代化水平，有什么具体的衡量标准？您曾提出"六个现代化"的观点，是否可以理解为是一个标准？

何传启：关于现代化水平的衡量标准，目前尚无统一认识。我们完成的《中国现代化报告》采用多指标的定量综合评价来衡量国家的现代化水平。衡量标准是：国家第二次现代化指数和综合现代化指数的排名进入世界前20位，80%以上的现代化指标的发展水平进入世界前20位等。

"六个现代化"是指六个领域的现代化，包括经济现代化、社会现代化、政治现代化、文化现代化、生态现代化和人的现代化，都达到世界先进水平。20世纪讲"四个现代化"，属于部门层次的现代化标准。21世纪提"六个现代化"，属于领域层次的现代化标准。从"部门现代化"到"领域现代化"，内涵更丰富，内容更全面。

记者：中国实现现代化，需要经历哪几个阶段？就目前的情况看，有哪些制约因素，又有什么机遇？

何传启：中国现代化是一个百年目标，不可能一蹴而就。1987年邓小平同志提出"三步走"发展战略。目前，前两步战略已经完成，第三步战略已实行了十多年。我们根据1990—2005年第二次现代化指数的年均增长率测算，中国有可能在2040年左右达到世界中等发达水平，提前实现第三步战略目标。

21世纪中国要全面达到世界先进水平，需要上三个台阶。第一个台阶，从2000年到2020年左右，完成第一次现代化，全面建成小康社会，国家现代化水平进入世界前60名。第二个台阶，从2020年到2040年左右，超过世界平均水平，达到世界中等发达水平，基本实现现代化，国家现代化水平进入世界前40名。第三个台阶，从2040年到2080年左右，主要指标超过发达国家水平的底线，达到世界发达水平，全国平均实现现代化，国家现代化水平进入世界前20名。然后，在21世纪末，中国现代化水平要力争进入世界前10名，走到世界前列。

目前，中国现代化面临种种机遇和挑战，例如，人口压力、资源压力、环境压力、城市化问题和国际竞争等。从科技和经济角度看，两个机遇不容忽视：其一，第三次产业革命（自动化和信息化革命）的"尾声机会"，包括信息技术的创新、信息技术在经济和社会领域的渗透和应用、国际技术转移和产业调整等。其二，第六次科技革命（新生物学和再生革命）的"先声机遇"，包括新生物学革命的机遇，生物学与多学科的交叉融合；新物理学革命的机遇，如反物质、暗物质和暗能量研究等；仿生、创生、再生的三生技术革命，生物技术与多种技术的交叉；仿生和再生的产业革命，生物产业与多种产业的交叉等。

记者：您提出的"第二次现代化理论"影响很大。什么是第二次现代化？第二次现代化和第一次现代化相比有何不同？

何传启：第二次现代化理论是我 1998 年提出来的，它既是一种文明发展理论，又是一种新现代化理论。我认为，从 18 世纪到 21 世纪末，世界现代化的前沿过程，可大致分为第一次现代化和第二次现代化两大阶段。

第一次现代化是指从农业时代向工业时代、农业经济向工业经济、农业社会向工业社会、农业文明向工业文明的转变，它的时间跨度大约是 200 多年（约 1763—1970 年），主要特点包括工业化、城市化、民主化、理性化、机械化、电气化、标准化、福利化和非农业化等。第二次现代化是指从工业时代向知识时代、工业经济向知识经济、工业社会向知识社会、工业文明向知识文明的转变，它的时间跨度约为 100 多年（约 1970—2100 年），目前的主要特点包括知识化、信息化、生态化、全球化、网络化、智能化、个性化、多样化和非工业化等。

记者：按照您的理论，目前我们正在努力完成第一次现代化，开始迈向第二次现代化，但各个省份的情况不一致，是这样吗？

何传启：十个手指有长短，地区水平有高低。目前，中国第一次现代化尚未完成，如工业化和城市化就没有完成，但第二次现代化的许多要素已被采用，如信息化和生态化已具有一定水平，属于两次现代化并存的局面。其中，中国香港、澳门、台湾和北京等地区，已经进入第二次现代化，其他地区处于第一次现代化。2010 年，北京、上海、天津的第一次现代化程度达到

100%，已经达到或超过 1960 年工业化国家的平均水平；浙江、江苏、广东、福建、辽宁、内蒙古、湖北、山东、重庆、宁夏、吉林、山西和黑龙江的第一次现代化程度达到或超过 90%；其他地区第一次现代化程度低于 90%。

记者：十八大报告提出新型工业化、信息化、城镇化、农业现代化"四化同步"的发展战略，有何重要意义？

何传启：现代化政策需要与时俱进，现代化模式没有标准选择。"四化同步"是非常符合现代化规律和中国国情的一种发展战略，就是两次现代化协调发展，简称为"综合现代化"。

现代化科学认为，工业化和城镇化属于第一次现代化的基本范畴，信息化属于第二次现代化的基本范畴；新型工业化和新型城镇化包括绿色化和信息化等，属于两次现代化的协调发展。农业现代化既是中国现代化的一块短板，也是两次现代化的基本要求。

20 世纪的中国现代化，户籍制度造成农村和城市的人为分隔，工业化快于城市化，工业现代化快于农业现代化，城乡收入差距不断扩大，是一种不平衡发展模式。这种模式在经济发展中取得了很大成功，但在社会发展中遗留了很多问题。相对而言，"四化同步"是一种平衡发展模式，是一种新思维。

教育现代化是国家现代化的核心内容

记者：应该如何看待教育在国家现代化过程中的地位和作用？

何传启：教育是一种力量，是国家繁荣的一种软实力。人才是一种资本，是民族兴旺的一种硬资源。教以立国，学以立身。十年树木，百年树人。没有教育现代化，就没有人的现代化；没有人的现代化，就没有国家现代化。教育现代化，既是国家现代化的核心内容，又是国家现代化的重要基石，还是民族复兴和科教兴国的战略支撑。

目前，世界现代化的前沿已进入知识经济时代，人力资源的作用超越以往任何时期。努力实现教育现代化，提前实现教育现代化，是中国现代化的必然选择。中国现代化，教育要先行。

记者:《国家中长期教育改革和发展规划纲要（2010—2020 年）》（以下简称《教育规划纲要》）提出到 2020 年基本实现教育现代化。什么是教育现代化?

何传启:教育现代化是一项复杂的系统工程,关于它的认识在逐步深化。现代化科学认为:教育现代化是 18 世纪以来教育系统的一种前沿变化和国际竞争,它包括现代教育的形成、发展、转型和国际互动,教育要素的创新、选择、传播和退出,以及追赶、达到和保持世界教育先进水平的国际竞争和国际分化等。

教育现代化包括教育行为、教育结构、教育制度和教育观念的现代化,包括教育投入、教育产出和效率的现代化,包括教育参与、教育内容和教育回报的现代化,包括学校设施、教师队伍和教育方法的现代化,包括基础教育、中等教育、高等教育、学前教育、职业教育和继续教育的现代化,包括教育体系、教育法规和教育管理的现代化等。

在 18 到 21 世纪期间,世界教育现代化的前沿过程,可大致分为第一次和第二次教育现代化两个阶段。

第一次教育现代化是从农业社会的教育向工业社会的教育、从传统教育向初级现代教育的转型过程及其深刻变化,其特点包括专业化、理性化、科学化、电气化、民主化、制度化、标准化、公平化和普及初等义务教育等。第二次教育现代化是从工业社会的教育向知识社会的教育、从初级现代教育向高级现代教育的转型过程及其深刻变化,目前的特点包括信息化、网络化、个性化、开放化、国际化、创新化、高质量、普及高等教育和终身学习等。

记者:按照《教育规划纲要》,我国到 2020 年要基本实现教育现代化,到 2049 年基本实现国家的现代化,教育现代化要比国家全面现代化提前 30 年实现,做出这样的规划有何重要意义?

何传启:在现代化过程中,后进国家通过优先发展教育,成功赶上世界先进水平和实现现代化,已有不少成功的案例。例如,19 世纪的美国和德国,20 世纪的日本和韩国等。19 世纪 70 年代,德国率先提出和实行免费义务教育,创办现代大学——柏林大学。40 多年后,德国成为欧洲工业强国。20 世纪 40

年代，日本在第二次世界大战的废墟上，加快教育发展，逐步走到世界前列。

目前，中国现代化的整体水平已经达到初等发达国家水平，距离中等发达水平的差距在缩小，教育发展的部分指标已经达到中等发达国家水平；中国现代化已经进入起飞阶段，现代化建设对人才与科技的渴求和依赖超过以往任何时候。在很大程度上，教育水平和创新能力已经成为中国发展成败的影响因子，人才和创新已经成为民族复兴的战略基石。21 世纪的教育现代化将在国家现代化建设中发挥不可替代的基础性、全局性、先导性和战略性作用。

记者：您觉得我们离教育现代化的要求还有多大的差距，差距主要在什么方面？按照《教育规划纲要》的要求，现在离基本实现教育现代化的目标只剩下七八年时间了，这一目标能如期实现吗？

何传启：中国教育现代化的水平有多高，距离基本实现教育现代化的目标有多远，这个问题需要专题研究，因为涉及指标很多。一般而言，教育现代化标准包括教育投入、教育参与、教育效率、教育质量、教育公平、教育内容、教育制度、教育观念、教师队伍和学生素质等达到当时的世界先进水平。可以说，我们在每一个方面都存在或多或少的差距。

目前，中国教育发展不平衡，东部发达地区和大中城市的教育发展水平比较高，中西部地区和农村地区的教育发展水平比较低；教育规模和教育参与的指标表现比较好，教育公平和教育质量的指标表现比较差；教育投入比例和投入强度低于世界平均值；教育观念和教育制度需要改进；教育内容和教师队伍需要优化；学生的自主学习、身体素质和创新意识需要提高；教育改革需要解放思想和加快步伐。

习近平总书记说：空谈误国，实干兴邦。努力实现教育现代化，不仅是教育工作者的使命，也是我们每一个人的责任。如果我们每一个人都承担起一份责任，用实际行动推动中国教育现代化，那么，2020 年基本实现教育现代化的目标，就会美梦成真。

（《中国教育报》2013 年 3 月 5 日第 3 版）

人的城镇化关键在教育

——访清华大学社会科学学院院长李强

人物简介：李强

清华大学社会科学学院院长，教育部社会科学委员会委员、国家信息化专家咨询委员会委员，研究领域包括社会分层与社会流动、城市社会学、社会结构与社会问题等。

城镇化是当前中国社会历史巨变中的一个核心议题，牵涉数亿人生产和生活方式的转变。据国家统计局公布的数据，基于城镇常住人口的统计，截至 2012 年年底，我国城镇化率已达 52.57%。根据国际城市化的发展规律和中国社会经济发展趋势，较为保守的估计认为，未来 20 年左右的时间内，中国社会还将有 3 亿多农村户籍人口向城市和城镇转移。

推进城镇化，核心是人的城镇化。中国城镇化在改变着个体社会生活的同时，对教育领域带来了怎样的影响？在未来中国城镇化的变动趋势中，教育将发挥什么样的作用，需要进行哪些变革？记者就此采访了著名社会学家、清华大学社会科学学院院长李强教授。

城镇化有利于促进教育公平

记者：中国城镇化发展到今天，与教育相关的因素是否发生了变化？

李强：城镇化意味着人的生产方式和生活方式的转变，其实也意味着劳动者素质的提高，与传统农业社会的要求完全不一样，进入现代文明之后，劳动者必须具备与之相适应的素质。好的城镇化应该是教育引领的城镇化，其核心是人的城镇化。过去，我们更多地将城镇化理解为物的城镇化，即盖楼、设厂、建开发区，没能很好地理解教育的意义。

记者：前不久，您牵头做了一个关于中国城镇化的大规模的入户抽样调查，从调查的结果来看，城镇化给教育带来了哪些影响？

李强：清华大学中国经济社会数据中心在2012—2013年实施了"中国城镇化与劳动移民研究"项目，在全国范围内进行入户抽样调查，样本覆盖了中国大陆的31个省、市、自治区，共完成有效成人样本12540个，其中流动人口4386个，还对0～15岁少年儿童7517个样本进行了调查。

城镇化意味着人口流动，目前流入城市的人有两种，一种是从农村流动到城市的，一种是从城市流动到城市的，主要是从小城市流动到大城市。在调查中我们发现，农村到城市的流动率，还没有城市到城市的高。调查数据显示，农业户籍人口的流动率为21%，非农户籍人口的流动率达到23.7%。

城镇化让有闯劲的人流动起来，对经济发展做出了巨大贡献，让更多人能够接近现代化的资源，享受好的教育，这也促进了教育公平。

记者：城镇化的进步意义之一在于，通过城镇化，让更多人突破之前城乡二元体制的限制，享受到了好的教育资源。

李强：城镇化要体现社会公平，核心是突破户籍制度的束缚，最终完成城乡一体化任务。教育的任务是，通过城镇化，让更多人享受到更好的教育资源，提高教育质量。

但当前中国城镇化发展面临的一大挑战是，城乡之间二元结构还没有得到根本改变，户籍成为城镇化的障碍。虽然历经30多年的改革，许多社会福利保障因素已经逐渐与户籍制度脱钩，但是，迄今为止，很多教育资源仍与户籍密不可分。

中国城镇化调查数据显示，中国户籍城镇化率非常之低，非农户籍人口占全国总人口的比例仅为27.6%。然而，新生代农民工已经成为城市流动打工主体，而"90后"农民工群体仅3.8%愿意回乡务农，逾80%的农民工选择在县城及以上层级的城市定居，新生代农民工倾向于选择层级相对较高的城市定居。

为了下一代的教育问题，不仅是农民工，包括从小城市流动到大城市就业的大学生群体，他们对户籍有着更为迫切的要求，对异地高考改革的呼声也最高。

如果子女教育继续嵌入在户籍中，并在城乡之间、城市之间进行不公平分配，那么一切户籍制度改革都只可能进一步固化户籍制度，拉大户口等级差异。

户籍政策应该顺应时代潮流，在制定政策时，除了对流动人口分类型对待，也要对超大城市、大城市、中小城市分类型考虑。我国目前的政策是，除了放开小城镇小城市户籍，更重要的是允许各地做户籍改革实验，这是户籍改革一个很大的进步。分层次、分阶段、分步骤进行，是中国户籍改革的方向。

教育对跨越"中等收入陷阱"有重要作用

记者：要推动城镇化建设，教育资源配置应该如何调整，在哪些方面需要加大投入？

李强：调查发现，愿意在城镇定居的农民工群体中，选择乡镇、小城镇的并不多，80%以上的人选择在县城和以上的城市定居。这无疑与教育、医疗、就业等各种资源是有关系的。目前，教育资源分布不均衡的问题还很尖锐。

"中国城镇化与劳动移民研究"课题组提出了要发展县域城镇化，即推进以县城为中心的中等城市建设。中国人在生活习惯和文化模式上是认同"县域"概念的，随着交通设施的完善，一般村民的居住地到县城都不是太远，可以享受县域教育资源。

在不少地方，城镇化的发展仍然以工业和经济为中心，忽视教育的因素。开发区、经济区的模式作为短期政策是可以的，直接带动了中国经济的高速增长，也带动了人类历史上罕见的大规模人口向城镇的流动。但从长远发展来看，这一模式有重大缺陷，即缺乏配套设施建设。我们不能仅仅把外来人口当作劳动力，也应该将他们纳入现代城市文明生活体系。

在我们国家未来城镇化过程中，要重视城市多元文明要素规划和布局，教育在任何城镇发展中都必须纳入考虑范畴，不能只涉及产业模式，忽视人的因素，忽视教育设施配备，未来的发展模式应该更平衡些。

记者：近些年来，教育界也在努力应对社会变化，比如通过"撤点并校"进行学校布局调整。照理说，这是符合城镇化发展趋势的，但好像并没有得到广泛认可，症结在哪里？

李强：如果教育资源配置与城镇化发展步伐和需要吻合，应该是比较理想的模式。但是，可能在这个过程中，需求和配置没有达到吻合，就会出现问题。

判断教育资源配置是否合理，我们在调研中有一个计算标准，就是"教育资源的可及性"，也就是考察学生从家到学校需要多少时间，能否实现当天往返。我们希望大多数孩子在比较短的时间可以到达学校。比如在撤点并校以后，很多学生无法实现当天往返学校，那可能就会不被家长所接受。

再有，撤点并校更多是被动之举，因为学龄人口的减少以及随父母外出读书的学生增多，在校生人数大为减少，教育资源闲置和浪费的现象不同程度存在，所以一些学校才被并掉。如果能够提前规划，充分考虑受教育者的需求，可能效果会更好些。

记者：工业革命后，城镇化是世界各国现代化的必然过程。在教育推动城镇化方面，有没有其他国家的经验可以借鉴？

李强：城镇化或城市化是现代化的主要环节。全世界的城镇化发展是从欧美开始的，英国、德国和法国完成城市化都用了150年左右的时间。英国早一些，大概在19世纪就实现了多数人口在城市居住，其他发达国家到了"二战"的时候，大体上完成了城市化。

现在中国用几十年时间在走其他国家一两百年才走完的道路，确实有一些后发赶超的特征，所以，中国目前城镇化过程中矛盾也就特别突出。

从各个国家的发展经验来看，城镇化率达到 50% 左右的时期，往往既是经济繁荣期和城镇化的持续发展期，也是城市建设矛盾凸显期和城市病集中爆发阶段，表现为贫富分化问题、疾病流行问题、环境污染问题等。也有人把这种现象描述为"中等收入陷阱"。

在这个阶段，城镇化进程会出现分化——克服"中等收入陷阱"成为经济发达国家，或者落入"中等收入陷阱"而无法自拔。拉美地区和东南亚一些国家就是陷入"中等收入陷阱"的典型代表。

我们国家目前也正处在这个关键时期，据国家统计局公布的数据，基于城镇常住人口的统计，截至 2012 年年底，城镇化率已达 52.57%。要解决现阶段矛盾聚集的难题，迫切需要发展模式的转变，通过区域政策、城市规划等有效的政府干预和综合调控手段，促进城镇化与社会经济的健康协调发展。

在破解难题的多元化政策中，教育是重要的内容。人的教育水平的提高，对克服"中等收入陷阱"有重要作用。比如，克服了"中等收入陷阱"的韩国和日本，其人口平均受教育水平超过了 12 年，而我国只有 8 年。我们要想办法提高国民的受教育水平，提高全民的素质。国家的发展，核心在人的发展，尤其是人的素质的发展，教育在整个城镇化的发展过程中起着非常重要的作用。

推进城镇化，亟须大力发展职业教育

记者：伴随着城镇化发展，教育结构应如何调整以与之适应？

李强：这首先需要对适应国家发展需要的人才结构进行思考。城镇化建设的发展催生了大量新的就业方向、就业岗位和用工需求，尤其是以服务业为主的第三产业，急需大批适应新的就业方向、就业岗位、就业能力的技能型人才和高素质劳动者，这就需要在政策导向上向技能型、操作型人才倾斜，大力发展职业教育。

目前，在中国，很多人看不起职业教育，认为孩子只有上大学才有出息。但考察欧美国家发现，在德国和法国，适龄人群上大学的比例并不算很高，很多人选择去职业学校受教育，毕业后当技术工人，他们依然可以获得比较高的经济收入和社会地位。

在我国，职业教育受轻视的原因在于，职业发展的"天花板现象"存在，一走进职业学校，就有了工人身份限制。而在德国、法国等，职业教育和普通高等教育相互接轨，所有职业都有上升空间。目前，我国职业教育正在进行改革，尝试打破这种限制，开展"中高职衔接"及"高职本科一体化"人才培养改革试点，打通职业教育的"多层立交桥"。

技术工人对经济发展贡献很大，但社会上又看不起技术工人。实际上，动手操作能力对技术创新、工艺创新特别重要。这涉及一个民族的教育理念问题，而不是一个教育环节的问题。目前社会普遍缺乏职业崇拜，整个社会的敬业精神严重不够，其实要相信，三百六十行，每一行都有相当高水平的人。在观念上，我们应该与现代化接轨。

这个问题或许可以借城镇化契机来解决。目前，很多农民子弟初中毕业后就进城打工，因年龄小，缺乏专业知识和技能，劳动收入相当低。职业教育对他们来说特别重要，他们也特别务实。职业教育由于具有专业性、实用性、多样性等特点，能够使他们获得接受教育、提高素质、增强技能、顺利就业的机会，他们更倾向于选择职业教育。

涉及具体政策，一是让农村大量人口能够接受免费的职业教育，二是在整个收入分配政策上，向技术工人倾斜。实际来讲，高水平的操作技工理所当然要拿高工资，目前我国虽然也有"五级职业资格"证书，但调查表明，绝大部分打工族都没有证书，有证书也不起作用，所以，在技术认定体系上要有制度创新。职业技术等级如何认定，从国际经验来看，同行认定最有意义，职业技术协会在其中扮演着重要的角色，而现在我国职业技术协会的官办色彩太浓。

总体而言，在城镇化过程中，要大力发展职业教育，一方面要加强职业学校建设，另一方面要完善职业技术等级鉴定。此外，还要加强职业技术协会的建设，使其真正成为技术工人的协会。

记者：在您看来，未来城镇化发展的理想模式是什么？在推进城镇化的进程中，如何避免农村的空心化问题？

李强：目前，我国城镇化"推进模式"可分为七种类型：建立开发区、建设新区和新城、城市扩展、旧城改造、建设中央商务区、乡镇产业化和村庄产业化。城镇化也包括就近城镇化、就地城镇化以及城乡一体化。

未来的城镇化应该是多元模式。城镇化意味着现代文明的引入，乡村生活引入城市元素。

未来的中国还是少不了村庄。国家需要统筹兼顾，对贫困地区和老少边穷地区需要有特殊的政策。

记者：教育在未来城镇化进程中将发挥什么样的作用？

李强：城镇化，从表面上看是高楼大厦，其实更核心的是人的城镇化，涉及四方面要素，包括人的生产方式、生活方式的转变，文明素质的提升以及享有公平公正的社会权益，在所有要素中，教育都将发挥重要作用，教育在城镇化中居于核心位置。

比如说，"中国式过马路"源自中国传统农业社会的生活习惯。而在城市生活中，因为人口高度聚集，就需要有公共交往的素质，要考虑公共秩序。文明素质的提升是个广义的教育问题，不仅要靠学校教育，更重要的是加强家庭教育和社会教育，要有大教育的概念。

（《中国教育报》2014 年 3 月 17 日第 5 版）

从美国梦到中国梦

——北京大学讲席教授、生命科学学院原院长饶毅

人物简介：饶毅

北京大学讲席教授、生命科学学院原院长，兼北京生命科学研究所资深研究员，研究领域为神经发育的分子机理和社会行为的分子生物学。

在摆脱屈辱历史的过程中得到自我实现

很多人都知道美国梦的说法。美国梦很强调个人努力和个人奋斗，这种强调的背后实际还有另一层含义，不过大家并非完全清楚：作为一个国家、一个社会、一种体制，美国本身代表了高尚理想，美国的体制本身几乎不需要修改。我们在此不去争论美国梦该如何理解，同样，大家对中国梦也有不同的理解。

我所理解的中国梦，与我国近代的历史有关。

从1840年鸦片战争以来，一百多年间，中华民族在外敌当前的情况下，有过很长的屈辱历史。这段历史给我们的国家、民族留下了很深的阴影。当然，我们已经从这个阴影中走出了很多，特别是我们已远离了1840年到1940年这段低谷。在走出阴影的过程中，这段历史影响了整个中华民族的思考。我相信很多中华儿女都希望大家共同努力，在摆脱屈辱历史的过程中得到自我实现，这是我心目中的中国梦。

我们国家、民族在探索自己的道路的过程中，很多人做出了各种努力，虽然我们在探索与努力中曾走过弯路，但是，我们不仅生存下来了，作为一个国家、一个民族，我们现在走上了较为乐观的道路。这样的历程告诉我们，我们确实有问题，有时有很大的问题，但我们以后可以做得更好。

很多海外华人批评中国的各种问题，有些非常中肯。但是，与其在国外批评、抱怨，不如在国内批评、做具体工作。

这也是我回国的部分原因，更重要的原因是归属感。在没有很大生活压力的情况下，自在地思考人生，得出有关归属感的结论；由客为主的心态改变后，自主地审视美国文化，客观地比较中美差异，有助于自我认同；从学生变为教授后，自由地批评美国的问题，让我更易理解中国，知道什么需要发扬、什么需要改进；当历史巨变发生在自己的祖国，继续待在国外不仅不合亲情，而且不符合美国文化中值得学习的勇气和开拓精神；意识到很容易看到中国的缺点，而这些缺点也正是中国发展的潜力所在，就不能停留在指出中国问题的层面，而要投身其中解决一些问题。

回国后的这段经历，让我对回国不仅不后悔，而且很乐观，并希望更多人特别是年轻人"加盟"。国家已经对年轻人回国以"青年千人计划"的渠道提供支持，也开始通过"万人计划"对已经回国的年轻人提供支持。有些人好心地为我们回国工作遇到的阻力而担心，同样的担心可能影响海外学者和学生。阻力虽然是一个问题，但如果没有阻力，我们的工作可能价值很小，因为人人都能做。

国家坚定地支持改革，海内外人心所向也非常明显。我们完全有理由认为，在国内工作前景很乐观。

美国总统肯尼迪曾说："不要问你的国家能为你做什么，问你能为国家做什么。"

今天我们的时代可以说："不但要问中国还有什么问题，而且要问你可以为中国解决什么问题。"

知道先辈如何工作，使我们更加理解中国梦

从 1995 年开始，我写过至少几百个人、几十件事，都基于我自己所找的历史资料。其中有相当一部分人与事并非国内的大众甚至学界认识到的或者完全赞同的。我相信自己挖掘历史、寻找证据、了解本行的先辈是如何工作的，对于我们理解中国梦非常有意义。

我研究的领域是神经生物学，使用分子生物学和遗传学手段，主攻的核心问题是脑和神经系统的功能。我从历史资料中了解到几位科学家。早期有林可胜，我称之为"中国生命科学之父"。林可胜出生在新加坡，8 岁被送往英国留学，在爱丁堡大学获得博士学位后回到中国，到协和医学院工作。协和医学院在 20 世纪 20 年代有着超乎现实的目标——医疗、教育和科研。在那个年代，中国还有很多人吃不饱饭，可协和医院却要求做卓越的科研。在这样的氛围下，林可胜成了早期协和医学院系主任中的中国人，而早期的协和医学院基本都是由外国人做系主任和教授的，其中包括一些外国著名科学家。

林可胜在协和医学院期间，在胃肠道生理方面做了重要工作。但在那个时代，因为有极强的救亡图存思想，他放下科研，上了前线。20 世纪 50 年代至 1969 年他去世为止，他主要在美国的一个中型药厂做研究部主任。虽然他当时已经年迈，但就是在他生命的最后十几年，他成就了一生中最重要的工作——发现阿司匹林镇痛作用不是在脑里面起作用，而是在外周起作用。这是阿司匹林研究的重要里程碑。

可以看到，这位先驱科学家对科学有极高、极强烈的追求，但他却在民族危难的时候放弃了科研，放弃了优越的生活，他的目的不是为了做官，而是为国家服务、为民族奋斗。他于 1942 年当选美国科学院外籍院士，也就是说，在杨振宁、李政道还在读书的时候，他成为第一位被世界推崇的中国科学家。

在林可胜之后，有一位科学家叫张昌绍，1941 年从美国回到战火中的重庆。战争期间，他虽然不能上战场，但在后方为中国介绍了很多药物。当日

本占领金鸡纳产地后，同盟国中国、美国、英国等都缺抗疟药，张昌绍便放弃了自己原来的神经药理研究，改做抗疟药。

从 1943 年到 1948 年，张昌绍在中国的刊物和英国的《自然》、美国的《科学》和《美国化学会志》上，带领自己的课题组，或与其他化学家合作，连续发表多篇论文。他们从中药常山里面提取有强大抗疟作用的常山碱。当时，英美也在进行这项研究，查看当时的文献可以发现，中国在这项工作中，在好几个步骤上领先于美国。

常山碱后来没得到应用，原因是它有副作用。20 世纪 60 年代至 70 年代，中国和美国竞争找抗疟药，中国组织多个单位从 1967 年 5 月 23 日开始，寻找抗疟的多种方式。其中，1972 年，中医研究院的屠呦呦与其他一些科学家在发现青蒿有抗疟作用的基础上，进一步发现其中的分子——青蒿素。青蒿素作为药物被发现以后，在"抗美援越"的时候没来得及发挥作用，但在今天已经向全世界推广，现在抗疟首先就要服用青蒿素及其衍生物。

青蒿素是在 20 世纪六七十年代被发现的，其整个思路、做法完全是按照张昌绍 1943 年到 1948 年的做法，所以是我国第二次在抗疟药上领先。

这些科学家都在不同时代为我国科学做出了重要贡献。他们的工作条件与今天科研工作者的条件无法相比，他们使用的资源都比我们现在少。这激励我们今天的师生努力做出更好的工作成绩。

中国梦虽然有很强的集体团结成分，但并非没有个人作用，就如美国梦虽然强调个人作用，但美国作为一个集体、一个社会，其实也强调团队合作。我比较的结论是，在合作上，美国人比中国人做得好，这也激励我们要更好地合作，当然也要更好地发挥个人的积极性。

实现中国梦，教育需要改善很多问题

我曾经写过《从美国梦到中国梦》这篇文章，我认为，追求中国梦很重要，如果全社会特别是年轻人都没有了梦想，那是全社会的悲哀。

我今天讲一些超出原来文章的内容，作为"中国梦的教育版"。我想讲四个层面：个人的理想、学校的培养、社会的文化、国家的环境。当前，我们在这几个层面都有问题。

我国很多年轻人甚至少年儿童都没有梦想，因为社会和家长都让他们不要做梦。我儿子是 9 岁半的时候跟我回国的，他那时已经读到小学四年级，现在读初三。我前天问他，我要去讲中国梦，讲中国教育的问题，你有什么意见。他说，中国的教育方式让孩子都没有理想，大家想分数高一点，不想将来做什么。

对此，我自己这几年的体会也很强烈。回国后，我很快发现国内很多大学生没有理想，也缺乏志向。比如，学院每年请 30 位国外科学家来做学术报告，这对老师和学生都十分重要。在我读书的时代，老师若得知全市某个地方有学术报告，只要这个报告和他的研究有一点关系，他们就骑车、坐公交车去。但如今的情况是，这样的活动参加的人不多。与此形成强烈对比的是，某跨国公司借用我们学院的学术报告厅进行宣讲活动，现场被学生挤得水泄不通，走廊都坐满了。如果读了北京大学、天津大学还只盯着本科毕业后第一个月的起薪，实在有讽刺意味。

我以前认为中文里最糟糕的词是"老板"，因为有很多人把研究生导师叫成"老板"。我后来才发现这远远不是中文里最糟糕的词语。我最近得知了六个字，"高富帅"和"白富美"，媒体和公众将它们作为正常词语使用，我觉得这样的社会文化很糟糕，因为这些词是把人当成动物在交换。如果这就是社会鼓励的人生理想和境界，那还不如做梦，不要醒来。

我们的学校从中小学到大学，都有单一求全的问题，中小学为了学生升学，把分数变成极端重要的事。如果是做科学研究，有些（当然不是全部）总分高的学生其实正好不能做研究，只能背书，背已经被咀嚼过很多遍的其他人的研究结果。这几年，我为学院的全体学生提供个性化选课的机会，起初多数学生不愿意也不知道怎么选择，因为他没有梦想和目标，那么选择就成为很大的困难。我宣布进行个性化教学的第一年，只有一名学生来找我，第二年有两个学生来找我，后来才逐渐多起来。特别是我们用了教育部的拔尖人才计划，把它改为学院所有学生都可以受益的计划，有些学生终于走出追求总分的怪圈，发展了特色，选了平时生物专业的学生都不学的课程，暑期到国外实验室好好做研究了。2013 年，我们有学生被哈佛大学录取为研究生，而他们的总分排名不在全年级前三分之一。麻省理工学院和斯坦福大学也录取了总分排名不是前几名的学生，因为他们确实有特色。这样会继续帮助我们的学生找到自己的特色。

学校以总分为唯一挑选和奖励学生的衡量标准，不仅把很多学生的优点给扼杀了，还给社会留下了一个很大的问题：制造了社会矛盾。小孩子很小就意识到我永远在跟别人排名，跟我越近的人越是我的竞争对手，甚至是敌人，因而造成了中国特有的社会文化，离你越近的人你越要打败他，离你越近的人你越恨他。这样单一化的要求不仅是对个人的极大禁锢和束缚，同时也是影响社会和谐的重要因素。而正常的教育应该教孩子善于合作、交友。

社会对于教育的一些理解也是肤浅的，对教育的预期很狭窄，我们的家庭教育也有问题。很多华人家长把孩子上大学这个关卡变成了其本人作为家长的毕业节点，认为孩子只要读了大学，家长就毕业了，所以有的家长给孩子定的目标其实很低（上北大也算目标？上了北大而不幸福、失败的人其实也很多），没有鼓励孩子追求一辈子的幸福和更高的目标。社会和家长的问题，给中小学和大学带来极大的压力，在这样的压力下，学校进行很多改革都面临困难。

让每个人都能追求自认为幸福的人生

我希望国家首先带头，让社会有更多的信任感。国家首先要信任学校，给予学校办学自主权。教育部可以对学校的边界进行规范，也可以对学校有一定的质量要求，但是不要进行具体的微观控制。

学校要接受一定的社会监督，比如说，在有理事会、董事会监督的情况下，自行确定希望在哪些方面办出特色，希望培养什么样的人才。为了这些目标，学校自主决定开哪些课程、怎样授课、学生怎样选课。学校学位的名誉、社会认可度由学校自行掌握。这样可以在实现学校自主办学的同时，让学校师生更有责任心，也可以显示出国家对学校的信任。

我希望社会能够真正建立起信任，人们能够互相尊重。这就意味着，对于社会成员的多样性，比如从事各种职业、追求不违法的各种各样的个人幸福，人们都觉得有趣，都觉得值得推崇，而不是持有单一的价值观。

我也希望，学校能够鼓励学生的个性化发展，因为不可能每一个人都能在同一个标准下做得最好。如果有多种评判标准、多种出路，能做得好的人就有更多。

教育要带动社会，不要经常抱怨，而是要鼓励每个人都要乐观、有信心，我们的老师要发现每个学生的特长。美国的老师从幼儿园开始就告诉每个孩子"你最棒"。我希望我们的老师如果发现学生的弱点，只需要提醒，而不要经常打击学生，应该鼓励学生用特长在社会上做出不同于他人的贡献。

我要讲一个我的切身体会。我在中国读完大学后，突然意识到我跟大家一模一样。我心里有点害怕。因而我大学毕业以后的历程，就是在努力把我自己变得跟别人不一样，可能有些人会认为我现在太不一样了。但国家、社会、学校鼓励学生个性化发展，才有各种人为社会做不同的工作。每一位青少年都能积极地找到自己愿意做的事情，每个人都能拥有一个阳光的人生，在现在的社会环境下，这是不容易的。

那么，如何在这样的环境下把握住自己？同学们应该相信自己、尊重自己。不管做什么职业，无论是小学教师，还是工厂的技术员，只要你喜欢，好好地做事，就能够为社会做贡献，换取你在社会上的立足之地。在这个基础上，不断地追求你认为幸福的人生。

（《中国教育报》2013 年 4 月 16 日第 3 版）

深化教育改革的终极目标是人的发展

——北京大学原常务副校长王义遒

> **人物简介：王义遒**
>
> 北京大学信息科学技术学院电子学系教授、博士生导师（已退休），曾任北京大学常务副校长和教育部科技委副主任等职，现任高等学校教学研究会副理事长。主要研究领域为核磁共振波谱学、量子频率标准、时间频率计量和激光冷却原子等，曾研制成我国第一代原子钟，获全国科学大会奖等奖项。

　　教育无疑是当下全民关心的社会热点之一，因此自然也属于"全面深化改革"重大问题"推进社会事业改革创新"的内容，被列入党的十八届三中全会通过的《中共中央关于全面深化改革若干重大问题的决定》（以下简称《决定》）。《决定》重申了十八大提出的要"深化教育领域综合改革"。这种提法说明教育问题的错综复杂，需要从学前教育、义务教育到高等教育和继续教育全领域通盘考虑来进行改革才能奏效。这次会议提出"全面深化改革"的目标是实现中华民族伟大复兴的中国梦，而中国梦归根到底是人民的梦。国家富强、民族振兴、人民幸福，关键是人。每个人的最大幸福是什么？就是马克思所说的"人的全面而自由的发展"。这里，一方面是国家富强、民族振兴，我们每个人才会好，才有幸福；而另一方面，"每个人的自由发展是一切人自由发展的条件"，每个人发展了，国家才会富强，民族才能复兴。教育是把两者互相沟通起来的主渠道。由此可见，教育既牵动我们每个人的心弦，又关系到国家民族的命脉，是社会的奠基性事业。

《决定》再次强调了历来，特别是十八大以来提出的教育改革总纲领："全面贯彻党的教育方针，坚持立德树人，加强社会主义核心价值体系教育。"这就是"以人为本"，把"人""树人"作为着眼点和落脚点。这个问题看似简单，似乎理所当然、不言而喻，却一针见血地切中了当下教育的时弊。目前教育的最大问题就是无论是受教育者还是教育者，都没有把受教育者当人，而是当成材料、工具、"器"。他们都把教育看成是"制器"，是单纯的"投资"。对受教育者个人或其家长来说，他们希望通过教育将来"有出息"：成大器、出大名、当大官、挣大钱，光宗耀祖；而从主办教育的政府或单位来说，要求教育产出创新成果，迅速提升经济，频频获得诺贝尔奖，强实力、振国威。他们的目标无可厚非，但他们只见物、不见人，不知道没有人的素质提升，没有人的全面发展，这些希望都将落空，即使有的实现了，人也难以感到幸福。因为人的幸福体现在人生意义和价值的实现，而这是建立在人的发展基础之上的。上述情况反映出当前社会普遍存在着物欲横流、急功近利的状态。

在这种状态下，教育将各类学生训练成能百发百中地应付各种考试的应试机器，以为只有通过各种考试，人才有出路，才能获得各种机会。而学校办得好不好，自然也就只看从你那里出来的学生能否自如地应付各种考试了，小升初、高考的名校入学率就成为衡量小学、中学办学业绩的标准。至于高等教育，现在大学普遍追求的是：取得更多科研项目，争取更多研发经费，得到更多更好的科技成果，出诺贝尔奖人才，国际大学排行榜上名列"一流"，等等。在这种情况下，学生将自己也只看成是出成果、得名次的工具，很少想到人生的意义和价值。前不久，网上传出一条信息：一所名校同寝室的四名学生毕业时共同庆祝、彼此感谢入学四年来没有被杀。这虽只是一种玩笑和揶揄，却反映出大学生对人生意义和价值的漠视。据说还有一名大学生因忍受不了剧烈的牙疼而轻生。这当然是个别的极端例子，却也多少说明当下有学生视生命为儿戏的情况。这样的学生怎么能要求他们承担未来理想社会的建设？

　　这种问题不仅中国有，目前在全世界高等学校里也比较普遍。中国高等教育界流行一本书，是美国哈佛学院前院长刘易斯写的，叫《失去灵魂的卓越——哈佛是如何忘记教育宗旨的》，它反思了像哈佛这样的著名大学，却忘记了教育的根本目的——把年轻人培养为具有社会责任感的人。还有一本书，是曾任耶鲁大学法学院院长的克龙曼写的，书名为《教育的终结》，副标题是"大学何以放弃了对人生意义的追求"，它分析了造成这个问题的社会政治、文化学术上的原因。不过据我看，在当前国际竞争非常激烈的情况下，人们容易只看到"硬实力"，而往往忽略人的发展和素质这样的"软实力"是一个重要原因。从国家层面说，人们注意的大多是经济实力和军事威力，它们实际上代表着科技竞争力。于是，社会上科学主义泛滥，造成科学技术能主宰一切、解决一切问题的假象，从而导致人文精神衰微。

　　《决定》再次强调了"立德树人""增强学生社会责任感"。所谓"树人"，就是"育人"，就是使人成为对社会负责的、大写的"人"，成为一个真正的中国人，一个地球村的世界公民。做这样的人，首先要树立正确的人生观、世界观、价值观。这些观念是不能依靠科学方法、凭借逻辑推理来证明其正确的。它们是一种"信仰"。信仰的正确性需要通过人类千百年来的实践及其成果来昭示，它们凝结在文学、历史、哲学和艺术的人文宝库中，要靠优秀传统文化来传承。一个世纪以前，蔡元培提倡"以美育代宗教"，就是希冀用美育熏陶来建立崇高信仰。《决定》提出完善优秀传统文化教育，改进美育教学，提高学生人文素养就指示了这层意思。信仰还要通过健康的社会风气、广大教师学生端正的言论和行为潜移默化地感染和熏陶来建立。我们常常说，学校是个大染缸，也是这个意思。现在高等学校普遍开展的文化素质教育，有些学校开设的通识教育课程，它们的根本目的不在于增加学生知识，而在于帮助他们树立正确的价值观念，使他们真正能懂得真善美、识别真善美、向往真善美、追求真善美。《决定》要求建立一种"有效形式和长效机制"来开展这类教育活动，就是说，我们的教育不能只让学生在学了、记了多少知识上做文章，而是要使"信仰"深入人心，融入血液中，遵行在实践上。这是需要学校精心筹划、细致组织的教育教学活动，希望大家努力，早日形成成熟经验。这个问题的根本破解还需要学校与社会共同努力，学校更应该着力营造自己良好的小环境，给学生以积极正面的影响。

《决定》还特别强调体育，这对当代中国青年是很有针对性的。当今高校普遍重视竞技，以在某项运动中夺冠为荣，但不少学生没有养成锻炼习惯，以致身体难以承受繁重艰苦的工作，严重影响个人发展和民族素质的提高。要使年轻人自觉去重视体育，首先要有正确的人生观。一个不爱惜生命、不珍视人生价值的人，是不可能注意锻炼身体的。现在有的学生生活懒散、不吃早饭、骨瘦如柴，就是因为缺乏蓬勃向上的生活态度。反过来，适当进行体育锻炼不仅能强健身体，还能锤炼意志，健全心理，达到强身健魄的目的。

大学生创新精神和实践能力的欠缺是当下社会对高等教育质量诟病的一个重要方面。《决定》对此提出了"增强"的要求。原则上，只要教育能达到使人"全面而自由的发展"，是人人都可创新的。因为人是有差别的，世界上没有完全相同的人。如果教育能使每个学生都能显露并发挥自己的长处和优势，挖掘出自己的才力和潜能，这样的人就能创新。而社会如果能够使每个人得其所用、用其所长，这个社会就会是一个创新型社会。就学校，特别是高校而言，这牵涉到教育的体制机制和教学的方式方法。从教育体制机制上来说，需要解决学校的分类、定位和多样化要求，学科门类与专业设置的宽窄，博通与专精的课程设置比例和要求等问题，要尊重个性给学生以转系、转专业等多次多种选择的自由与条件，等等。在教学方式方法上，则可以通过课堂讲授、答疑、讨论、作业、实验、实习、实训，及其他各种实践环节，通过师生互动、生生互动，充分彰显学生的个体特长和能力，实施"因材施教"的原则。现今多数高校生师比很高、班级人数很多、教师不认识学生，要想在课堂教学上贯彻"因材施教"的教育原则很不容易。即使如此，用心的教师还是可以从众多学生中发现一些有特长的苗子，对其采取一些适当的培养措施。而在实践教学环节，发现、发挥学生才能的机会要多得多。

为了培养学生的创新精神，教学中有两条原则是应当确信和遵循的。

一是学生所掌握的知识是学生自己构建的。这就是说，学生掌握的、真正能运用的知识是靠学生自己学得的，而不是教师教给的。我们说"教学教学所教是学"，就是指教学首先要教学生如何主动学，使学生有渴望学习的态度、自主学习的能力，这样他将来就能适应社会、适应科技的千变万化，成为有创新能力的人。他能以不变的"自学"来应付生活中的万变。他在学到并自己"构建"知识、使外在的知识成为他自己的知识的时候，是要经过反复思考、不断质疑的，在几番提出问题、解决问题的过程中他就会生发创造。因此，学会提问很重要，是创新的前奏。李政道先生说得好："求学问，需学'问'；只学'答'，非学问。"这样，教学的基本任务就是要激发学生自主学习的愿望、兴趣、积极性，增强他们自我发展的能力。

二是学生的能力只能来自亲身实践。因此，要想提高学生的实践能力，学校必须设法给学生提供更多更好的实践机会和条件。近十几年来，我国高校学生的实践条件已经得到了很大改善，特别是一些高职高专院校，通过与企业合作，学生实习、实训的机会比过去大幅增加。但是还有相当多的学校，甚至职业性较强的高校还缺乏实践条件。我们应该通过增加学校实践教学设施，通过产教融合、校企合作，给学生提供更多更好的实践机会。

应该指出，高等学校培养人才，绝不限于学校有意安排的教学和实践。学校的环境和各种设施，都是学生展现才能、发挥优势、挖掘潜力的舞台。师生之间、学生之间互相交流、质疑、争执、讨论，都可激发学生的思想火花，激励创新思维。一所优秀高校，学生从教师那里学到的东西往往还没有从同学间交流中得来的多。一群朝气蓬勃、锐意进取、思想活跃、干劲十足的青年，互相面对面地和谐共鸣，将迸发出多大的创造力啊！有人以为，在信息技术突飞猛进的今天，单纯依靠先进的科技手段就可以达到教育的目的，他们甚至鼓吹"没有校园的大学"。他们不了解，人是有感情的动物，人的精神和活力要在人群里通过互相交流、彼此鼓励、和衷共济的气氛才能最大限度地激发起来。

此外，在学校有意安排的教学计划之外的课外活动，也是崭露和发展学生才能与潜质的重要平台。经验表明，许多后来在政治、经济、文化、科技界取得卓越成就的领军人物，学生时代往往并不是课程学习特别出色，而是热心于课外生活，是从学生组织、社团活动、科技竞赛、社会实践的熔炉里锻炼和造就出来的。在那里，表达交流、组织协调、管理领导等才能，以及务求必胜、愈挫愈奋、坚忍不拔的顽强意志和毅力，就这样锻炼出来了。因此，一位优秀的大学领导者，决不能把自己的注意力仅仅局限于教学计划范围之内的那些教学活动，而要扩大视野，将整个学校营造成为美好的育人环境和氛围，使它们成为促进人的自由而全面发展的平台。

所有这些问题，在《决定》中都有简练的原则表述。

以上只是我学习十八届三中全会《决定》中第 42 条"深化教育领域综合改革"前面总纲部分的一些体会。《决定》对教育，特别是高等教育在招生和考试分离、不同高校间的学分转换、学校的管办评分离等许多方面都提出了深刻的改革意见，这里就不赘述了。总之，对于高等教育改革，《决定》也是一篇高瞻远瞩、高屋建瓴的纲领性文件，我们的任务是把文件内容转化为实际行动，使高等教育在实现中国梦的过程中发挥它应有的作用。

（《中国教育报》2013 年 12 月 16 日第 8 版）

中国梦　求是路

——浙江大学学术委员会主任、中科院院士张泽

人物简介：张泽

　　材料科学晶体结构专家，中国科学院院士，浙江大学材料系教授，国家重大基础研究（973）项目首席科学家。长期从事准晶、低维纳米材料等电子显微结构研究，自 2010 年 3 月起，全职出任浙江大学材料系教授，组织和引领浙大乃至长三角地区高校电子显微结构领域的相关研究。

求是之路是通向中国梦的路

　　很长时间里，我一直在想，梦可以各种各样，可以从不同的角度去做，但是路的选择并不是。我们应该思考的，是我们自己的路、怎么样的路，才是能和"中国梦"产生关联的？我的思考结果——被关联的话题就是"求是路"。

　　今年是甲午年。两个甲子前的甲午年，中国和日本打了一仗，就是甲午战争，清政府大败。之后，签了一个丧权辱国的《马关条约》。条约签下以后，中国的精英们——那些秀才发起了一个运动，就是 1895 年 4 月由康有为先生发动的公车上书。在北京的 1300 名应试的秀才不去赶考了，而是对国家的存亡发出声音，这应该说是中国精英们的一声怒吼。但直到三年之后，这种要求改革、要求变法的一系列声音才得到皇家的重视，这才有了戊戌变

法。不过戊戌变法最后失败了，六君子死的死、跑的跑，谭嗣同被杀了，康有为、梁启超逃跑了。这一段历史就是当时没有成功的中国精英们求生存、求救国的运动。

在整个近代救国救亡历史中，最成功的知识分子救国运动应该是毛泽东开启的中国共产党救国求存的革命，这条路走得很成功。总结历史很重要的一点，就是要有一个思想路线。毛泽东不走城市包围农村的老套路，反其道而行之，走的是农村包围城市，这当中的根本原因就是他一直坚持实事求是。

实事求是就是从实际对象出发，探求事物的内部联系及其发展的规律性，认识事物的本质。"实事求是"一词，最初出现于东汉史学家班固撰写的《汉书·河间献王传》，讲的是西汉景帝第三子河间献王刘德"修学好古，实事求是"。明朝王阳明提出了"知行合一"的观点，倡导"实事求是"的学风。

实事求是，这原本是一个经学和考据学的命题，也是中国古代学者治学治史的座右铭，现在成了思想路线和科学精神的指称。而实事求是这件事本身和浙江大学也有着密切的联系。

众所周知，浙江大学的前身就是"求是书院"。浙江大学的成立是在甲午战争失败、戊戌变法之前。当时举国上下的一个思潮就是救国，而浙江大学就是在这个救国之路的探索中成立的，这条路就是"求是路"。当时的杭州知府林启向朝廷上了个奏折，奏折里提出要建一个求是书院。求是书院应该说办得是非常成功的。当时在求是书院聚集了一批志士仁人，为了国家、为了民族尽心尽力，走一种新的道路，这条路就是求是路。书院早期的学生，在当时救国救亡的运动中扮演了非常重要的角色，特别是在教育、科学民主这两个主要的奋斗目标中都起了非常重要的作用。现在大家一提中国的近代教育史，就会讲蔡元培——北京大学的前校长。蔡元培先生是1916年准备述职上任、1917年正式上任的，他上任第一天所做的一个决定，就是邀请了一个人。这个决定和邀请都是针对一位浙大人，这就是陈独秀。陈独秀因蔡元培的邀请到北京大学去做文学院院长，而后陈独秀又请来了胡适、李大钊等，还包括鲁迅。一句话，没有"求是书院"的学生，就不会有"新文化运动"，也就很难想象后来的"五四运动"……

在中国近代的发展进程中，政界、军界、经济、文化各个领域，浙大的教师、浙大的学生都起到非常重要的作用。新中国成立后第一任浙大校长马寅初先生，"两弹一星"的功臣赵九章先生、王淦昌先生，等等。我想这要归结为他们都选择了一条正确的路，就是求是路。

求是路西方人也在走。实事求是、按事实说话、为真理而斗争，这是西方文艺复兴以后的主旋律。我举一个例子，第一位诺贝尔奖的获得者伦琴，他在做校长的时候依旧亲自做科研。有一次伦琴做一个实验，把自己关在实验室里，关了一个星期，因为他当时看到一个很重要的现象，他在开关仪器的时候发现了一种很奇怪的光，最终他把这个光追逐出来，因为不知道是什么东西，就称之为 X，就叫 X 光。X 射线的发现让全世界都轰动了，当时就有人来向他买，谈条件。第一个人是德国人，说他要拿自己的城堡和王位跟伦琴换。伦琴不要，伦琴说空气有没有价格？阳光有没有价格？我的科学发现就要像空气和阳光那样来为人类造福。这个发现在当时就知道日后会有非常大的利益，但是伦琴连专利都没有要。

反观今天，我们太物质主义了，太功利、太自私了。如果连知识分子群体都这样的话，如果在戊戌变法之前，那千余名举人们不起来反抗的话，连戊戌变法都不会有，中国就不会有新文化运动，就出不了毛泽东。

没有思想的解放就不会有科学家

作为知识分子，要具有质疑的能力，不能不加思考地接受，这就是批判的态度、审核的态度，而这种态度对于我们今天的创新，对于我们的求是之路，都非常重要。

西方的科学技术之所以有今天的成就，是因为科学家们用生命的代价，成功地反抗了教会的压迫。比如说哥白尼日心说的提出，当时哥白尼已经有了明确的结论，写好了文章、书，就是不敢发表，只有等他死了之后才由他的学生和朋友发表。所以说，没有思想的解放就不会有科学家。布鲁诺大家更熟悉了，他非常支持哥白尼的日心说，最后却被教会烧死在罗马鲜花广场。死前布鲁诺本有一次活下去的机会，教会说你只要认错，就让你活下来，但是布鲁诺在真理面前宁愿赴死。这就是追求求是路的科学家们的价值观。

我们还可以说，怀疑一切，是求是的座右铭。马克思的创新精神就是源自他对人类文化遗产的批判。马克思主义的三个组成部分，都是批判继承与理论创新相结合的典范。马克思在青年时期曾经是黑格尔狂热的信徒，他在发现黑格尔哲学体系中的矛盾之后，勇敢地提出质疑，并深入研究，最终批判了黑格尔哲学中的唯心主义体系，吸取了他的辩证法的"合理内核"，以及批判了费尔巴哈唯物主义的唯心史观，吸收了他的唯物主义"基本内核"，创立了马克思主义哲学。马克思主义的另外两个主要组成部分政治经济学和科学社会主义，也都是在批判地继承前人优秀成果的基础上创立的。黑格尔、费尔巴哈、亚当·斯密、大卫·李嘉图、圣西门、傅立叶、欧文等人都是思想理论界的权威，如果马克思迷信理论权威，没有敢于"站在巨人的肩膀上"的勇气，没有敢于创新的意识，他就不可能创立马克思主义。

所以，今天的教授们不要不假思索地去遵从权威，不管他是学术的、政治的还是宗教的，不要不假思索地去遵从社会的习惯，要用自己的眼睛看世界，用自己的头脑想问题，要关注事实本身。

爱因斯坦1905年写了三篇文章，这三篇我觉得都非常好，当时大家公认都可以拿诺贝尔奖，一个是光电效应，一个是相对论，一个是布朗运动。这三个科学发现中哪个都可以得诺贝尔奖，最后得诺贝尔奖的是光电效应，是1921年的诺贝尔物理奖。而事实上，诺贝尔奖1921年的奖项是空缺的，是1922年补了前一年的奖。自爱因斯坦发表那些文章之后，大家马上就认为这是一个非常创新性的成果，应该得诺贝尔奖，但实际都没给。而爱因斯坦的回答是什么呢？他的回答是：我对科学的追求像宗教一样。他写过的一篇文章《科学与宗教》中说："人类进步的精神进化越是深入，我就越坚信通向真正的宗教之路不在于对生命和死亡的恐惧之中，也不存在于盲目信仰之中，而在于对理性知识的努力追求之中。"

如果仅仅是为了像我们现在算工分一样做科学，总在算计"拿了多少经费""发了几篇文章""影响因子有多少"，是不可能把科学事业做到如此之辉煌的。在科学发展历程中，什么最重要？还是理想的追求，这才是最重要的。

怎么能够求实、求是？西方的科学家包括艺术家，做出了很好的表率。达·芬奇就是个大艺术家，《永恒的微笑》能笑这么多年，这个微笑的背后是科学，是达·芬奇对人体透彻的了解。只有在这样一种透彻的理解之上，包括对骨骼的解剖学基础的了解，才会有当时西方绘画艺术的真，包括真实的透视感。林语堂就曾评价说，西方的风景画，画的是透视；中国的山水画，画的是写意、大泼墨。仔细想一想，真是这样，西方绘画有焦点、有透视；中国绘画讲意境，视点散射，无透视。那时西方的画是非常讲究比例、讲究几何甚至讲究解剖的。这种现象的背后，是文艺复兴时期的大艺术家们对自然现象和人本身的关注，这是西方学者们共同的追求。而中国受两千多年的封建政治影响，传统的知识分子多崇尚儒教，想的是入朝为官——"学而优则仕"，注重的是人际关系，"四书""五经"等著说皆重于此。在这样的文化环境中，社会不重视科技，认为其是雕虫小技，不屑于学习，不仅科学知识不能普及，科学方法、科学态度和科学精神也不能蔚然成风。周光召先生就曾经说过这样的话，中国"未能做官或官场失意的知识分子，多舞文弄墨，钻研故纸，或归隐田园，或放荡不羁，虽留下千古文章和诗句，除个别人外，都不去从事对自然界的了解和研究"。

中国文化博大精深，有它辉煌的东西，有它好的一面，但是，不注重对自然界的探索以及科学知识的学习，又确确实实影响了国家的发展。所以求是和创新在中国的文化层面上遇到了极大的障碍。中国传统文化中这些不好的方面确实应该引起我们知识界精英，特别是教授们的注意。如果太注重儒教中"学而优则仕"等观念，科学的方法不会产生，科学的态度和科学的精神压根就会被放到一边去，那就不能形成崇尚科学的风气和风尚，更不用说是为了科学而献身的风气和风尚了。

文艺复兴，复兴的不是文艺，复兴的是价值观。神权至上中很关键的理论就是地心说。地心说，太阳从东边升起，西边下去，貌似都围着地球转，而且这是大家都看得见的事实，而且上帝就是这么说的，这就是真理，谁说这是错的，就要杀头。但在神权至上的统治时期，依然出了伽利略、布鲁诺，最后诞生了牛顿的万有引力定律，诞生了严格的公式，各颗星星之间，乃至所有物体之间的引力，都可以用公式计算出来。这不是靠革命，不是靠一个王朝去推翻一个王朝，不是靠一个理论去推翻一个理论，它靠事实、靠科学，这从根本上动摇了神权至上。事实证明，没有科学就不会有民主，科学和民主，一定是一对孪生兄弟。

求是——中国科学家的中国梦

中国科学家的中国梦，我坚信，一定是求是路，不走求是路，就不可能实现。我们的老校长竺可桢先生在 1935 年 8 月有过一篇讲演《利害与是非》，他指出，中国近三十年来提倡"科学救国"，但只看重西方科学带来的物质文明，却没有培养适合科学生长的科学精神。他说"科学精神就是'只问是非，不计利害'"。这就是说只求真理，不管个人的利害，有了这种科学的精神，然后才能够有科学的存在。老校长说的这个现象，在今天仍然改变不大，我们看的还是西方那些物质文明的成果，如计算机、信息产业、网络等。对所谓现代化的理解，还只是停留在西方的科学带来的物质文明上，仍然没有关注到适合科学生长、发展的精神需要的空气和营养。

浙江大学玉泉校区东侧有一个小门，门前小桥旁边有一个人行道，还有红绿灯，但红绿灯亮起来的时候，只能对大多数开汽车的人起作用，我在这里过往了四年，很少看到过电动车遵守这个红灯。这么简单的一件事情都不能够去遵守，要建立一个现代文明的国家，我看是不可能的。我们看到的所谓现代化，依旧是汽车、电动车、飞机等物质文明，但是最基本的东西缺失很多。所以，今天在校园里面要强调科学的精神，至少要尊重知识、尊重人才、尊重创造，没有这些尊重，很多事情都不堪回首。有了科学的精神，然后才能有科学的存在，浙大的前辈们在这方面做得很好。

所以，我们现在应该认真地去思考，1946 年浙大 7 个学院 25 个系 2100 名学生，诞生了 51 位两院院士，而我们今天有 7 大学部 37 个院系 4 万多名学生，我们怎么才能做得更好？我们要走什么样的路？我们的问题在哪里？

竺可桢先生讲大学教育目标是培养公忠坚毅，能担当大任、主持风会、转移国运的领导人才。他的这个目标是很高的，我觉得现在我们的目标比这个要低得多。竺可桢先生说——大学本来不是传授现成知识的，而重在开辟基本的路径，提供获取知识的方法，并且培养学生批判和反省的精神。

美国大学也是一样的，要让学者有自动求知和不断研究的能力。这才是大学要做的教育，这才是我们要培养的人才。可敬的是，在 20 世纪 40 年代中国那样的环境下，浙大做得非常好。当时浙大在《自然》杂志上发表的文章之多，令当今的我们汗颜。我在这里想强调的就是——我们的中国梦一定是科学救国，一定是民主救国，而这种科学民主下的路一定是求是之路。

（《中国教育报》2014 年 9 月 29 日第 11 版）

用不同方式追求真理

——两位诺贝尔奖得主关于科学与文学的对话

人物简介：杨振宁

现为清华大学高等研究院教授，1956 年与李政道合作提出"弱相互作用中宇称不守恒理论"，共同获 1957 年诺贝尔物理学奖。1954 年与密耳斯共同提出的"杨－密耳斯场理论"，开辟了非阿贝尔规范场的新研究领域，为包括电弱统一理论、量子色动力学、大统一理论、引力场的规范理论等现代规范场理论打下了坚实基础。1967 年提出了一个方程，后来巴克斯特也讨论了此方程之其他意义，世称"杨－巴克斯特方程"。在统计物理学、凝聚态物理学、量子场论、数学物理学等领域做出多项卓越的贡献。

莫言

原名管谟业，2011 年荣获茅盾文学奖，2012 年获得诺贝尔文学奖，成为第一个获得诺贝尔文学奖的中国籍作家。他的《红高粱》是 20 世纪 80 年代中国文坛的里程碑之作，已经被翻译成 20 多种文字在全世界发行。其他代表作包括《檀香刑》《生死疲劳》《丰乳肥臀》《透明的红萝卜》等。

2013 年 5 月 15 日，北京大学英杰交流中心门前，一群"粉丝"正争相在一块巨幅宣传板前拍照留影。当日下午，北京大学与中国艺术研究院合作举办的"众芳所在"系列讲座之一，一场题为"科学与文学的对话"的讲座在这里举办。

在名家讲座天天有的北大，这场讲座还是显得不同凡响。一票难求，皆因这场对话的主角是科学界与文坛的两大巨匠——杨振宁和莫言。而从中穿针引线玉成其事的主持人则是著名学者、书画家范曾先生。

在莫扎特D大调进行曲KV249的乐曲声中，三位大家徐徐落座。有意思的是，三人的年龄正好形成差不多16岁的梯度，莫言现年58岁，范曾75岁，而杨振宁则已91岁高龄。杨振宁与莫言，一个是大学教授的儿子，一个是农民的儿子；一个求学异域，一个扎根乡土，最后殊途同归，先后走上斯德哥尔摩的领奖台。1957年，杨振宁获得诺贝尔物理学奖，与李政道一起成为首次问鼎诺贝尔奖的华人；2012年，莫言掀开历史新的一页，成为首位获得诺贝尔文学奖的中国籍作家。相隔55年，两位大师级人物走到一起，展开了一场别开生面的对话。

"科学与文学，一个重在发现，一个重在创造，两者不断交融，互相促进，任何一方都能帮助另一方获得更好的发展，两位大家的相遇，必能碰撞出绚丽的火花，给青年学子以智慧和启迪。"北京大学校长王恩哥这样表达他对这场对话的高度期许。

文学比科学更自由

一场科学与文学的对话，却从一个与科学和文学都有关联的"中间点"——宗教拉开序幕，由此，足见范曾先生的匠心独运。

"我没有宗教信仰。宗教的本质是劝人向善，在这一点上，文学和宗教是一致的。"莫言的回答简短而直接。

"宗教和科学是息息相关的，两者并不矛盾。近现代以来，科学的范畴日益扩大，科学扩张一点，宗教就退后一点，科学领地多出的部分，正是从宗教那边夺过来的。但是我认为，科学是有限的，而宗教是无限的，年龄越大，我的这一想法就越清晰。"杨振宁解释说，"因为人类的神经元是有限的，用有限的神经元想了解世界上无限的现象几乎是不可能的。"

对于科学与文学的异同点，莫言认为，文学创作和科学研究有很多不同。文学关注人，科学关注自然界；文学家关注人类情感，科学家关注物质的原理。"所以，同样一个事物，在文学家和科学家的眼里可能就不一样。我记得鲁迅曾经说过，我们一般人看到的鲜花就是美丽的花朵，但是在植物学家眼里就变成了植物的生殖器官。"

想象力对于科学和文学同等重要，但是想象力在科学和文学中的表现方式又有所不同。"不管在科学、文学、艺术界，发现跟发明创造的界限都不是完全清晰的。科学里发明创造的成分比文学里少一点。我知道莫言喜欢写幻想文学，有没有幻想科学呢？我想没有，科学是'猜想'的学问，不是幻想的学问，幻想的科学我觉得是没有出路的，因为科学所要了解的是一些已经有的现象，没有人类的时候就已经有了，如电和磁，科学家要想了解宇宙结构，需要想象、需要猜，但这跟文学的幻想是很不一样的。"

莫言对杨振宁的观点表示赞同："文学家确实需要幻想，文学当中有个重要的门类叫科幻文学，拥有大量读者。其实很多作家并不具备诸如物理学、天文学的知识，但他依然可以在他的小说里进行描写。其实文学作品也是建立在一定的生活经历的基础上，再去想象、类推的。科幻作家的作品则建立在一定的科学知识之上。"

"文学家的创作虽不像科研一样严谨、尊重事实，但也不是无中生有。很多文学作品中的人物，都是现实人物与想象加工的综合，但又不能和现实中的人完全对上号，这是文学比物理学、化学等自然科学更自由的地方。"莫言说，在他的《生死疲劳》《蛙》等作品中，都有其邻居、亲戚的影子。

"如果让爱迪生来到现在的世界生活一周，他看到今天的现实生活，觉得最不可思议的是什么？"杨振宁反客为主，向莫言提问。

"我觉得是手机吧。"莫言说。"手机确实很神奇，用手机在这里就可以和美国通电话。事实上，中国的古典小说《封神榜》中就充满奇幻想象，如果爱迪生看到今天的世界，肯定觉得简直比《封神榜》还要奇怪。"杨振宁老顽童般的天真引发会场一波笑声。

除了想象力，杨振宁还从审美的角度看到了科学发现和文学写作之间的相似性——"它们都以不同的方式，显现自己的结构之美、表述之美、思想之美。在许多科学家看来，审美准则同样是科学的最高准则。"

莫言则谈道："科学和文学虽然探索的方式不同，但从本质上讲都在探寻真理和秩序，洞察宇宙和人心的奥秘。从某种意义上说，文学与科学都在用不同的方式追寻真理。"

真情妙悟铸文章

科学研究和文学创作的过程有无共通之处？杨振宁说："九年前，范曾先生画了一幅画送给南开大学数学研究所，画的是我和陈省身先生对话的场景。我尤其欣赏的是范曾题的诗，其中有一句是'真情妙悟铸文章'。我认为这七个字将科学研究所必需的要素和过程说得非常清楚。先要有真情，也就是浓厚的兴趣，然后是妙悟，也就是灵感，有了这些才能取得成果——铸文章。三部曲道尽了科学研究必经的过程。"

"我想问莫言先生，这七个字描述文学的创作过程是不是也恰当？"杨振宁再次抢主持人范曾的饭碗，向莫言发问。

"用来描述文学创作更恰当了，铸文章嘛。"莫言机敏地回答。

"如果问一个数学家或者物理学家：你所做的重要的工作，里面的妙悟能不能讲出来？通常都能讲出来。在科研中对于一个问题思考了很久，突然灵机一动，思想就会非常开朗。但是如果问一个文学家，创作中是不是有一个顿悟的时光？我想没有吧？"杨振宁第三次客串当起主持人，向莫言提问。

"也有，文学创作中也有灵感和顿悟。灵感突然到来，创作中的问题也就解决了。我看过一篇文章，说门捷列夫发明元素周期表就是在做梦时排列出来的，作家也会在梦中构思出很好的情节。我很早就想写《生死疲劳》，但一直写不下去，就是因为长篇小说的结构没有想好。2005年，我去承德参观一个庙宇，在墙壁上看到一幅壁画，是关于佛教的'六道轮回'的，我突然顿悟了，就以'六道轮回'作为这部长篇小说的结构，后面写起来就特别顺利了。"

很多时候，创新都是逼出来的

"文学家有风格，科学家有风格吗？"范曾问。

"凡是大科学家，都有自己的风格。"杨振宁说，"20世纪是物理学发展最恢宏的世纪，以物理学三大成就之一的量子力学来说，其中两位代表性人物狄拉克和维尔纳·海森堡的风格就很不一样。狄拉克的话很少，简洁，可是他逻辑性很强，假如你了解他简单、直接的逻辑思维方法，你就会觉得他的文章读起来是一种享受。而海森堡则习惯在未知中大胆摸索，他写出很多论文，其中有很多正确的，也有很多错误的东西。"

"盖住名字，读一段文字，你就知道这是鲁迅还是沈从文的作品。这就是文字语言的魅力。"莫言说，"谈到作家的风格，有的人简洁、干净利索，比如海明威；有的人非常繁复，像福克纳。我们中国作家中也可以举出很多不同风格的例子。作家的风格应该是多样的，朦胧、简洁、繁茂都是美，这可能比科学要自由。"

不过，莫言认为，文学上一些新的风格和流派的产生，多数时候是出于无奈，"因为前人已经在某方面做得非常成功了，很难超越，怎么办？只好避开已经很辉煌的这些流派和风格，另辟蹊径，通过创新，实现超越"。

杨振宁也认为，创新一定程度上是逼出来的，这个过程有时候会是比较苦闷的。"现在回想起来，1947年在芝加哥读研究生的时候，是我一生中最困难和苦闷的时期，最难的是自己找问题、确定论文题目，因为之前是学习已有的知识，而写毕业论文，就是要创新和突破前人已有的知识范畴。这当然不是件容易的事。"

杨振宁获得诺贝尔物理学奖时35岁，莫言获得诺贝尔文学奖时57岁。"是不是科学家取得杰出成就的年龄普遍会早一些？"范曾发问。

杨振宁说，文学中创意的来源与科学不同，对于文学创作而言，需要丰富的生活积淀，可能大器晚成的多一些，而对科学而言，创造力确实和年龄有很大关系，有些科学领域，比如数学和理论物理，非常适合年轻人。比如爱因斯坦，在他26岁那一年中写了6篇论文，其中3篇是世界级的。"为什么呢，因为年轻人知识面不够广，因而容易专注于某一个领域，勇往直前，容易获得重大突破，年龄大了，知识面广了，学的东西多了，顾虑也多了，对于创新反而是个坏事。"

我们都深受中华文化影响

杨振宁较长时期生活在美国，获得诺贝尔物理学奖的工作也是在美国完成的，但是他说："我在中国接受过传统教育，中华传统文化和中国文学对我的影响非常大。"

在攀登高峰的路上，中国的科学家与文学家都受到中国传统文化的影响。杨振宁和莫言均认为，科学和文学都是观察一个国家和民族的窗口，科学家和文学家也都通过民族与文化传统影响着世界。

"物理学的前沿方向有很多，科学家选择向哪个方向进军，是受到个人特点和文化背景影响的。中国物理学家喜欢的方向，跟德国物理学家喜欢的方向是不一样的。中国人比较务实，不走极端，这与中国的文化传统有着密切关系。"杨振宁说。

莫言认为，不同的物质条件和生活环境造就了不同的民族性，民族性对文学创作的影响更加明显。"中国的民族性在《周易》中就树立了：天行健，君子以自强不息；地势坤，君子以厚德载物。前半句讲进取，后半句讲兼容并包。关于文学创作，我们的文化传统中有一个非常重要的理念，叫文以载道，就是希望通过文学来继承发扬我们的传统文化和基本的价值观，然后借以教育国民、开启民智，这是文学创作的终极目标。"

"在写作的时候，作家往往不会主动地选择描写民族文化或民族性的东西，而是在创作的过程中潜移默化地赋予笔下的人物这些特性。"莫言说。

不能以获奖为动力

对于科学界、文学界及经济学界来说，诺贝尔奖都是最受瞩目的大奖，获奖者不仅会成为媒体和社会大众关注的焦点，有时还会陷入争议的旋涡。

"霍金为何没得到诺贝尔奖？"范曾冷不丁抛出一个"敏感话题"。

杨振宁假做思考状，然后突然说："哈哈，我不会回答你这个问题的。"现场笑声瞬时引爆。

不过，事实上杨振宁还是侧面对此做出了回答："在诺贝尔奖中有三个科学领域的奖项，就是物理、化学、生物和医学，争议比较少，这主要因为科学比较简单，科学里的价值观比较单纯，这也是我选择学习物理学的重要原因。诺贝尔奖诞生一百多年来，科学领域的奖项也不是没有争议，但是应该说，80%～90%的奖项是颁对了的，获奖者是实至名归的。"

"你是不是也有一个感受，我们在斯德哥尔摩领奖和英国人的感受是不同的？"杨振宁第四次向莫言提问。

莫言笑称，不光是英国人，每个人的感受都是不同的。"在我获奖之前，诺贝尔文学奖在中国是个争议话题，每年快到颁奖之时，我总能接到无数的电话，让我深受困扰。但当我获奖之后，我发现了一个新问题，我成了众人研究的对象，似乎每个人都拿着一把手术刀等着'解剖'我，所以我干脆不把自己当人了。"

"世界上的很多事情，总是在你几乎忘记它的时候悄然而至。"莫言这样形容他的获奖，"我对杨先生这样的科学家佩服得五体投地，自然科学是绝对的真理，文学和科学则不一样，一千个人眼中有一千个哈姆雷特，每个人都有自己的喜好和判断。喜欢你作品的人觉得挺好，不喜欢的人觉得，这是啥玩意儿。"

"世界上没有任何一个奖项，可以推动一个国家、一个时代的文学滚滚向前。作家要想写出好的作品，应该把文学奖忘掉，如果一心想着文学奖，把得奖当成写作的动力，甚至去揣度评委的口味，并试图改变写作的风格，这多半是南辕北辙。这样的道理，在科学研究中同样适用。"莫言说。

范曾告诉莫言："你获奖后，听说你老家的萝卜和院子的砖瓦遭了殃。"莫言大度回应对此"能理解"。但他还是呼吁大家理性一点，"我只是个普通人，不是什么文曲星。"莫言说，"有人说我会倒背《新华字典》，这是谣言，我在读完小学五年级被学校开除后，在家没书看就翻阅《新华字典》，学会了一些生僻字而已，会的汉字可能也就 500 多个，而且在写作中还经常写错别字。"

在莫言看来，得个科学类诺贝尔奖比文学奖更硬气。"假如有来生，我一定要去学物理，我要是得了诺贝尔物理学奖，你看我还低调不？"莫式幽默又引发一阵大笑。

中国梦一定能实现

"请二位用简短的语言谈谈你们对中国梦的理解。"范曾把话题引向时下讨论的热点。

杨振宁说："我觉得这不能用一两句话讲清楚。中华民族一百多年被西方列强欺负得很惨，在座的年轻人也许对此不太了解，'被欺负'是我父亲和我这一辈子灵魂深处的感受。原因大家也知道，就是中国在发展近代科学方面落伍了。获得诺贝尔奖，变成了全民族的期待。最近这几十年，中国的发展给了整个中华民族新的前途，也就产生了中国梦。我认为中国梦一定会实现，因为中国有无数优秀的青年，这是实现中国梦的基础。我在国内有十多年了，我认为，和美国的大学生相比，中国大学生在本科阶段掌握的知识要多得多，他们更勤奋、更努力，对于未来发展对自身的要求更清楚。当然，中国要在几十年内追上西方几百年发展的成果，不可避免会遇到各种各样的问题，但是我们已经证明，这些问题都能克服和解决。所以，我对于中国梦的实现持乐观态度。"

莫言的回答则充满"魔幻现实主义"色彩："最近我在网上看见一条消息，美国的一家公司在征集第一批移民火星的志愿者，中国人报名很多。我想这也表达了中国人的梦想：到天上去。"

谈到当今大学生身上缺失什么样的品质时，莫言告诫学生："每个人都想出名，北大的未名湖取名'未名'，实际上也有鼓励成名的意味，但是不要急于求成。就拿我自己来说，早期写小说，挖空心思找故事，有了生活积淀以后，现在就成了故事来找我了。"范曾批评一些学生和家长把学艺术视为成才捷径的思想："有些人，学习成绩不好、文化课不行就改学艺术，我想告诉他们，世界上没有什么随便可以成功的事情，很多艺术家，到老了其才华才发挥出来，被社会认可。"

最后，三位大家各用一句简短的话寄语当下青年，传递正能量。范曾以"诚外无物"表达对青年品性的期许，莫言借用作家王蒙一本书的书名"青春万岁"祝福和激励青年，杨振宁沉思良久："我想说的是，自强不息！"

（《中国教育报》2013 年 5 月 18 日第 3 版》）

第二部分

全球视野看中国教育

中国正成为国际教育重要力量

——访瑞典斯德哥尔摩大学维纳亚姆·齐纳帕教授

人物简介：维纳亚姆·齐纳帕

　　瑞典斯德哥尔摩大学国际教育研究所所长、教授，"全民教育"和"可持续发展教育"理念的最初倡导者。多年从事国际比较研究工作，著述颇多，编写、参编、发表论文 70 余篇，发表研究报告、会议论文、培训手册等 160 余部。

　　近年来，中国和中国教育的发展令世界瞩目。放眼全球，该如何看待中国教育？对世界而言，中国教育提供了什么样的成功经验？对中国而言，我们的教育与世界先进水平相比，还存在哪些短板，未来发展方向何在？就此，笔者采访了瑞典斯德哥尔摩大学国际教育研究所所长维纳亚姆·齐纳帕（Vinayagum Chinapah）教授。

　　作为国际比较教育研究领域的知名专家，齐纳帕教授曾经在联合国教科文组织工作 16 年。在过去的 35 年间，他的足迹遍及世界 140 多个国家，为联合国机构、国际双边及其他多边组织以及 NGO 组织开展科研、培训、咨询等服务。这位毛里求斯裔瑞典人自称是个天生的"中国通"，因为他的名字中就带有 China。事实上，过去 30 多年来，齐纳帕教授非常看好中国教育，多次来到中国，与中国教育界开展了广泛而深入的合作，对于中国教育齐纳帕有其深入而独到的见解。

中国非常重视教育和教育改革

滕珺：您是中国人民的老朋友，与中国有 30 多年的交往。您当初是如何与中国结缘的？为什么选择来中国开展教育合作与交流？

齐纳帕：首先，从研究的角度来说，我是一个比较教育学者。30 年前，也就是 20 世纪 70 年代末，国际比较教育研究越来越关注大国，特别是人口众多、教育质量需要大幅提高的国家，比如中国。当时瑞典斯德哥尔摩大学国际教育研究所的所长，也就是著名的教育学家胡森先生，非常热衷于在中国开展国际比较教育的研究，他本身担任了中国许多大学的荣誉教授。而且那个时候，许多国际机构，如世界银行、联合国教科文组织、经济合作与发展组织（简称 OECD）都十分希望了解中国教育。但中国当时没有能力组织大型的学校调查研究，所以当时的中央教科所，也就是现在的中国教育科学研究院，邀请斯德哥尔摩大学国际教育研究所来帮助启动这个项目，我有幸参与其中。这是我们交流与合作的开始，也是瑞典和中国教育合作的开始。此外，30 年前的中国是大创新的时代，因为有了改革开放的政策，中国有机会向其他国家学习，这非常有利于开展国际比较教育研究。

其次，与我的个人信仰也有关系。在中国开展比较教育研究是一项很有挑战性的工作，因为当时世界并不了解中国，中国也比较封闭，因此很多有关中国的信息都存在偏见，甚至忽视了中国的存在。但是，即便在我来到中国之前，我也坚信中国未来一定会取得举世瞩目的成就，因为中国是个大国，就像你不能在不考虑中国的情况下讨论国际事务一样，不了解中国教育，你就无法开展真正的国际比较教育。因此，作为一个年轻的比较教育研究者，我非常受启发。在过去的 30 年中，相对于其他相同社会经济发展水平的国家来说，中国取得了很大的教育成就，我相信其中必然有很多东西值得学习。我是从瑞典这个经合组织的小国家来的，经合组织国家之间会相互学习，但从没有向经合组织之外的国家学习，而比较教育就是要从不同的教育体系中学习借鉴。因此，向中国学习并帮助中国向其他国家学习，是我毕生的使命。

滕珺：从一个局外人的角度，您能描述一下这 30 年来您所看到的中国教育的发展和变化吗？

齐纳帕：这个变化是翻天覆地的。30 年前，我走访了中国乡村的许多学校。当时的硬件条件确实比较差，我们经常看到教室很破，学生坐在地上上课，如果哪个学校有一台电脑，那简直是天大的骄傲，你得脱鞋、脱袜子才能进入电脑房。但尽管硬件条件有限，中国的家长、老师和教育领导对教育却都秉持着强烈的信念。我记得 25 年前我走访了无锡的一所农村学校，我发现有一个人创立了一所私立学校，这个学校有一台电视机。你能想象在那个时代，那么遥远的乡村学校在使用多媒体吗？的确，当时很穷，也有很多的困难，但是只要你坚持对教育的承诺和追求，你就可以做到。中国官方从不避讳谈示范学校，这就是示范的力量，其他学校会努力改进，向示范学校看齐。

我想这与中国历史和儒家传统有关，我们不能脱离历史和情境来讨论问题。中国当时穷，所以教育也穷，因此，中国人必须用另一种途径来解决教育问题，这也就是比较教育中所说的"情境化"——必须将问题还原到当时的情境中，用更开放的方式去思考问题，而不是一开始就带着一个狭隘的概念去评判事物，这样就会有新的发现。比如，我还发现中国做得很好的一点，很多学校都会记录孩子的健康状况，比如身高、体重等。即使是最发达国家中的最发达的学校，他们也很少做这些工作。中国当初面临的是教育机会问题，现在面临的是教育质量问题。所以，中国新上任的领导人说"人民对美好生活的向往，就是我们的奋斗目标"，这很有意义，因为大多数情况下我们谈论教育是为了工作、为了就业，但是很少人谈论教育是为了幸福的生活。然而，什么才是美好生活，值得我们深入讨论。

滕珺：除了您刚才提到的中国人对教育强烈的信念之外，您认为中国还有哪些经验值得其他国家学习？

齐纳帕：我认为中国有很多经验值得学习。首先值得学习的就是态度问题，中国的教育改革从来都是一件极为严肃的事情。中国政府高度重视中国的教育改革，不仅公开宣布改革，积极建设基础设施，而且还创立了很多机制来推动改革。没有政治意愿，改革永远都不会成功。同时，中国政治稳定，为教育改革创造了很好的外部环境，所以，中国的教育改革可以在一个相对稳定的环境下长时间开展，中国很快就解决了普及九年义务教育的问题，这一点中国做得非常成功。其次，中国大力发展了中等教育、职业技术教育。我们今天生活在一个高科技的知识社会，如果初等教育毕业生没有接受中等教育，我们没有足够的半技术工人，就不会有那些高技术人员，中国就很难发展，这就是远见问题。再次，中国采取了对口支援的平衡发展政策。由于中国很大，有些地方发展得很好，有些地方发展得不好，因此中央政府鼓励地方和省级政府负责，来减小这种差距。人们总认为中国是一个中央集权制国家，事实上，中国采用的并不是集权体系，而是平衡体系，即同时具有集权和分权，因为中央的决定必须适应地方的实际情况才能真正得以落实。因此，中央政府给地方政府授予了很大的权力，帮助他们获取资源、管理资源、分配资源。这些都是基于中国困难的、具有中国特色的问题解决方式，值得学习。

不能以唯经济的方式思考教育问题

滕珺：您曾在联合国教科文组织任职多年，是"全民教育"和"可持续发展教育"两大教育理念的最初倡导者，这对中国教育的影响很大。您能简要介绍一下这两个概念吗？为什么您会提出并积极倡导这两大概念？

齐纳帕：1991 年，我在联合国教科文组织任职时，上级让我负责基础教育质量项目，研究改善质量要做什么，我第一个想到的就是全民教育。1990年，联合国教科文组织开始在世界范围内推广全民教育，主要关注的是机会问题。但我们知道，教育质量问题是最重要的。如果学生只是待在教室里，没有学习，那有什么用？因此，我们必须衡量他们学到了什么。当时，联合国教科文组织和联合国儿童基金会联合发起了一个项目，联合国儿童基金会是出资方，联合国教科文组织提供技术，关注不同地区儿童的学习需要以及影响学生学习质量的因素，如教育投入、学校环境、家庭环境等。中国当时也参与其中，是参与文字、数学和生存技能测试的 5 个先驱国家之一。我在全民教育的框架下提出了"教育质量至关重要"的目标，也就是全民教育的第六项目标。为了创立这个目标，我花了大量的时间，在 80 多个国家开展调研。我们的调研不是简单地拿 A 国和 B 国进行比较，因为两国的教育体制、课程内容、文化环境完全不具可比性，而是给各个国家内部提供教育诊断，帮助各个国家了解本国教育的长处和短处。

另一个问题是关于可持续发展教育的倡议。在 2000 年，也就是在 2002 年南非可持续发展峰会前，大家谈论的都是健康可持续发展、能源可持续发展、水资源可持续发展、食物可持续发展、生物多样性可持续发展、栖息地可持续发展等，唯独没有教育可持续发展。当时，我还在联合国教科文组织工作，我私下跟我的上级说，有没有可能在联合国系统内倡议一下可持续发展教育，结果得到了上级的认可。但当时距离开大会只有两个月的时间，联合国教科文组织经过努力终于启动了这一倡议。但是当时可持续发展教育不只是环境教育，还意味着我们怎样开展教育、怎样改变课程、怎样改变教师培训，使可持续发展教育变得更为全面。比如，你怎么教学校里的小孩子保存能源、水，改变栖息地和人道信仰，以及怎样避免浪费，怎样节约能源和水，等等。这些看似环境问题，实际上是价值问题、尊重问题，人类的很多不幸都源于此。不幸的是，可持续发展教育没有像当时设想的那样发展。但瑞典在这方面做得很好，从幼儿园就开始教给孩子们关上水龙头、关灯、节约能源，这已经成了瑞典人的行为习惯，瑞典也因此成了最大的赢家，成为世界的绿色之都。

滕珺：以一个旁观者的视角来看，您认为中国的全民教育和可持续发展教育开展得怎么样，存在什么问题？

齐纳帕：我觉得中国已经实现了全民教育的大部分目标，但不是全部，比如，中国的城镇化发展速度太快，中国的农村教育与发展就是一个问题。中国要培养什么样的年轻一代，是从农村走向城市的年轻一代吗？在所有全民教育目标中，城乡问题都非常重要。我觉得政府意识到这一点了，并制定了专门的政策，但是要达到目标还有很长的路要走。我认为中国应该发展一个完整的、不一样的模型，使乡村比城市更有吸引力。这就是更创新的东西，比如创造一些服务、设施，让大家搬回来。我认为，怎样消除城乡之间的差距，保持城乡之间的平衡，将是实现全民教育和可持续发展教育的最大挑战。

为了改善生活质量的教育与为了就业的教育不是一回事。因此，教育者不能以一种唯经济的方式思考教育问题，这也是全民教育和可持续发展教育一个很大的挑战。我觉得中国应该抵制新自由主义的影响，抵制任何事情都要以市场为导向的倾向。那么应该建立什么样的价值观、标准和规则呢？经济并非唯一因素，有些 GDP 很高的国家，他们的学校常发生毒品事件、自杀事件，你们肯定不想让中国孩子变成那样。因此，中国在经济富裕的同时，应该加强学校里的传统文化传播，加强民族精神教育，只有这些才能帮助中国在这个流动的社会中，吸引优秀的人才回国。因为，没有文化就是很严重的退步。

中国教育要有国际化发展的大视野

滕珺：近年来中国教育的国际化发展很快，每年有大量学生出国留学，同时中国文化在国际上的影响力也在不断提升，您认为中国在未来国际教育的舞台上会扮演什么样的角色？

齐纳帕：中国文化和中国语言已经得到世界广泛的认可。今天，每个国家在解决问题时都应该跟中国坐一条船。这不是一个选择，而是必然趋势。所以很多国家开展了汉语教育，将中国元素融入本国的教育体系。瑞典是这样，世界上很多其他国家也是如此，这已经为双方的交流建立了很好的桥梁。中国自身也在变化。中国正在迅速变为一个多语国家。多语和双语不仅仅是语言问题，文化、经济、政治问题等很多东西都包含在里面。在这样的背景下，中国应该成为未来国际教育发展的"和谐使者"。当今的国际化平台是不同的，我们生活在一个迅速变化、频繁互动的世界中，每一个人都在向他人学习。看看中国自身发展的历史，你们有着非常中立的立场，这对你们的国际化发展十分有利。你们应该充分利用这个优势，将非洲、欧洲、亚洲、美洲等各国的代表会聚起来，将所有人的相对优势都汇集起来，促成大家相互学习，达成一致意见，实现共赢。中国现在主要还在发展双边关系，还没有担当起"和谐使者"的角色，中国需要有这样的大视野、大愿景。

滕珺：中国要完成这样的角色定位，还有哪些工作需要进一步改进？

齐纳帕：我认为首先应该改变观念，中国的国际化意味着你必须以一种双赢的方式来考虑问题，不谈论胜败。当然竞争很重要，但中国需要的是健康的竞争。其次，我认为中国应该发展双语、多语教学，不仅要鼓励本国年轻一代学，还要鼓励其他利益相关者学。语言是国际化的重要交流技能。中国应像欧洲社会一样，成为一个东南西北都来会聚的地方。再次，孔子学院在全世界大量发展，这很重要，但孔子学院应该有所改革，不应只教授文化、艺术和语言，还应涉及其他方面的内容，如经济、社会、技能等很多很多东西。这将是很好的交流平台。中国的教育应该像中国的经济、政治一样，在国际舞台上发挥更重要的影响。

滕珺：您为推动中国与国际的教育交流与合作做了很多努力。最近几年您和北京师范大学国际与比较教育研究院合作开办了我国教育领域内的第一个国际教育学术硕士项目，能具体介绍一下吗？

齐纳帕：起初，在非盎格鲁撒克逊传统中，社会科学领域很少有硕士项目，大多只有学习年限较长的博士项目，不管在德国、法国还是瑞典。但如果学生只想学习两年就去工作，或者是很有经验的人也想来学习，那怎么办？所以32年前，我在瑞典引进了英文硕士项目，这个项目在瑞典运行了30多年，已成为一个享有国际盛誉的项目。后来，我从联合国教科文组织退休后又回到了斯德哥尔摩大学，就想怎么样可以继续为中国做点事情，将这一项目的成功经验带到中国，我相信中国这样一个扮演重要国际角色的国家，会非常愿意学习这个前沿项目。

目前，这个项目已经启动两年了，共招收了来自十多个国家的35名学生，其中不乏已经在剑桥大学取得硕士学位和在俄罗斯已经取得博士学位的优秀学生。目前，我们正在继续合作开办全英文博士项目，开展广泛的学生交流和合作研究，如我们合作的"教育促进农村变革"，希望我们的合作能取得更为丰硕的成果。当然，我还想借此机会向中国政府呼吁，向北京师范大学呼吁，向项目组的所有参与者呼吁，不应该把它看成一个单独的学术项目，也要将其看成一个开放政策，一个国家和平生存、和谐发展的政策，我希望中国能够在亚太地区甚至世界范围内发挥更广泛的影响力。

（《中国教育报》2013 年 3 月 11 日第 3 版，特约撰稿人滕珺为北京师范大学国际与比较教育研究院讲师、博士）

中国式大学：筑造高等教育强国梦

——访加拿大多伦多大学安大略教育研究院资深教授许美德

人物简介：许美德

> 1967 年开始执教香港，曾出任加拿大驻华使馆教育参赞、香港教育学院校长；精通英、法、拉丁、希腊等多国语言，一直投身于中国高等教育比较研究，努力推动中西方教育对话，促进中加高等教育深度交流，被中国学界和国际社会誉为"教育界的白求恩"。

目前，中国的高等教育正在以前所未有的速度实现着从"精英教育"到"大众教育"的跨越。2012 年，中国高等教育毛入学率达到 30%，成为世界高等教育的大国。中国大学在未来的发展道路中将何去何从，如何实现高等教育强国梦？笔者就此采访了加拿大多伦多大学安大略教育研究院资深教授许美德（Ruth Hayhoe）。

中国人求知若渴，中国政府坚决有力

滕珺：许教授，您好！非常高兴再次见到您。您是中国人民的老朋友了。我最近正在阅读您的自传《圆满》，常常为您强烈的中国情愫所动容。您最初是如何与中国结缘的呢？

许美德：我关于中国最早的记忆来自我们家的一位世交。她一直在上海传教，直至 1958 年回国。回国后，她邀我们共进晚餐，席间她说我要考考你们，看你们会不会用筷子。于是她做了个示范动作，用筷子夹豆子。但那时的中国对于我来说，还是个很遥远的国度。

长大之后，我进入大学学习了西方经典科目——希腊语和拉丁文，这与我之后的中国研究关联不大。转折发生在大学毕业那一年，即 1967 年。带着对自由的渴望和对异国的好奇，我给在香港的堂兄寄信，表示想去香港住一段时间。于是我就独自一人踏上从多伦多到温哥华的火车，乘机来到了香港，那个年代还不需要签证。我的堂兄和那里的传教士们很热情地接待了我，起初我计划只待 6 个月，没想到一晃便是 11 年。香港实在是个迷人的地方，我说的不是城市，当时的香港还很穷，很多人都在贫困线上挣扎，但他们如此友善、勤奋，使我渐渐产生出一种中国情愫。3 天后，我便开始学习粤语，同时学习中文读写。我还找了一份在中学教书的工作，也因此在香港安顿了下来。这是我与中国的第一段接触。

滕珺：作为一个国际学者，能否描述一下这些年您见证的中国高等教育的发展？

许美德：我目睹了中国教育几次激动人心的重大进步。我清晰地记得毛主席逝世那一天，这个消息冲击力太大了，以至于人们不知道接下来会发生什么。之后，正如大家所见，邓小平主持了改革开放，中国开始走向世界。我们预感到中国即将发生激动人心的变化，而教育将是其中至关重要的一环。

与此同时，也就是 1978 年 9 月，我离开香港，去伦敦大学教育学院深造。1980 年，怀着对中国的热爱，参与建设的抱负与憧憬，我申请前往中国工作，一方面实现我当年的夙愿，另一方面也收集有关博士论文研究的基础数据。我先从香港到北京，之后辗转上海，南下广州，最终在复旦大学任教。在那段时间，中国人民带给我的震撼是极大的。尽管贫穷、艰难，"文化大革命"中备受苦难的中国人依然清楚他们的身份与追求，他们求知若渴，一片赤子丹心，希望给国家和改革开放做贡献。这种意识扎根于深厚的中国文化。我坚信，正是因为拥有这样的文化积淀、这样的国民，中国必然迅速发展。随后，中国果然以电光火石般的速度发展，从几乎一无所有，到物质日益丰富，冰箱、洗衣机等日用品逐渐出现在人们的视线中。人民勤劳奋进，在掌握知识后迅速进步。那是我真正目睹并参与中国变化的开始，这种变化实在是震撼人心，以至于我，一个外国人都对中国未来的发展无限憧憬。

在教育的发展进程中，中国政府的决策发挥了建设性作用。当我听闻加拿大政府决定与中国开展教育合作时，我十分欣喜。当时有包括北京师范大学、西南师范大学（现西南大学）、东北师范大学等6所师范院校参与了中加教育合作项目，我便是在那时结识了顾明远先生。

1990年后，尽管我回到了加拿大工作，但仍时刻关注着中国教育的发展，并参与了世界银行的研究项目。在研究中，我发现较之于中国庞大的人口基数和惊人的发展速度，5%的高等教育受教育人数显然远远不够。因此，我们强烈建议中国应该进一步扩大高等教育的规模，特别要关注那些家庭贫困的学生，为他们提供高等教育的入学机会。因此，教育投入很重要，包括大学的建设。当然，我也了解政府的难处和其中的顾虑，虽然中国的高等教育在一些方面可能还有待完善，但国家和民众都在为此努力，尤其是中国的家长，宁愿在其他方面节衣缩食，但绝不会在教育上委屈了孩子，用中国人自己的话说，"砸锅卖铁"也要让孩子上大学。作为一个见证者，我为中国这些年来所取得的成绩感到高兴。

谨防学术GDP，大学应有自己的风骨和特色

如今，很多大学教授为了申请更多的项目基金、发表更多的出版物疲于奔命，大学对社会的担当日益匮乏。关怀社会是大学的天职，同时也决定大学的未来，这是大学的风骨。我们需要的是真正出色的专业人才，能够坚守自己的特色，实事求是地创新是当代一些中国大学难能可贵的品质。

滕珺：2012年，中国高等教育毛入学率已经达到了30%，成为世界高等教育的大国，进入了高等教育大众化阶段。但是当前高等教育的质量却遭到了很大的质疑，对此您还有什么具体的看法与建议吗？

许美德：提高教育质量，政府起着决定性作用。现在中国政府已经开始重视并着力解决该问题，比较明显的举措包括降低入学门槛，严格把关学位证书的颁发，实施了"千人计划"（国家留学基金委公派留学项目）等。特别值得一提的是"千人计划"，这是一个非常有建设性的计划，对跨国知识的交流和体验有着十分重要的意义。我本人每年大约也会招收 1～2 个"千人计划"的学生，并对他们进行研究指导。但我认为中国大学还面临着一个更为重要的问题：太多大学教授为了在核心期刊上发表学术论文而疲于奔命。

滕珺：我们将这种现象称为"学术 GDP"。

许美德："学术 GDP"这个词很有意思。可是大学理应有更重要的担当。大学精神、道德教化和社会责任如何安身？我曾研究过中国大学史，新中国成立前的一些大学，如西南联大和复旦大学，他们以国运为己任，密切关注时事。而如今，大多数人的视线却仅仅囿于申请更多的项目基金和发表尽可能多的文章，对大学的社会担当的关注却日益匮乏。我们能否改善社会风气？我们的研究是否有助于公众对诸如医疗等社会问题的理解？现阶段的中国虽然面临着诸多社会问题，但大学之大，是否也该为国运承担自己的一份责任？关怀社会是大学的天职，同时也决定大学的未来。这是大学的风骨，只有坚持这样的风骨，知识才能发挥它应有的价值。我认为这一点至关重要。

另一方面，在全球性知识经济和国际竞争的推动下，几乎所有国家的大学都致力于建设研究型大学，这已经成为一种国际潮流，但这是不现实的。比如，美国社会像个万花筒，五彩斑斓，政府很难控制；加拿大因为实行联邦制，中央政府要影响大学也不容易；德国大学向来追求统一的责任和标准，各学校的目标和特色有所不同，但现在德国政府也觉得有必要挑出几个来重点培养，实施了所谓的"卓越计划"……这一系列变化中隐含着不少问题。中国作为一个异彩纷呈、地大物博的国家，也受到了全球化和国际贸易的深刻影响。但好在中国的一批专业院校如农业大学、师范学院得以保留。以师范院校为例，很多人不懂"Normal（师范）"为何物。其实这是法语中的一个古老词汇，蕴含着"高质量、高标准"的追求。遗憾的是，大多数美国大学未能成功做到这一点。19 世纪时，美国曾有上百所师范院校，但如今均已消失不见，也没人在乎它们的消失。这是一件憾事，是教育的一种缺失。

因此，我认为有时候我们需要顶住国际潮流的压力，保留自己的特色。我们需要的是真正出色的专业人才，而非仅仅所谓的具有全球化视角的研究者。教育最神圣的使命是为这个国家的进步做出贡献，各具所长的专业院校正适应了这种需求，比如西北农林科技大学，尽管也是综合性大学，但仍以食品及相关专业为发展核心，由此开创了一片天地。此外，厦门大学的事迹也令我动容，他们不求成为北大清华，但从沿海大学的特色出发，与八所同在沿海城市的大学结成同盟，探索发挥沿海大学的特长。这种实事求是、因校创新的珍贵品质值得重视和学习。

中国人有自己的创新方式和创新智慧

滕珺：如今中国亟须培养一批拔尖创新人才，在您看来，什么样的高等教育才能培养出更多的创新人才？

许美德：思考何种教育更有利于培养创新人才很有意义。但需要注意的是，千万不能将创新视为一切问题的解药。西方社会的确有一部分人宣称中国人缺乏创意、思维僵化，我却不以为然。我从 20 世纪 60 年代开始接触中国学生，实践经验告诉我，中国人并不缺乏创造性思维。要探讨这个问题，首先要厘清何谓"创新"？中国学生的创新，更多地体现为更深入的观察和审慎的思考，一种三思而后行的理念。其实，我认识很多中国杰出的教育家，他们都成长于十分传统的中国家庭，但他们从来不乏创意，他们不会一味对师长言听计从，而是遵循着自己的人生规划不断前行。这种综合考量各方之后独立做出抉择，在他人的观点和自己的个性之间巧妙地寻求平衡的表现，正是中国人的大智慧。也许，这与西方社会传统的"创新"定义有所出入，但并不能因此否认中国学生独树一帜的创新能力，也不能因此就说中国学生不经大脑思考就会对灌输内容全盘接受。这只是一种不同价值观影响下的选择。

哈佛大学的教授霍华德·加德纳写过一本非常有趣的书叫《打开视野：中国对美国教育困境的启示》(*To open mind: Chinese clues to the Dilemma of American Education*)，书中记录了一个十分有趣的故事。初来中国研究教育时，加纳德教授对于"中国学生习惯模仿"这一观点深信不疑。但随着实践的深入和教学观察，他发现在所谓的模仿中，中国孩子们在细节上做出了自己喜欢的调整。虽然不那么张扬，却昭示着柔性的力量和不输西方学生的个性。因此，我想，简单地认为中国传统文化压制创新的观点稍显粗暴，不够理性。我认为，小组合作、课堂展示、角色扮演等方法都有利于创新人才的培养，但最关键的还是如何界定"创造力"，发现中国学生自己的创新形式和表现方式，再根据这些特点提供创新支持条件，才能够事半功倍。

中国值得世界学习，也需要向世界学习

滕珺：现在中国很多大学都在提"建设世界一流大学"的目标，您在前面也提到过您对此并不赞同。那么，中国大学未来的发展该何去何从？

许美德：当我在中国做研究时，我们曾问过所有受访大学一个问题："你们的办学目标是什么？"北大的目标共有四句，首先是"引领文化"。在我看来，这比"建设国际一流大学"更有意义。这种理念深深根植于北大的历史血脉中，体现了他们对国运的思考和担当。同样关注国家发展需要的还有华中科技大学，他们有一个很有意思的口号——"我们是新中国的索引"。华中科技大学创建于新中国成立之后，独特的历史赋予了他们独特的身份，去思考自己独特的使命和前途。他们见证了"文化大革命"，又经历了改革开放，"文革"中，医学专业受到了毁灭性的破坏，而改革开放的中国亟须医学知识和人才。华中科技大学下决心和同济医科大学合并，并重点发展工科和医学新领域的交叉研究，为国家培养相关的栋梁。此外，还有一所十分有特色的学校叫延边大学，他们提出了"多元文化认同"的概念，因为学校地处中朝边境，许多学生有意学习朝鲜语（韩语），并对地域政治学特别感兴趣。因此，延边大学特别关注朝核六方会谈，剖析其中的国际政治。这既是

一种深刻的学术研究，也是一种社会责任的担当，朝核问题对中国乃至世界都有至关重要的影响。我举这些例子是想说明，每一所学校都有其独一无二的文化，这扎根于其独特的发展历程和现实处境，因此，每一所学校都承担着独一无二的历史使命。改革开放后，中国的许多大学纷纷开始修校史，这些都是十分宝贵的历史遗产，值得珍视。只有大学对自身做出一个清晰的历史定位，并由此衍生出自身的历史责任感，大学才能真正成为国家发展的助推器。

滕珺：如您所言，中国的高等教育有自己独特的历史和文化，那么在您看来，在国际交流的过程中，中国高校应如何为世界高等教育的发展做出更大的贡献？

许美德：我认为中国高等教育已经并正在为世界做贡献，中国教育培养了一批优秀学生，这个事实是有目共睹的。需要强调的是，国际交流学习是一个双向互动的过程，既不是一味向发达国家学习，也不能太独尊自大。要推动世界教育的发展，首先需要让世界了解中国教育，理解中国教育走过的独特路径、经历的历史变迁。中国值得世界学习，也需要向世界学习。

这里我举两个例子。第一，有关大学与政府的关系问题。西方社会重视大学的自主权，对政府的干涉十分警惕。相反，中国大学的经费来自政府财政，因此需要听从政府的一些安排。但这并不是绝对的，比如华中科技大学、西北大学等也有很大的办学自主权。政府和学校，既是互动，更是合作。双赢的结果要靠双方共同努力。就我本人对中国的观察，我发现中国人对整体的思考把握是十分睿智的。他们提倡"天下兴亡、匹夫有责"的使命感，当政府没有反映出他们的心声时，他们也会发出自己的声音。中西方制度不同，民众的思考方式也不同。我们既要看到大学需要办学自主权，也要看到政府宏观调控的指导意义。也许中国大学应该追求更多自主权，而过于自由的美国大学应该思考一下自由的限度。

第二，中西方学生过着迥异的校园生活。中国大学实行寄宿制，所有人都在集体中学习生活。"同学"一词意味着相当亲密的关系。这种亲密的集体关系产生了许多积极影响。2008 年汶川地震时，中国人民纷纷自发组织起来帮助灾区。当时我也在中国，我被中国人之间互帮互助、团结友爱的情感深深震撼了。我认为这些举动与他们上学时所处的集体氛围有很大关系。中国的学校设有围墙，围墙赋予这块地域一个比较明晰的"学校"的概念，这就会使学生产生一种归属感。如何培养学生对学校的归属感和认同感？这一点是西方学校可以向中国学习的。但从另一个角度看，北美的学生更加自由，在人生路途上有更多的自主选择。而我觉得，更多自主权对于中国学生应该会是一种不错的历练。

因此，要平等地开展国际交流和合作，搭建一座良性互动的桥梁至关重要。华东师范大学就是个很好的例子，他们与纽约大学合作，并不意味着照搬纽约大学的路径，而是一种互相借鉴、互相学习的过程，这才是我心目中的国际交流。也只有在平等交流的基础上，不同国家的学生们才能真正相互了解，切身体会异彩纷呈的各国文化。

中国最近提出了一个概念叫"中国梦"——大家为一个共同的梦想、为一个更好的中国而努力。如果有一天加拿大政府也说，"让我们为我们共同的加拿大梦而奋斗"，我会非常欣慰。我也祝愿中国的高等教育能为早日、顺利实现你们心中的"中国梦"贡献应有的力量。

（《中国教育报》2013 年 5 月 4 日第 3 版，特约撰稿人：滕珺）

中非合作要补教育"短板"

——访中国亚非学会会长刘贵今

人物简介：刘贵今

资深外交家，现任浙江师范大学中非国际商学院院长，中国亚非学会会长。曾任外交部非洲司司长，中国驻津巴布韦、南非特命全权大使，首位中国政府非洲事务特别代表。

前不久，金砖国家首脑会议在南非召开。今年"两会"后，习近平主席首次出访就访问了非洲3个国家，全世界再次将目光投向了非洲。美英法日等国相继加大对非洲的投入和关注，非洲正成为大国新的竞技场。

非洲在中国梦的实现过程中可以扮演什么样的角色？南非等金砖国家的教育给我们什么启示？中非教育交流合作还存在什么问题？带着这些问题，记者采访了首任中国政府非洲事务特别代表、浙江师范大学中非国际商学院院长刘贵今。

非洲：亟待重新发现的新大陆

"大家一谈起非洲，出现在脑海里的就是贫困、落后、疾病、战乱、政变等负面现象。很多中国人对非洲的印象依然停留在从西方媒体上了解的'落后贫瘠、饿殍遍地'上，这完全是误导。因此，如何普及非洲知识，了解一个更客观、更全面的非洲，显得极为紧迫。"刘贵今开门见山地说，"今天的非洲，正在崛起。十多年前，英国《经济学家》杂志曾把非洲称作'没有希望的黑暗的大陆'，如今连他们都改口赞誉非洲为'上升的明星'。"

刘贵今认为，非洲人的贫困主要是源于长期殖民统治的后遗症，非洲人需要的是更多的教育机会，培养自力更生的精神，他们的明天一定会更好。回顾 30 多年的非洲工作经历，刘贵今说他对这块神秘大陆的印象是"美丽、文明、富饶、变革"，而且时间愈久，印象愈深。非洲的自然之美，唯有亲临其境才能有所领略。肯尼亚就是一个很美丽、很有特色的非洲国家，它地处孕育了人类文明的东非大裂谷地区。彬彬有礼是多数非洲人的文明符号。埃塞俄比亚是世界上最贫困的国家之一。这个国家尽管政权更迭、战乱不断，但有一支骁勇善战、文明、守纪律的军队，让我们感受到了文明古国的风采。非洲是真正富饶的聚宝盆，至少有 17 种矿产储量居世界第一。南非是变革的非洲的缩影，现有 11 种官方语言和 3 个首都，这在世界上也是独一无二的……

"非洲也许不是天堂，但绝对不是地狱。我深深地热爱非洲。非洲是一个美丽富饶的大陆，也是一个文明多彩的大陆，是一个既有深重灾难和重重困难又充满希望、活力和生机的大陆。在我们的外交上，非洲占有很重的分量。"刘贵今笑称，"我从事了一辈子的对非工作，是一条'黑道'走到底了。"

新型中非经贸关系助力中国梦

2013 年 3 月下旬，习近平主席对非洲三国——坦桑尼亚、南非和刚果（布）的国事访问，是中共十八大和全国"两会"后，中国最高领导人首次出访。刘贵今认为，这赋予了中非合作新的时代内涵。

刘贵今说，新中国成立以来，中非合作模式有很大变化，从"穷帮穷"，到 20 世纪六七十年代的官方援助为主，再到改革开放初期的劳务承包和贸易投资。1983 年，我国提出了中非互利合作的四项基本原则，即平等互利、形式多样、讲求实效、共同发展，这标志着中国对非政策一个明显的调整。

进入 21 世纪以来，中非合作进入了快车道，这个时期强调互利共赢。双方从过去纯粹的官方对官方，逐步发展到现在的民间唱主角，特别是贸易和投资唱主角，2012 年，中非贸易总额逼近 2000 亿美元。如今，中非关系已远远超出了经贸关系。在南非，刘贵今去过许多小城镇，发现没有一个城镇没有中国人、没有中餐馆。过去非洲旅游景点只有英文、日文解说词，现在却将中文解说词放在最前面。

刘贵今认为，新中国对非政策是充满战略眼光和前瞻意识，并有延续性的，我们始终把非洲看作机会，而不是包袱。刘贵今把习近平主席非洲三国之行的看点概括为"友谊传承之旅、扩大合作之旅、谋划未来之旅"。正如习主席在演讲中阐述的那样——对待非洲朋友，我们讲一个"真"字；开展对非合作，我们讲一个"实"字；加强中非友好，我们讲一个"亲"字；解决合作中的问题，我们讲一个"诚"字。

"不远万里，习近平主席首次出访就踏上非洲热土，告诉世界一个明确而亲切的信号：中国虽然已成为全球第二大经济体，但仍然是发展中国家的一员，中国政府将会一如既往地重视非洲和中非关系，把加强同包括非洲在内的广大发展中国家的团结与合作，作为我们独立自主外交政策的坚强基石。"刘贵今说，中非关系本来就是真诚相待、亲如兄弟的，有一种习主席所说的"天然的亲近感"；非洲在中华民族伟大复兴这一中国梦实现过程中的重要性日益凸显，中非关系需要经贸硬支撑，更需要人文交流软助力。

刘贵今说，在贸易上，中国已连续四年成为非洲的第一大贸易伙伴，非洲是中国第二大劳务承包市场。中国在非洲承揽了很多工程和劳务承包项目。非洲是中国第二大石油进口来源地，中国这么大的国家要发展，要实现中国梦，原料和材料必须有一个稳定的供应地。"只有互利共赢，才能持续发展。中国与非洲是一种互有需要、互有需求的命运共同体，中国需要非洲，非洲也需要中国。"刘贵今说，"中国和非洲的合作，事关国家的经济安全。我们正在做并将继续努力去做的，就是将中国的利益和非洲的利益紧密地结合起来，谋求共同发展和繁荣。"

质量、公平、合作：南非教育给我们的启示

习近平主席访问南非后，中南两国发表联合公报，确定 2014 年为中国"南非年"，2015 年为南非"中国年"。届时，双方将举办一系列活动。公报还明确提出，双方将继续扩大在基础教育和高等教育等领域的合作，加强双方研究成果的交流与共享。

刘贵今说，同为金砖国家，南非、巴西、俄罗斯、印度等国发展教育的可取之处和面临的许多问题，都可以给中国带来很多启示。比如，巴西基础教育投入多，但效率低，私立学校比公办学校好；印度虽然基础教育毛入学率低于中国，但大学入学率却比中国高；俄罗斯高等教育一些学科很有实力，但教育领域的合作缺少良好机制；等等。

从 2001 至 2007 年，刘贵今在南非担任过 6 年大使，他向记者重点介绍了南非教育。

刘贵今认为，南非教育最鲜明的特点是强调教育公平。南非曾是英国、荷兰的殖民地。正因为这个"机缘"，开普敦大学、斯坦陵布什大学、金山大学和比勒陀利亚大学等如今在非洲乃至世界上实力排名都十分靠前的百年老校，从白人移民手上办了起来。因为这些高校的实力支撑，南非成为非洲大陆高等教育最为发达的一个国家。取消种族隔离制度后，南非政府教育拨款占 GDP 的 6% 以上，占整个政府公共支出的 20%，这部分拨款旨在确保在历史上遭受不公正待遇的黑人和有色人种能公平入学。

南非的大学教育最突出的特点是宽进严出，高考时如果没达到大学入学标准，进大学后，会给你一年时间补习，以达到入学标准，最终修满学分毕业。为提高高等教育质量，南非采取关停并转等办法，把全国 40 多所公立大学调整到了现在的 23 所；此外，南非还通过结对，采用优质大学之长带动落后大学之短的办法推动高校内涵发展；合作办学方面，南非虽然还没有完善的规定，但学业质量控制局非常认真地对待南非大学生和外国留学生的学业质量。因此，非洲排名前十的大学，有 8 所在南非。

南非高校的人才培养也很"接地气"。比如斯坦陵布什大学就开展了

"希望工程"活动，让学生在直接为经济、社会发展服务中成长。通过开展净化自来水项目，医学院在校生直接参与贫民窟脱贫工作；为了从根源上预防南非某些区域的高犯罪率，该校持续投入巨大的资金和师生人员，研究犯罪心理，成效显著。

刘贵今认为，同为发展中国家，南非的基础教育和高等教育给我们的启示，归结起来有三个方面：一是强调教育公平，使孩子不管家庭贫富，都能有入学和人生出彩的机会；二是保证教育质量，为此制定并严格监督执行一系列法规制度；三是重视国际合作，一方面借鉴世界优质大学之长，另一方面向非洲其他国家特别是南部非洲发展共同体进行教育援助。

刘贵今说，中南教育合作还有很长的路要走。现在大多数南非民众对中国并不了解，他们认为中国教育不如南非发达，他们只有 20 多所高校，与我们 2000 多所高校互认学历很吃亏，因此，两国在合作办学上困难重重。

孔子学院应强化学术研究功能

"新型中非关系，不能一手硬、一手软，必须适应国内外形势的新变化，在把经贸合作的'硬'支撑继续做'硬'的同时，也要在人文交流的'软'助力上再多下功夫。"刘贵今说，"经贸上要坦诚面对存在的问题，并着力解决这些问题；人文交流和教育合作上要搭建更多有效平台，通过交融交心，增进互信、理解和友谊。只有这样，中非老一代领导人共同点燃的中非友好火炬才能代代相传，永不熄灭。"

2007 年 5 月，刘贵今作为中国政府特别代表到达尔富尔地区现场考察。当时一个难民营的代表发言时说："你说你们中国提供了 6000 万人民币的人道主义援助，但我怎么没有看到一个中国志愿者到这里来？"这让他无言以对、羞愧难当。与此形成鲜明对比的是，已经有几千名美国和平队员扎根非洲，像有宗教献身精神的传教士一样，开展志愿服务，传播美国文化。

刘贵今认为，中国对非政策很具吸引力，受到了非洲国家的欢迎，中非经贸合作扩大了影响力，也构建起了新型的国家关系，但我们的文化感召力和公民形象的亲和力还难以"抵达"非洲人民的内心。像习主席在非洲演讲时提及的《媳妇的美好时代》这样的中国电视剧等文艺产品，出口到非洲的其实并不多，许多非洲人对我们的印象还停留在中国功夫、李小龙和老太太裹小脚上。要全面提升中国在非洲的软实力，政府部门应该加强协调，通过政策导向和公共外交，为国家总体战略服务；要多对国民持久有效地普及客观全面的非洲知识，媒体不要只是站在西方媒体背后成为传声筒、扩音器，要发出自己独立的声音；要依靠公众、民间的力量，加大人文交流力度。

刘贵今告诉记者，中国和非洲的人文交流正日趋活跃，其中孔子学院的建设是最具标志性也是最重要的中非民间人文交流平台，是中国加强对非软实力建设的一大亮点。

统计显示，我国至今已经在非洲 27 个国家开设了 31 所孔子学院和 16 个孔子课堂。中国改革发展取得的突出成就和中华文化的巨大魅力，让非洲国家掀起了积极学习汉语、"向东看"的热潮。

"但实事求是地说，中国在非洲的影响力还不大，中国人对非洲的了解也比不上欧美国家，其中语言不通是一个很大的问题。"刘贵今认为，孔子学院仅仅满足于教授和学习语言还远远不够，懂语言不懂技术或者懂技术不懂语言是造成中国在非洲影响力不大的根本原因。今后，我们只有最大限度地培养更多既懂技术又懂语言的人才，才能更好地融入非洲 50 多个国家的老百姓中去，使中非友谊更上一层楼。

刘贵今举例说，欧美国家对非洲的研究，尤其是国别、区域的学术研究，远胜于我们，他们的研究甚至细到令人难以置信的程度，比如在解决达尔富尔问题上，他们对某一个地区、部族几代人的历史都研究得清清楚楚，他们的政府提出的对策就会言之有物、言之有据，更有针对性。与此形成巨大反差的是，尽管我国每年有 150 万人前往非洲，但我国学者对非洲的研究还不到国内全部学术研究的万分之一，如何加快培养非洲问题研究专家已经刻不容缓。

2007 年，浙江师范大学成立了中国高校首家规模最大的综合性非洲研究院，为中非长远合作培养专门和高端人才。目前，浙江师大非洲研究院已成为国内非洲研究的学术重镇和国家对非事务的重要智库，研究成果多次获国家领导人的批示肯定。可以说，浙江师大非洲研究院是国内有力推动非洲研究的一个标杆。

刘贵今认为，随着中非经贸的蓬勃发展，如果没有更多的人去研究非洲、传播中华文化，中非关系的升级就会面临很大的困难。德国的歌德学院在非洲不仅教授语言，还传播德国文化和开展学术研究。刘贵今建议，中国在非洲的孔子学院可以和国内的非洲学术研究机构建立合作关系，拓展孔子学院学术研究、文化推广等功能。

改变中非教育合作"不对称"状态

加强中非教育合作与交流是习近平主席首访非洲三国的一项重要内容，而互派留学生是中非教育合作的重要方式，但当前中非教育领域的合作存在一个突出问题，那就是"不对称性"。

据统计，目前有27000多名非洲留学生分散在中国各高校学习，其中20000名为自费生，7000多名是获中国政府奖学金资助的学生，学习专业多集中在语言、医药、农业这几个方面。中国政府决定，从今年起，三年内把政府奖学金受益的非洲留学生规模扩大到18000人。

中国到非洲留学的学生不仅很少，而且主要集中在南非。非洲各国学生由于语言的障碍，也不把到中国留学作为优先选择；而中国学生由于根深蒂固的负面非洲观，更是把去非洲留学放在了选择的最末位。

刘贵今介绍说，虽然中非高校机构性合作办学目前还处于零起点，但已有一些可喜的变化，比如留学生学历结构层次正向高端化发展，留学方向正向理工科专业发展等。

还有一个可喜的进展是，为落实2009年中非合作论坛第四届部长级会议通过的《沙姆沙伊赫行动计划》，我国教育部2010年全面启动中非高校"20＋20"合作计划。浙江师范大学与喀麦隆雅温得第一大学等20对合作院校入选该计划，建立一对一长期合作关系，在各自优势学科、特色学科领域进行合作与交流，开创了中非教育合作的新模式。

"尽管如此，中非教育合作总体现状依然无法适应代代相传的中非友好关系的发展，也不符合习近平主席在与南非总统祖马会谈时提出的'推动中南联合办学，培养更多中南友好的接班人'的期待。"刘贵今说。

刘贵今认为，从世纪之交算起，或者从中非合作论坛第一届部长级会议开始，中非关系已经进入快车道，现在的重点应该是如何让这趟"动车"行驶得更稳、更好。因此，过去粗放无序的经贸关系必须要被升级提高的经贸关系所取代。只有这样，才能使中非关系实现转型升级，使之更健康、更绿色、可持续地发展。

刘贵今说，中非关系升级与质量的提高，呼唤教育有更大的作为。我们迫切需要培养大批懂非洲、知非洲的语言人才和技术人才，引领经贸关系从低端向高端发展，并把投资兴业作为今后中非合作重点发展的领域。中非关系呼唤教育有更深层次的合作，政府应该增加投入，通过宣传改变国人对非洲的偏见，出台更有远见的特殊政策扶持并纳入中国对非长远关系的战略考量，从而使中华民族复兴的中国梦早日梦想成真，使非洲人民振兴发展的非洲梦早日成为现实。同时，中非还将同国际社会一道，推动实现持久和平、共同繁荣的世界梦。

（《中国教育报》2013 年 6 月 15 日第 3 版）

教育如何适应变化中的世界

——访世界银行人类发展部资深教育专家王一丹

人物简介：王一丹

　　世界银行人类发展部资深教育专家、世界银行教育部门职员发展培训项目负责人，创办并组织了一系列全球性和区域性的创新性课程，并在教育与技能、就业政策、中等教育、公共和民营部门合作等领域著述颇丰。在美国匹兹堡大学获得国际教育和管理博士学位，曾在纽约州立大学布法罗分校和哈佛大学做访问学者，在北京大学担任客座教授。

　　实现人力资源的最大化有三个关键因素：一是以学习者需求为中心建立一个灵活的教育体系；二是注重提供新的、适应需求的知识和技能，使人们能够积极地参与到经济活动中去；三是提高就业能力，加强学校和工作之间的联系，为人们未来就业做准备。

　　在过去的几十年间，信息技术、全球化、移民潮、人口变化、劳动力市场的转变极大地影响了世界经济，也对教育产生了深远影响。在快速变化的21世纪，一个国家的发展和竞争力取决于有知识、有能力、有技能的劳动群体（包括所有就业人口），还取决于是否能够为劳动群体提供学习和更新知识及技能的机会，使他们在人生的任何阶段都能最大限度地发挥潜能。

　　在这个快速变化的时代，教育发展面临的挑战是什么？如何最大限度地发挥人的潜能？可能的政策选择是什么？近日，世界银行资深教育专家王一丹的新书《适应变化中的世界：教育的灵活性、技能开发与就业能力》中文版对这些问题进行了解答，引起了广泛的关注。日前，记者对王一丹博士进行了采访。

人才培养面临何种时代挑战

记者：从世界范围来看，快速变化的经济社会环境，向人才培养提出了怎样的要求？

王一丹：首先，技术进步缩短了生产周期，显著地提高了生产率。在发达国家和快速发展的经济体中，计算机正在辅助或取代大量的人工劳动，从而导致对高端技能人才的需求增长。对于复杂的沟通技能（即对信息的理解和解释特定信息的能力）和专家式思维（如组建问题的能力）的需求稳步上升，而对那些只需要常规认知和低技能的劳动力的需求在下降。

其次，流动人口的增加也对技能人才培养提出挑战。联合国开发计划署发布的《人类发展报告2009》显示，每年约有500万人跨越国境到其他国家居住，其中大部分是高技能人才（总累计人数约2.1亿人，占世界人口的3%）。更大规模的移民发生在境内。约有7.4亿人从农村迁入城市，这些境内移民大多数是非技能工人。这对教育也提出了多重挑战，例如，如何把移民培训成技能工人，如何确保移民子女在其流出地和流入地都享有相同的学习机会等。

值得一提的是，今天，很少有人在一家企业内工作一生。发达国家的现状是如此，在发展中国家，这一趋势也日渐明显。据美国劳工统计局统计，一个人在18～44岁期间，平均更换11个工作。了解这一趋势对教育部门具有重要意义。首先，一张文凭不再终身受用。其次，提供变换职业、更新技能和再就业的培训十分重要。

记者：那么，这个时代对发展中国家技能人才培养的挑战是什么呢？

王一丹：发展中国家劳动人口技能培训需求增加。2010—2050年，世界人口的增长将主要来自发展中国家。到2050年，亚洲劳动人口将增加22%，成为世界上拥有最多劳动人口的地区（34亿）。这个趋势凸显出发展中国家把快速增长的青年群体培训成为具有技能的劳动力的重要性。

服务业的发展也对劳动力提出了新的技能需求。过去十多年，全球范围内发生了从农业向服务业转移的显著变化。很多服务业的工作不仅要求有专门技能，还要求具有语言、管理、人际交往、解决问题以及决策等"软能力"。在很多发展中国家，非正规经济通常占到整体经济的半数以上。非正规部门需要从业人员具有多种技能，包括创业技能，如管理、财务、沟通以及维护客户关系的能力。

记者：在这样的趋势下，您认为什么样的教育体系才能培养出符合时代需求的人才？

王一丹：实现人力资源的最大化有三个关键因素。一是以学习者的需求为中心建立一个灵活的教育体系。二是注重提供新的、适应需求的知识和技能，使人们能够积极地参与到经济活动中去。三是提高就业能力，加强学校和工作之间的联系，为人们未来就业做准备。

改变传统教育结构，建立灵活教育体系

记者：如何理解以学习者的需求为中心建立一个灵活的教育体系？

王一丹：好的教育体系应该为人们提供适合其需要的内容、时间和方式，从而为人的能力充分发挥提供机会。

传统的、选拔性的、以学历为导向的正规教育和培训模式，已经不能应对快速变化的世界对技能劳动力的需求。要实现国家的繁荣，所有的公民，包括青少年和成年人，都需要开发自身在能力和技能发展方面的潜力。成功的教育体系应当帮助人们实现继续学习和就业的需求。

今天，教育承担着多重任务：为人们步入高层次的教育、及时就业、更新技能和变换工作做准备。科技和劳动力市场的快速变化使技能更易过时、工作流动更为频繁、变换专业和职业司空见惯。因此，教育在提供职业转换、技能更新方面的作用需要加强。

记者：当下教育在灵活性上存在哪些不足？

王一丹：很多国家的教育体系缺乏灵活性，其教育体系是选拔性而非全纳性的。教育被分成普通教育和职业教育两条互不相通的轨道，受教育者一生只能做一次选择，没有补救的机会。

同时，长期以来，教育过分正规化。提供教育或培训意味着教学楼、学位、文凭、学习期限和全职教师的配置。这种模式不但花费高而且周期长，且不能及时地满足所有人的需求。而"非正规"教育，特别是网络学习和短期培训，通过灵活的课时安排和兼职学习等形式，可以弥补正规教育的不足，从而满足不同群体的需求。

教育的一次机会、二次机会或多次机会被认为与经济发展直接相关。对于那些由于各种原因失去第一次机会（如上大学）的人来说，第二次机会不仅意味着重新获得知识和技能从而改变人生，而且也对社会经济发展有着积极的意义。

记者：灵活性在教育体系中具体体现在哪些方面？

王一丹：灵活的教育体系的关键要素之一是它的结构。在美国、加拿大，社区学院是教育系统中最具灵活性的部分，因为不同年龄、不同背景的学生都可以在有需要的时候在社区学院中找到适合自己的位置和课程。

近年来，美国的社区学院出现了一股逆潮流：那些成功地完成了四年大学教育的毕业生正进入社区学院更新并学习市场需要的技能。2000 年，这个群体的学生占到社区学院学生总数的 16%。他们的特点包括：第一，兼职学习，选修一门或几门课程；第二，具体专业选在技术和职业领域，诸如计算机、律师助理、商业、会计、物理治疗、工程相关学科、室内装潢、电子工程等；第三，寻求更好的职业机遇。四年制大学的毕业生回到社区学院就读的原因有：寻找新的职业（占 56%）、获取发展第二职业增加收入所需的技能、更新职业和技能、丰富个人以及体验不同课程以确定职业生涯等。

美国的学习体系在支持其发达经济方面表现出两大优势：一是提供了第二次机会，即在人们有学习动力时提供学习机会，而学习动力并不一定出现在高中或大学初期；二是以就业需求为导向的培训，由社区学院开设当地经济发展所需要的课程。

软能力和新技能开发是重大课题

记者：您提到教育要提供新的、适应需求的知识和技能，具体而言，什么是 21 世纪需要的能力和技能？

王一丹：对能力和技能的需求是随着时间的变化而变化的。虽然工业化社会的能力和技能在今天仍然需要，但已无法满足 21 世纪的需求。

迎接 21 世纪的是巨大的信息和科技革命。获取信息、跨语言交流、使用并创造新技术等能力成为核心生产力。因此，在当今世界，极为重要的是掌握信息与通信技术（ICT）的技能。语言作为沟通和贸易的手段也受到越来越多的关注。

以印度为例，由于大量劳动力具有新技术的开发能力并熟练掌握英语，其在世界信息与通信技术领域处于领先地位。自然科学、数学和工程技术依然重要。有研究表明，拥有众多工程师的国家，其经济增长速度要快于那些拥有众多律师的国家。21 世纪的能力可以概括为三类：认知能力、职业 / 技术能力和"软能力"。

哈佛大学的加德纳（Gardner）认为，"目前的正规教育基本上是为过去培养学生，而不是为未来的世界培养学生"。他提出了"面向未来的五种思维"。第一，学科思维，即至少掌握一种思考方式，形成独特的以特定学科领域、工艺或专业为特点的认知模式。第二，综合思维，即能够从不同的渠道收集信息，客观地理解和评价这些信息，并将它们变成对他人有意义的信息。第三，创新思维，即可以开辟新领域，阐明新思路，提出不寻常的问题，激发新的思考方式，得出出人意料的结论。第四，尊重思维，即能够注意并欢迎不同个体和群体之间的差异，尝试理解他人，并与之有效地协同工作。第五，道德思维，即将个人的工作性质以及个人所处社会的需求和愿望联系起来的能力。

记者：对软能力的需求是否针对发展中国家？

王一丹："软能力"是 21 世纪所需要的重要能力。如前所述，服务业和非正规经济的从业人员需要软能力。现在很多人在中小企业工作，或在大企业的项目团队中工作或自主创业。在这些领域，人们往往要承担多重职责，需要多种能力。因此，领导能力、团队合作、沟通等综合能力变得尤为重要。

对软能力的需求跨越国界，在发展中国家和发达国家同样适用。例如，在菲律宾，雇主对核心技能进行了排名，排名靠前的包括解决问题、创造性思维、独立工作、沟通、谈判和领导能力等。在法国、孟加拉国、阿拉伯联合酋长国这些不同类型的国家，对工作要求的描述表明雇主需要的是领导能力、团队合作及沟通能力。在法国，一份招聘广告把个人的精力、参与度和性格作为重要条件。在孟加拉国，对一个场地维护经理的要求包括"具备卓越的沟通和表达能力以及作为业务经理、人际关系的拓展者、创新者和能力开发者所需的高度的领导才能"。在阿拉伯联合酋长国，一个汽车业的专家要求具备"出色的、在机构内有影响力的人际关系能力……致力于团队合作和知识共享，拥有与多学科团队工作的经验"。

记者：如何培养出具有软能力和新技能的人才呢？

王一丹：软能力是 21 世纪所需要的，但也是教育领域所面临的最大挑战。目前的课程设置和对软能力的需求有很大差距。教师总是更关注考试，而学生则为考高分而竞争。学校、教师和学生的评估标准只限于硬能力而非软能力上。如果要发展软能力，现行的考试体系和教学方法必须改革，进而开发出一套从幼儿园到大学以培养软能力为目的的有效的课程和方法，以及相应的对软能力的评估标准。

培养社会和经济所需的新技能也是教育面临的重大课题。在瞬息万变的经济中有效地培养学生所需的技能至少需要具备两个条件：一是能够快速回应劳动力市场需求的教育体系；二是将劳动力市场的信号传递给供给方——教育领域的机制。培养适合市场需求的技能要有行业的参与，应加强雇主在教育中的声音，减少技能与实际工作要求的差距和不足，实现当前就业和技能培养体系所能达到的最佳效果。这在职业技术教育方面尤其重要。

如何实现从学校到工作岗位的更好过渡

记者：在学生就业能力的培养上，您认为，教育的功能是什么？

王一丹：青年人可能寻求完成中等教育、职业教育或者高等教育，但教育本身并不是最终目标。优质的教育应当传授有用的知识和技能，使得青年人能有效地参与到工作和社会中去，成功完成从学校到工作的过渡。

记者：为什么对许多学生来说，从学校到工作的过渡变得越来越困难？

王一丹：社会对学生从学校到工作过渡的关注是最近产生的现象。它与青年人的高失业率和寻找第一份工作的漫长等待期，以及劳动力市场的不确定性有直接关系。

几十年前，在许多国家，从学校到工作的过渡在很大程度上是政府的责任。政府按照人口统计数字和对各行业的职业构成的预测来规划教育。这种预测是以劳动力市场变化小、经济和科技结构稳定为前提的。然而，当今的经济、组织和科技结构正在发生剧烈的变革，这些变革使企业内部发生了永久性的变化，从规模缩减、外包、企业合并到产品转移，导致了对劳动力期望值的提高，也使得对人力资源需求的预测变得日益困难。

在很多国家，最近几年中，大学生数量迅速增长，公共部门的人员已经超编，而大学生的期望值仍然很高，从而导致了较高的大学生失业率。

受教育程度被看作是就业的关键因素。在有岗位空缺的情况下，教育程度高会带来更好的就业机会。然而，受教育人口失业的现象也很普遍。例如，首次求职的人比其他人有更长的就业等待期。在全球范围内，大学毕业生来自较富裕家庭的人比那些来自经济困难家庭的人经历的等待期更长，因为他们对工作的期望值更高，他们承担失业的能力更强。

记者：解决学生从学校到工作岗位过渡的难题，提高学生的就业能力，有哪些关键因素？

王一丹：从学校到工作的过渡是一个复杂的问题。一个人的就业取决于综合因素，包括就业机会、工资、劳动力市场规则、相关的教育和技能、资格、家庭背景、工作经验、职业信息和个人选择，等等。这些因素意味着教育的干预是必要的，但并不足以实现就业。制定并实施一个综合的，涉及政府、学校、企业/雇主及个人等的全方位战略更为有效。

使企业参与职业教育和培训并鼓励企业为学生提供工作经验，是帮助学生未来就业的关键。雇主可通过提供工作经验和就业机会的方式在学生从学校到工作的过渡中发挥重要作用。

学校和工作之间的联系也部分地取决于学生个人，因为何时进入劳动力市场、喜欢什么工作以及具有哪个领域的专长由个人决定。应鼓励个人抓住技能学习和继续教育的机会并利用自身优势来应对技能的短缺，使自己能够灵活地应对市场变化，积极寻找职业发展机会。

无论学生完成哪一级的教育，大多数毕业生都会在本地就业。因此，要减轻从学校到工作过渡的压力，鼓励当地企业参与以提高教育的相关性和就业选择是非常重要的，在职业技术教育和培训方面尤其如此。

新加坡南洋理工学院与当地企业间的合作伙伴关系的特点是董事会由雇主代表和来自不同企业的教师组成，这些合作也给学校带来最新的设备捐赠。通过伙伴关系的建立，企业的员工帮助学院搞项目，学院反过来帮助企业发展商业生产流程。与此同时，教师参与他们企业同行进行的创新、技术和产品开发。这一伙伴关系也培养出了当地企业高度需要，尤其是新兴工业需要的毕业生。

记者：政府的作用是什么呢？

王一丹：与企业的合作伙伴关系并非自然形成。政府的干预和激励机制是使企业成为培训伙伴的关键。一些国家，例如英国、加拿大、法国、韩国等，其政府已经尝试鼓励雇主为青年人提供工作经验、学徒培训和就业机会，包括为企业提供工作安置补贴和工资补贴等。

随着就业选择的扩大，职业信息、咨询和指导变得日益重要。由于市场的不公平性，最贫困的人群缺乏获取信息的途径，所以他们对职业信息和指导的需求最大。因此政府部门的参与是必要的。公共部门能够借助互联网和学校建立职业信息网络，提供劳动力市场所需技能的信息。

学校在职业咨询方面发挥着独特的作用。学校可以通过设立并强调职业顾问的作用，以及提供与职业相关的信息和指导，帮助学生选择课程，为他们未来就业做准备。

（《中国教育报》2013 年 9 月 28 日第 3 版）

公民教育是立德树人之基

——访新加坡南洋理工大学国立教育研究院院长李荣安

人物简介：李荣安

新加坡南洋理工大学国立教育研究院院长，曾担任世界比较教育学会联合会会长、香港教育学院署理校长及首席副校长。长期从事公民教育的国际比较研究，首次提出并在国际社会积极倡导"亚洲公民观"，获国际社会的高度好评。

培养合格的社会主义公民是我国教育的根本目的，2010年我国政府颁布的《国家中长期教育改革和发展规划纲要（2010—2020年）》中也明确指出要"加强公民意识教育，树立社会主义民主法治、自由平等、公平正义理念，培养社会主义合格公民"。然而，究竟什么是公民教育？怎样开展公民教育？中西方的公民教育又有何差异呢？笔者就此采访了世界比较教育学会联合会前会长、新加坡南洋理工大学国立教育研究院院长、"亚洲公民观"的积极倡导者李荣安教授。

公民教育与道德教育

滕珺：我们都知道，公民教育对每一个孩子、每一个家庭、每一个社会、每一个国家都十分重要，但每个人对公民教育的理解不一样。您是如何理解公民教育这一概念的？

李荣安：要理解什么是公民教育，首先要理解什么是公民。中国现代公民的定义基本是法律定义，也就是说，只要你在这个国家出生，就是这个国家的公民，你就有一定的权利与义务，包括享受国家提供的福利，遵守国家的法律，促进社区、社会和国家的发展。但如果我们考察"公民"这个词的词源，我们会发现很多有意思的问题。公民这个词源于古希腊，也就是亚里士多德生活的那个时代。因为当时的古希腊还处于奴隶社会的发展阶段，社会中有 1/3 的人是自由民，2/3 的人是奴隶。奴隶本身没有人身自由，奴隶主可以像对待动物一样残酷地对待奴隶，甚至买卖交易奴隶。因此，只有这 1/3 的"自由民"有资格做"公民"。而"公民"的一个重要责任就是要服务大众，担任公仆的角色和职责。这与孟子的思想有异曲同工之妙，孟子说"穷则独善其身，达则兼济天下"，这个"兼济天下"也就是亚里士多德时代所说的承担"公民"责任。所以，当时的"公民"都是贵族，都有特权，他们享有社会的福利，但同时也必须承担社群服务的责任。

21 世纪是一个大量移民的时代，移民数量达到了人类历史上前所未有的高度。这导致一个人不光属于一个国家，属于一个民族，属于一个民族里的小族，也属于自己的语言群体。以我自己为例，我现在讲普通话，而广东话是我的方言，方言是一个族群语言，而普通话是一个国家语言，我是一个广东人，又是一个中国人。同时我在国际上讲英语，因此我也是个国际人。所以我自己一个人就有三重身份。此外，现代人口流动的方式和性质也发生了很大的改变。以前的人口流动是长期移民，而现在的人口流动更多的是短期移民；以前我们担心出现人才流失的问题，现在我们将这种现象称为人才流动；以前的流动是单向流动，就是从发展中地区流向发达地区，现在很多人反过来从发达地区流向发展中地区，出现了双向流动。所以，现代人往往承担着多重公民身份，公民教育中也因此出现了"多重公民观"和"全球公民观"。也就是说，无论你身处哪一个地方，你都需要履行一个人的公民责任。"公民"也慢慢从以前一个比较保守、封闭的概念发展成一个更加开放、多元的概念。

滕珺：李教授，您刚才提到"无论你在哪里，都要履行一个人的责任"。

那么，一个人的责任都包括哪些？

李荣安：这就与不同国家、不同文化、不同民族的发展历史有关了。在中国，我们谈公民更多是从伦理和人际关系的角度出发，如家中有父子、兄弟姐妹的关系，学校里有师生关系，政府里有从属关系，特别是中国封建社会中天子称自己的百姓为他的子民，也就是一种父母与子女的关系。所以，亚洲与西方公民观最本质的区别就在于，西方的公民观与西方的政治体系相关，而亚洲的公民观则与伦理和人际关系相关。所以，在西方就算他们谈公民的人际关系，主要谈的也是一个人与一个政体的关系，但是在亚洲，公民的重要责任就是要处理好一个人与自己以及与另外一个人的关系，然后再推广至与群体、国家的关系。

我曾做过一个十分有意思的调查，收集了菲律宾、印度、日本、韩国，同时也包括中国香港和台湾地区的公民课程。我发现这些国家或地区公民道德课程的框架都是一样的，即都是先谈我与自己，然后谈我与家庭，我与社会，我与国家、民族和世界，最后还要谈我与自然宇宙的关系。这其中，有两处西方人很难理解，一个是我与自己的关系，另外一个就是我与自然宇宙的关系，这是他们的公民教育课程中从未涉及的领域。但是对中国人而言，这就很自然，因为我们讲天人合一，知行合一。

滕珺：中国人有一句口头禅叫"天地良心"，其实指的就是要处理好天、地、自然与我自己的关系。

李荣安：对，我跟西方学者讲"天人合一"，他们听不明白，也没有想过，为什么你们要顺应天意、顺应自然，因为我们讲究"灵性"，或者用古人所说的"心性"或现代人说的"精神"这个概念。我们相信自然运行的法则与社会运行的法则是一直相通的，天人和谐，人与社会也就自然和谐了。这一点亚洲的很多国家如印度、日本、菲律宾都认可。他们也说，其实人是需要灵性的，如果一个人没有灵性，不懂做人、不懂生活、不懂天意，是无法和他人和谐相处的。所以，我就得出一个结论，就是在亚洲谈公民教育，必须先谈人格，然后谈人际关系，然后再谈人与天的关系。"关系"是亚洲公民观的核心。

滕珺：所以我们会发现，亚洲国家普遍将公民教育称为"道德教育"，或者是"道德与公民教育"。

李荣安：是的。我在亚洲很多国家或地区开展调查时都问他们，你们的公民教育是什么？他们的回答往往是道德教育。如，在中国香港我们谈公民道德教育时意味着你先要做一个道德的人，然后才可以做一个好公民。我曾经和美国的一个教授一起开发了一张关于公民素质的问卷，问学生哪一条是好公民、哪一条是好人？有意思的是，美国学生都可以分辨出来，而香港的学生却分不出来，因为香港的学生认为好人就是好公民。而在西方社会，好人不等于好公民，好公民也未必是一个好人，因为他们在公民教育中有清晰的公私之分，如果你"公"做得好，"私"是你自己的事情，没有人会管你，就像古时的"竹林七贤"一样。但是，在中国就不同，如果你不是好人，你就根本不配做一个好公民。所以中国传统的公民教育讲求的是"修身齐家治国平天下"，修身是公民的首要条件，身不修，其他都不要谈了。

这也可以很好地解释为什么西方有公民教育，但是他们的年轻人都很道德叛逆，比如，四处涂鸦、破坏公物、偷车等。而我们没有开展他们这个模式的公民教育，但是北京、香港、新加坡、东京、首尔，都是全世界人口最密集但又最安全的城市，而芝加哥、旧金山、纽约却不是。因此亚洲一些年轻人可能不了解形式性的法律，没有接受政治性的公民教育，但是亚洲普遍强调"慎独"，强调"严于律己，宽以待人"。这些都是道德教育的核心，因此在亚洲社会中，公民教育与道德教育是无法分割的。

全球化与中国公民教育

滕珺：刚才，您提到了世界公民教育这个当下十分热门的话题。随着全球化的发展，我们怎么理解公民教育中的世界性与民族性的关系呢？

李荣安：的确，现在研究全球化问题的文章中都提到了这一点。但事实上，这并不是一边倒的，我们会发现一个很有意思的现象，全球化越明显，人们的迷失感越强烈。就像现在讨论的"第五代"，因为他们的父母到处工作，他们也随父母到处漂流，既不属于这里，又不属于那里，他们很难形成比较明确的身份认同。因此，在全球化力量增长的同时，地方化的力量也随之加强，因为这是帮助他们明确自我身份认同的重要方式，也是保留本土文化遗产的主要途径。所以，我们会发现，欧洲很多国家很强调方言教育，比如英国的威尔士，威尔士文、苏格兰文现在都变成了很重要的语言。中国近年来的少数民族教育中也出现类似的现象。如果我们能认识到这一点，就不用担心全球化会给国家和民族的发展带来多大的危机。比如新加坡 1997 年就出台了一个文件，叫"面向 21 世纪的新加坡"，主要强调新加坡是个小国，其唯一生存的方式不是将自己封闭起来，而是对全球开放。新加坡一定要全球化、国际化，新加坡国民一定要理解世界、认识世界。这对他们的教育政策很有影响，在他们的教师或校长培训中，国际交流是必不可少的组成部分，因此，他们的校长或教师起码要在海外生活一两个月，学生也要参加这样的国际交流活动，比如到其他国家参观公司、学校等，了解别国是如何经营和管理公司的、别国的学校是什么样的。这对提升新加坡国民的全球竞争力很有影响。但同时他们也提出一个口号叫"迈向全球，根植本土"，新加坡还是新加坡，他们对自己的权利和义务都很清楚。所以，即便他们在世界各国流动，但他们还是愿意忠于新加坡，而且忠于新加坡对他们也有好处。

滕珺：所以，我们不用担心国际化、全球化会削弱民族性，恰恰相反，二者的力量是自然生长、齐头并进的。

李荣安：是的，所以你会发现，纽约、芝加哥、旧金山等地的中国城还是 60 年前的中国城，他们使用的语言还有文言文的色彩，就是因为他们在海外怕失去自己，所以传统的文化保存得更加牢固。

滕珺：长期从事公民教育的国际比较研究，您觉得中国大陆的公民教育与其他国家相比，有什么特点呢？

李荣安：其实，我们的公民教育和其他国家一样有很多相同的地方，比如课程体系很相似。虽然我们早期的公民道德课与政治课是一体的，比如小学开设的是思想品德课，中学是思想政治课，大学就变成了政治课，公民道德课是依附于政治课来开展的。但从 1993 年开始，政治课与道德课就分开了。2001 年中国颁布了《公民道德建设实施纲要》，公民这个概念开始逐渐被大众所接纳。而且我发现，学校的公民教育也有微妙的变化，政治成分减少了很多，新增了社会品德方面的内容。如新课标中将我与自己、他人等的关系写得很清楚，中学也开始谈心理健康教育、道德教育等内容。而西方国家公民教育的前提假设是政治体系、民族体系和选举体系，主要讨论公民的自由与权利。但 20 个世纪 90 年代后，西方也发现只谈权利、不谈义务会带来很多社会问题。因此进入 21 世纪后，他们十分倡导"共享价值"这一理念，不仅谈公民的权利，也讨论公民的义务。所以我们会发现，中西方公民教育正朝着越来越相似的方向发展，即强调个体的道德修炼和人格塑造，我们的亚洲公民观正在影响着世界。

另外，还有一个有意思的现象。2009 年，我曾经参与了两次公民教育的国际调查，调查结果表明，香港学生的民主意识和民主知识在 70 个国家和地区中排名第 5。香港以前一直是殖民地，从来没有过选举，但香港学生对民主的理解却高于美国、英国、澳大利亚和加拿大。为什么香港的学生对民主的认知比这些民主国家更好呢？后来台湾地区、韩国也加入了这个调查，排名前列。为什么亚洲国家排名都这么靠前呢？这个问题值得我们深思。

学校中的公民教育

滕珺：如果现在有个校长来问您，我的学校要开展公民教育，您会给出什么样的建议？

李荣安（笑）：这个问题没有一个固定的答案。我曾分析了刚才我提到的那个公民教育国际调查的数据，先看看有哪些国家将公民教育变成了一门独立的课程，有哪些国家没有独立课程。结果两次调查数据都显示，50% 的国家有独立的公民教育课，50% 的国家没有。比如，中国、新加坡、韩国、日本在公民教育课程方面都有一个固定的时间、固定的大纲。我们普遍认为公民教育和道德教育是分不开的，最好要有实际的案例，或者是刚刚发生的重大事情（如卫星升天）作为课程开展的主题。另一个经验就是，要充分发挥学生的主体性，最好让学生主导课堂。我这 20 年一直在香港主编廉政公署的德育期刊，名为《托思》，主要面向一线教师，每一期除了讨论一些道德、价值观问题外，我们还邀请教师和学生来写文章，表达对这个问题的看法。有意思的是，越是低年级的学生越坚持自己的价值选择，越是成人则越向现实妥协。这其实不利于公民教育的开展，公民道德教育是一种理想的教育，与成人相比，学生是更为理想化的群体。我曾经跟朱小蔓教授、李萍教授一起做过一个实验，我们找了三个小学，每个学校找了 100 个学生写文章。文章分为三个题目，谈自己、谈他人、谈大自然。我们要求教师不要进行引导，让学生开放性地写。结果我们发现学生的文章都非常好，真情流露。如果这些文章能变成道德教育的素材，那比我们自己编写的公民教育素材要好得多。所以，我倡导公民道德教育应由学生来选择题材，讨论他们的理想，比如讨论如何共同建立理想的中国，那么这样的教学效果也许将出乎我们的意料。这也解决了公民教育中教师职业倦怠的问题。因为很多公民课的教师觉得自己都不一定是一个好公民，如何去教学生呢？所以，作为教师，你就告诉你的学生，其实我也是一个普通的人，也有软弱的时候，我们可以一起学习，共同发现真善美。

滕珺：您这个想法与顾明远先生的想法相似，他也在倡导把学习的选择权还给学生，把时间和思考的权利还给学生。

李荣安：所以，我现在主张将学生在课堂中的讨论内容生成为教学的素材，转变为知识创造的泉源。这当然对教师有较高的要求，教师要有能力将学生零碎的思想变得系统化。如果你有这种能力，学生一辈子都尊重你；如果没有，学生就只应付你。其实，学校中有这种能力的教师还是很多的，他们有很多教育的智慧，只是一直没有人帮他们梳理过。如果他们退休，这些智慧也就消失了，所以我现在努力将一线教师的经验提炼出来，希望能形成一套可行的、有亚洲特色的公民道德教育体系。

世界部分国家的公民教育

法国： 法国是近代实施公民教育较早的国家之一。基于法国教育中重视学术的传统，学校更倾向于以分科的形式开展公民教育，并将幼儿园至高中三年级划分为 10 个阶段，分设不同的教学内容和目标，循序渐进，鼓励教师采用差异教学法。

美国： 美国公民教育的基本内容包括三个方面：公民知识、公民技能和公民性格。正式的公民教育主要集中于中学阶段，开设的课程包括"公民学""民主原则""政府"及"民主问题"等，此外，社会科也是公民教育的重要组成部分，包括全球教育、多元文化教育、价值观教育、性别平等教育、法律教育、消费教育、能源和环境教育等。

英国： 英国学校的公民教育有三大特点：一是以公民科和历史科为专门课程；二是以宗教教育和道德教育为主要手段；三是以个人、社会与健康教育（PSHE）等为辅助课程。在当今欧洲一体化不断推进的时代，英国的公民教育研究院开发了"欧洲公民"教育课程，力图向学生传授有关的知识、技能，使之懂得如何在国家和地区事务中发挥作用。

澳大利亚： 中小学一向是澳大利亚公民教育的主阵地。5～10 年级是公民教育的重点阶段，比较有特色的教育方式包括课堂上的商谈课程、班级议会、学生代表委员会公民身份表彰、纪念日的学生自发活动、自主管理的学术社团建设、实地调研等形式。教育的主要目的是培养学生的公民身份，以及在一个多元文化背景的民主社会中，为维护大众利益做出合理、正确决定的能力。

韩国： 20 世纪 60 年代以来，颇具韩国特色的"国民精神教育"一直是其公民教育的核心内容。在注重国民精神教育的同时，韩国也把培养"民主社会的公民"和"世界公民"纳入了现阶段公民教育的目标。在面向 21 世纪的公民教育中，韩国注重中产阶级的培养，强调培养具有强烈责任心和参与意识的中产阶级。

新加坡： 从 1992 年起，新加坡小学各年级均使用新编的《好公民》教材。该教材强调了东方道德教育价值观的培养，突出了对学生德育发展阶段的考虑，根据思想行为的发展范围把德育划分为六个层次不同的发展重点。公民教育不只在学校进行，还要求与家庭、社会有机结合，并在全社会开展各种运动，使公民教育成为全社会都关心并参与的大事。

日本： 20 世纪 70 年代中期至今，日本公民教育的目标定位于培养驰骋于世界的具有主体性的日本人。公民教育的内容主要包括道德教育、政治教育、法规教育、经济教育、国际理解教育。日本提出公民教育的重点应该从知识中心的学习转向对自我教育能力的培养上，即在重视知识的系统指导的同时，也要重视能力培养以及学习的过程和方法。

（《中国教育报》2014 年 1 月 25 日第 3 版，特约撰稿人：滕珺、张婷婷）

中国需要怎样的高中阶段教育

——访中国政府"友谊奖"获得者、斯坦福大学教授罗斯高

人物简介：罗斯高（Scott Douglas Rozelle）

　　美国斯坦福大学国际研究所高级研究员和终身教授，中国科学院农业政策研究中心学术顾问委员会主席。2007 年获中国科学院首届"国际合作奖"，2008 年获中国政府颁发的"友谊奖"和中国科技部"国际合作奖"。

　　作为世界上最人的发展中国家，中国与其他发展中国家一样，为了促进产业转型升级、保持经济可持续发展，正在加大公共财政投入力度，逐步普及高中阶段教育。

　　根据《国家中长期教育改革和发展规划纲要（2010—2020 年）》（以下简称《教育规划纲要》）所设定的目标，到 2020 年，中国高中阶段毛入学率将达到 90%，并保持普通高中和中等职业学校招生规模大体相当。这意味着中职教育将进入发展的黄金期。

　　然而，最近几年，学界和社会上对于发展普通高中和快速发展中职教育的效费比，以及究竟优先发展普通高中还是中职学校，出现了不少争论。

　　在中国经济社会发展的现阶段以及未来发展趋势下，究竟发展什么样的高中阶段教育更符合中国未来的人力资本投资战略？过往的国际经验，对于中国在优先发展普通高中与中职教育之间的战略选择上，有着怎样的启示？

　　带着这些问题，记者对在华从事了 30 余年田野调查研究的美国斯坦福大学国际研究所高级研究员罗斯高教授进行了专访。

中国人力资本现状需要怎样的教育?

世界经济学界很早就提出，一个国家未来发展的不平等，取决于该国当前的收入不平等现状，更重要的是，取决于该国当前的人力资本积累的状况，因为人力资本积累或劳动力的生产水平将成为未来劳动力收入的主要决定因素。

当前，中国的人力资本现状如何? 作为长期研究中国农业政策和农村问题的著名发展经济学专家，罗斯高教授认为，中国当前的人力资本现状远不能适应中国正在推进的产业转型升级的需要。

罗斯高称，劳动力供给问题已逐渐成为制约中国当前实现可持续发展的一个重要瓶颈。中国无限制提供廉价劳动力的时代已经一去不复返。近年来，中国国内劳动力市场工资水平在不断上涨，产业结构调整压力也在逐步增大，"用工荒""技工荒"和就业难等劳动力供求的结构性矛盾正在显现。

中国如何破解发展中面临的劳动力供给问题? 罗斯高认为，发达国家或成功转型的发展中国家已有的经验表明，产业转型升级必须要有高素质和高技能的人才作为基础，尤其需要建立至少接受过高中阶段教育的劳动力和人才储备体系;确保产业结构调整升级，关键在于劳动生产率的提高，而劳动生产率提高恰恰有赖于劳动力受教育水平的提高。

过去五年，依托"农村教育行动计划项目"(由中国科学院农业政策研究中心、陕西师范大学教育实验经济研究所、西北社会经济发展研究中心与美国斯坦福大学合作组建)对中国展开深入研究后，罗斯高发现，中国贫困农村地区学龄儿童占全国学龄儿童的45% ～ 50%，其中，超过8000万儿童年龄在6 ～ 15岁之间。这些孩子将是未来中国社会劳动力的中坚力量，他们今天所能获得的教育状况将直接决定未来中国劳动力的供给质量，更决定未来中国经济发展的水平。

20世纪中后期日本和"亚洲四小龙"的发展经验或许对今天的中国有所借鉴。19世纪60年代，日本、韩国和中国台湾等国家和地区处在类似于我国目前的经济发展阶段时，都建立了一整套从小学到高中阶段的优质教育体系。这些至少接受过高中阶段教育的劳动力储备，为本国、本地区产业结构成功地由低端制造业向现代化制造业和服务业等高端产业转型，提供了重要支撑。

"事实上，20世纪80年代至90年代以来，农村教育一直是整个中国教育体系中发展比较成功的部分，不仅仅是因为孩子们都上了小学，更大程度上是由于全体6～12岁适龄儿童（包括女孩和少数民族孩子）今天都能坐在教室里接受教育。可以说，普及九年义务教育为中国劳动力和人才储备打下了比较好的基础。"罗斯高说，中国后义务教育阶段（包括高中阶段教育和高等教育阶段）发展的不均衡，目前已成为制约中国劳动力水平大幅提高的主要瓶颈。

2009年，罗斯高和他所在的"农村教育行动计划项目"团队对6000万名学生的高考成绩研究发现，来自贫困农村地区的孩子上大学、接受高等教育的概率远低于城市地区孩子。其中，城市地区孩子进入像清华、北大这样的名牌大学的概率，是农村贫困地区孩子的45倍；进入普通四年制本科大学的概率，是农村贫困地区孩子的8倍，即便是普通大专院校，城市孩子也有7倍于农村贫困地区孩子的可能性入读。

"高等教育发展的这种不平衡在入学率上的反映，还只是冰山一角，"罗斯高认为，"后义务教育阶段中国教育的发展，其实和很多发达国家一样，并不是每一个孩子都必须上大学。但国际的成功经验是，至少接受完整的高中阶段教育对于提高农村地区劳动力的技术水平至关重要。比如'二战'后的德国、日本所建立的高质量职业教育，既为它们的高端制造业发展提供了宝贵的人力资本，也大大提高了劳动力素质和生产率。"

援引2009年的数据，罗斯高分析说，虽然2009年中国高中阶段毛入学率为79.2%，但在劳动力主要来源地的农村，高中阶段教育普及率只有50%，西部边远农村的普及率更低。这一毛入学率的差异反映到了中国农村地区实际人口的涉及面，这意味着中国有超过1.5亿农村孩子接受完九年义务教育后就开始进入劳动力市场，并没有接受高中阶段教育，"这对于中国的未来发展，确实不是一个好信号"。

教育能否扭转中国发展不平衡趋势?

过去 30 多年，中国实现了经济高速发展，在改善民生、提高老百姓生活质量、减少贫困等方面得到国际的广泛认可。但是，对于下一个 30 年中国能否跨越"中等收入陷阱"，未来的中国将依靠什么继续保持经济社会发展稳中向好的势头，国内外学界有着各种不同版本的争论和预测。

通过对世界不同国家的经济转型进行的对比研究，罗斯高认为，经济发展的"铁律"表明，经济增长与社会发展不平衡之间一直存在此消彼长的关系。历史上，许多国家在试图从中等收入迈向高收入国家的转型时期，经济增长与经济发展不平衡成为最突出的矛盾。比如，在东亚地区，韩国、中国台湾在实现转型过程中一直保持较好的经济均衡发展模式。而与之形成鲜明对比的是，智利、墨西哥、哥斯达黎加、阿根廷等一些转型国家在保持经济高速发展的同时，也出现了许多发展不平衡的矛盾，并最终成为阻碍经济进一步发展的瓶颈。这些国家在人均收入达到 1500 美元左右后，都出现了不同程度的经济发展停滞甚至倒退。

具有区域性和结构性发展不平衡特点的中国，在产业转型升级和跨越"中等收入陷阱"的当下，究竟能依靠什么实现适合中国社会实际的转型之路？是像近邻日本、韩国、新西兰那样获得较好的转型，还是像阿根廷、墨西哥等国家那样转型呢？

根据罗斯高的分析估算，到 2030 年，中国的"人口红利"将差不多与 1990 年时的日本相同，廉价劳动力的时代将宣布结束。而且中国和日本这两大经济体都面临严峻的人口老龄化形势，同时两国都具有比较相似的高等教育体系。

罗斯高认为，中国要实现经济社会的可持续发展，其经济走向将在很大程度上取决于中国在 2025 年到 2030 年间如何解决或缓解劳动力收入分化和不平衡问题，"而这也将依赖于中国教育能否培养出足够数量的、适应中国高端制造业所需要的高素质、高技能的应用型人才，并以此缩小因人均生产率水平、劳动力收入差异而逐步拉大的差距"。

"可喜的是，最近一些年，中国政府已经在积极探索后义务教育阶段的教育，并希望借此尽快改善中国劳动力的素质。"罗斯高说，中国的《教育规划纲要》，从为提升中国产业结构和转变发展方式提供强大人才保证和智力支持的高度，将持续的教育投入作为支撑中国长远发展的基础性、战略性投资，并制定了普及高中阶段教育的时间表：从 2009—2015 年，高中阶段教育的毛入学率从 79.2% 提高到 87.0%，到 2020 年进一步提高到 90%。

罗斯高认为，随着国家公共财政资源对教育投资总量的增加，以及用于高中阶段教育投资比例的提高，如何分配高中阶段的教育公共投资才能更好地普及高中阶段教育，从而满足实现中国产业转型和经济结构调整对高素质人才的迫切需求？不同的高中阶段教育公共投资策略所带来的投资绩效究竟如何？这些无疑是中国政策制定者和政府管理部门面临的一个战略选择问题。

什么样的高中阶段教育是中国之需？

从中国现行的教育体制来看，高中阶段教育主要包括两大类型：普通高中教育和中等职业教育。其中，中职教育包括普通中专、职业高中、成人中专和技工学校教育。罗斯高说："如何有效配置高中阶段的教育公共投资，在一定程度上其实就是如何优化和平衡高中阶段教育中普通高中教育与中职教育的公共投资比例和结构。"

依据已有的研究，罗斯高指出，相对于普通高中教育，包括中国在内的一些国家的中职教育的个人收入回报率还是相对偏低。因此，从 20 世纪 90 年代起，世界银行就建议各国将高中阶段的教育公共投资更多地从中职教育转向普通高中教育。然而，与国际相比，尽管纵向来看，中国的中职教育回报率有所提高，但从横向比较来看，中国中职毕业生的回报率仍然普遍低于普通高中毕业生。

"从宏观的投入角度来看，尽管中国在促进职业教育发展方面已经进行了巨大的投入，但对中国政府来说，当前迫切需要评估的是，中职教育到底要为中国培养什么样的人才？中国政府的公共财政对于中职教育的大规模投入是否达到了最初的预期？究竟是优先发展中职教育更能满足中国发展之需，还是优先发展普通高中教育？"面对记者，罗斯高一口气说出了一连串问号。

"要回答这些问题，就必须进行广泛的实证研究，采集足够的第一手数据。"罗斯高引用他所在的"农村教育行动计划"项目团队 2010 年起对中国东南沿海和中西部一些省份中职学校的调查结果，表情严肃地对记者说："我们的跟踪调查发现，学生在进入我们随机抽取的中职样本学校学习两年后，不仅没有学到他们进校前设想的先进技术知识，甚至一些学生的基础数学、语文知识相对于初中还倒退了。"

"你知道倒退幅度是多少吗？"说到这里，罗斯高突然瞪大眼睛反问记者。据罗斯高介绍，他所在的研究团队通过随机干预实验的研究方法对中职样本学校的学生进行了两期的标准化数学能力的测试。结果发现，在进入中职学校学习两年后，学生的标准化数学考试成绩比原先刚入校时倒退了 0.08 个标准差，贫困学生甚至倒退了 0.3 个标准差，这意味着学生在两年后的基础数学应用能力比初中三年级时倒退了近 3 个月，而且不少学生在进入中职学校半年后发现不能学到新技术，就选择离开学校直接进入劳动力市场。这种流失率是目前中国所有类型学校中最高的，大约 30% 的学生未完成中职学校规划的两年学习期而选择提前离开。

当务之急是完善后义务教育评估体系

"我觉得，中国政府的当务之急，是在中国经济社会未来 20 年发展的总体战略上，一边重新规划高中阶段教育的总体构架，一边尽快完善后义务教育的办学质量、水平评估体系。"罗斯高说，"如果做一件事情只有投入，没有效果评估，那是相当可怕和令人不解的。"

为什么一定要强调对高中阶段教育的评估呢？罗斯高解释说，对于那些目前还没有进入高中阶段或即将进入高中的学生而言，是选择上高中还是读中职，已成为他们面临的最大挑战。由于缺乏完善的高中和中职教育评估体系，中国的老百姓无法获得最新的、最权威的评价信息，谁也说不清哪所学校办得好、好在哪里，于是乎，中职教育作为一个教育门类很容易被老百姓全盘否定，最终家长干脆让孩子直接进入劳动力市场，这成为当前制约中国高中阶段教育（包括中职教育）发展的严重障碍。

"事实上，中国在加大投资力度发展中职教育的过程中，对一系列关键问题还缺乏系统而深入的研究。"罗斯高直截了当地说，"首先，中国高中阶段教育的供给现状如何？是谁在办？生源、融资、办学条件和教学质量等究竟如何？其次，农村作为中国普及高中阶段教育的重点和难点以及未来劳动力的主要来源地，农村初中毕业生在高中阶段的入学状况到底如何？他们的入学选择（普通高中、中职学校还是直接进入劳动力市场）受哪些因素影响？国家中等职业教育的扩招和助学金政策以及一些地方政府的普通高中教育免费措施对他们的入学选择有没有影响？最后，中职教育相对于普通高中教育的回报率优势在中国是否普遍存在？中国普及高中阶段教育是否应以中等职业教育为重点等。"

"对这些问题的深入研究和对中国后义务教育阶段教育发展问题的梳理，是中国教育事业发展的当务之急。对于这些问题的回答，无疑对中国制定未来高中阶段的教育公共投资战略、培养适应发展方式转变和经济结构调整所需要的劳动力和人才储备，具有极其重大的现实意义和政策含义。"罗斯高认为，当前的现实是，中国高中阶段教育由于缺乏规范性的教育质量评估标准，高中教育承办主体复杂多样、层次不齐，虽然拿到毕业证的学生人数不少，而真正达到毕业水平的人数却有限。在这样的形势下，发展后义务阶段教育，尤其是高中阶段教育，是中国经济社会发展中绕不开的问题。

以经济危机阴影下的德国为例，罗斯高介绍说，欧债危机使很多国家的失业率居高不下。但是，德国正是因为特有的双重职业教育体系，使得该国青年失业率仅为7%，而法国、意大利则高达30%～40%。在欧洲，甚至在全球，没有一个国家的职业教育发展程度能达到德国的水平。

德国靠什么成就了青年的低失业率？"靠的就是特有的双重职业教育体

系。"罗斯高说，在德国，学生在接受学校教育的同时，也参与到企业的实习工作中去。而且在这一教育体系中，行业协会担负了极其重要的角色，通过对实习企业的资格认定、教育合同的履行管理、考试考核的命题主持以及资格证书颁发的直接干涉，使得学校教育与企业教育能够很好地衔接，学生能迅速参与到企业的高要求生产中去。这说明高素质劳动力能在很大程度上消解经济低迷时期的就业压力。这对经济增速回落的中国来说，具有很强的启示意义。

（《中国教育报》2014 年 4 月 7 日第 5 版）

从全球视野看 MBA 教育

——基于 GMAC 全球调研数据分析

人物简介：郭凡民
GMAC 全球测评研究部副总裁。
余菁维
GMAC 北亚区市场拓展副总监。

2013 年，我国研究生教育综合改革启动，在培养类型结构上，从以学术学位为主转变为学术学位与专业学位协调发展。MBA（工商管理硕士）教育作为我国专业学位教育的开拓者和先行者，在目前的改革形势下，理应走在研究生教育改革的前列。

放眼全球，MBA 教育正在发生什么样的变化？中国 MBA 教育如何在国际化视野下，推进改革的进程？日前，围绕这些问题，记者采访了 GMAC 全球测评研究部副总裁郭凡民、GMAC 北亚区市场拓展副总监余菁维，从 GMAC 全球调研数据分析的视角对这些问题进行解读。

GMAT 中国考生呈现三大特点

记者：数据显示，GMAT 每年在约 600 个考点提供 25 万余次考试，其中，中国大陆和香港设置了 18 个考点。中国考生在 25 万次考试中占多大比重？

余菁维：以 2012 年和 2013 年为例，GMAT 全球年均考量为 26 万次。2013 年，中国国籍的考生共参加考试 53005 次，从 2013 年的全球占比来看，已达 22%；从全球排名来说，报考人次仅次于美国。

记者：分析中国考生的报考情况，除了报考量大外，还有什么其他特点？

郭凡民：中国 GMAT 考生呈现出三大特点：一是女生比例大，从全球数据来看，男生占 57.5%，女生占 42.5%，而 2013 年，中国考生中女生已达 33682 人，占比高达 65%，在全球排名最高；二是 25 岁以下考生比例大，占到 79%，相对于其他国家考生更年轻；三是报考金融、会计专业的考生相比其他国家较多。

此外，2013 年中国考生的总分平均分 582，在全球排名第八，基本保持稳定。但在数学推理部分，中国考生平均考分在全球排名最高。

GMAT 考试的目的，是预测考生在商学院能不能顺利完成学习。中国考生群体数学推理得分高，这是不是意味着进入以定量分析为主的学科专业里，比如说金融，甚至于毕业后到金融业相关领域做统计模型，预测产业发展等，在学习过程中更容易？答案是肯定的。

余菁维：中国考生的考分特点，与选择以后就读项目有一定的相关性。中国考生数学推理考分较高，在报考管理教育时，兴趣点选择更具有倾向性。比如说，51% 的中国 GMAT 考生考虑报考金融硕士，32% 的人考虑报考会计，12% 的人考虑选择供应链管理。这些都是超过全球平均值的。这反映了中国经济的现实，中国目前制造业基础雄厚，人才需求量大，金融进一步开放也带来更多的专业人才需求。中国经济发展的吸引力，以及中国商学院有越来越多的国际化的高端项目等，都在这一变化中发挥了重要的作用。

中国本土商学院吸引力大增

记者：中国考生主要申请的是哪些国家的商学院？

余菁维：从考虑申请的角度来看，美国商学院仍是中国内地 GMAT 考生的首选，占到 63%，但有 16.9% 的考生想去亚太地区，这个比例已经超过欧洲。其中，中国本土商学院已成为第二选择，约 9% 的中国内地 GMAT 考生选择留在内地就读。但从实际的比例来看，排在亚太地区第一的还是香港。

记者：中国本土商学院已上升为中国考生的第二选择，您认为这一变化的原因有哪些？

余菁维：这与认可 GMAT 成绩的中国学校增多有关联，目前，中国大陆有 69 个商科、管理项目，香港有 47 个商科、管理项目采纳 GMAT 作为该专业研究生入学考试标准，仅 2010 年以来，中国大陆就有 32 个商学院项目开始将 GMAT 考试纳入学校录取的申请要求中。但目前大陆认可 GMAT 成绩的主要是 MBA 项目，所以，这只是其中一个因素。中国经济发展的吸引力，以及中国商学院有越来越多的国际化的高端项目等，都在这一变化中发挥了重要的作用。这也说明，中国本土商学院的发展初现成效，日益受到 GMAT 申请人的关注。

郭凡民：套用美国一个学校 MBA 项目招生的广告语：商业活动在哪，就应该到哪学商业管理。回顾历史潮流，为什么美国最早成为 MBA 教育的中心？不仅美国的学生，很多其他国家的学生也去美国读商科？因为"二战"后直到十多年前，美国经济处于高度发达且高速发展的水平上，随之产生经济模式和经济管理，以及与之相关的社会管理等需求，相应产生了一套与商业管理相关的教育理论和实践，从而必然让美国成为 MBA 教育的中心。

目前，随着中国经济的发展，一些外国人也来到中国修国际 MBA 项目，他们中相当一部分人想留在中国发展。这意味着，随着经济持续相对高速发展若干年，中国一定会形成相当多的自己的经济模型和管理模式，如果在这个时候，其他发达国家的经济发展相对减速或滞后，到时会出现什么现象？

商科管理类项目受全球认可

记者：根据 GMAC 近年来的调查，报考 GMAT 的全球考生是否呈现出明显的变化趋势？

郭凡民：现在可以看到一个明显的趋势：五年前，两年制 MBA 在全球范围内一直占绝对压倒优势，进商学院就是为了学 MBA；近五年里，很多考生进入管理类专业，不一定去学 MBA，虽然 MBA 还是占了很大一部分，但从历史的角度来看，MBA 招生量占比开始下降。很多考生想学与管理有关的专业硕士学位，这个现象从欧洲开始。如会计硕士、金融硕士、卫生医疗管理硕士以及非营利组织的管理专业硕士，人员逐渐在增多，这预示着与管理有关的教育，在国际范围内越来越多样化，从单一的 MBA，到越来越多的商科管理硕士，管理教育趋于多样化、多元化。

GMAC 日前发布了一项全球调研，全球约 1.2 万名对商科管理教育和 GMAT 考试感兴趣的申请人参与了这项调研。其结果显示，商科管理类硕士项目愈发受到全球认可，尤其深受中国学生青睐。

商科管理类硕士项目，即非 MBA 项目，包括金融硕士、会计硕士、管理学硕士等。在过去五年间，商科管理类硕士项目的申请比例大幅度增长，从 13% 上升至 20%；与此同时，选择 MBA 项目的比例则由 55% 下降至 53%。

商科管理类硕士项目在中国内地的增长更为突出，74% 的中国内地受访者希望选择商科管理类硕士项目，这大幅超出选择 MBA 的申请人比例（48%）；而在亚洲其他地区，MBA 项目仍是商科管理专业申请人的主流选择。在印度、日本和韩国，仅有 20% ~ 30% 的申请人选择非 MBA 硕士项目。

记者：如何理解这一趋势？

郭凡民：这与市场对人才的需求有很大关系。有些产业之前都是由自身产业的人员来管理，但随着管理学的发展，管理与其他学科的结合，使得既懂管理又懂专业的人才培养成为产业的需求。这类统称为专业硕士，这类人才需求比例相比 MBA 逐年增大。

某些行业在某段时间发展比较快，如美国的卫生医疗系统，近年来，卫生医疗保险费用增长非常快，卫生医疗的改革压力很大，从政府和私立保险机构来讲，在一段时间内对卫生医疗专业管理人才需求量很大，所以，很多硕士研究生进入学校后，主修卫生医疗，兼修管理。根据 GMAC 的调研，

9.6%的美国 GMAT 考生想在医疗健康领域就业，比例上相当于中国的 3 倍。

余菁维：这个问题可以从考生想从事职业的功能来看，考生想读专业硕士，可能想把专业的知识与未来的管理技能和实践结合起来。

从这方面的数据来看，中国考生对以后工作功能的期望值排名，与全球相对一致。如金融和会计，位居第一，排第二的是市场营销和销售，处于第三位的是咨询，之后是管理。

商科管理类硕士项目对工作经验的要求相对较少，这也与近几年中国内地申请人进一步年轻化的趋势一致。商科管理教育越发受到年轻人的认可，他们希望通过专业商科教育提升自身能力，为职业发展打下扎实基础。

记者：根据这些变化，商学院在人才培养过程中，是否有相应的调整？

郭凡民：美国商学院会依据社会对毕业生的需求，调整专业和招生需求，设定新专业和缩减某些老专业。举例说，EMBA 教育之前在美国也是很小一部分，随着需求的增加，特别是经济好的时候，很多企业资助中层领导修 EMBA 项目，培养高端管理人才，所以，美国很多学校特别是优秀学校的 EMBA 教育在过去几年中快速发展。但在经济形势不好之后，有些企业不再资助学习者，学习者需要自掏腰包，由于学费昂贵，招生量也在缩减。

当市场需要的时候，这种需求首先会反馈到学生的学习需求上，在校生会兼修一些新的课程或专业，学校注意到这种现象后，就会及时做出人才培养调整，或是设立新专业，或是交叉上课，或是联合招生，以回应社会对人才的需求。

MBA 教育更趋全球化、多样化

记者：从 GMAC 的统计数据分析，MBA 教育的发展呈现出什么样的特点和趋势？

郭凡民：MBA 教育在全球的发展，呈现出市场大、全球化和多元化的总趋势。

GMAC 根据联合国教科文组织提供的全球在校大学生总数估算，有约

200万到300万的学生注册学习管理类研究生项目，当前管理类学生的数量很大，从趋势上来看会越来越大。

从某种角度来说，全球化就是区域内吸引区域内的学生，区域内吸引区域外的学生。之前，这个区域中心是美国，目前欧洲已经和美国处于商业管理教育的竞争地位，欧洲顶尖的管理学院和商学院已经吸收相当一部分精英人才。

虽然目前已经有一些外国人来中国修国际MBA项目，但很遗憾，还没有更多学生愿意到中国来学习商科。其中一个重要的原因，语言是一个难关，外国学生用汉语进行学习难度有点大。但国内顶尖的商学院实际上在国际的排名很高，在培养国内高端管理人才方面发挥了很好的作用。中国商学院虽然从移植西方课程开始，但现在慢慢开始使用中国的案例，如哈佛也已经开始使用中国案例。

MBA教育本身已开始多样化，从单一的两年制，到出现一年制、14个月、16个月乃至18个月的MBA项目，而且出现更细化的专业划分，与管理相关的专业硕士学位增多，课程授课方式开始发生新变化，"MOOC"（慕课）成为一种新趋势。在线学习会对学校的MBA教育体系带来多大冲击，目前还不能下结论，但一定会带来一些影响。

记者：从全球趋势来看，怎么看待中国MBA教育发展面临的机遇和挑战？

郭凡民：中国经济的发展一定会带来越来越多的机会，管理教育是一个很大的市场而且这个市场会越来越大，中国管理教育作为一个整体，如何提升吸引力，吸引国际人才，需要认真思考。

引进外国优秀的教育资源在中国合作办学，借助合作双方品牌的优势，吸引国际学生也吸引国内学生，这是一个很好的过渡方式。

在线教育，或许是另外一个机遇。因为不管是谁，都可以通过在线方式试听，这对传统教育肯定会有影响。对非顶尖的学校而言，鼓励慕课课程资源有效利用，对教学质量提升和师资队伍建设无疑是有帮助的。

余菁维：中国作为学习目的地的国家形象还是需要发展，这需要积淀，一些学校已经开始尝试。中国发展 MBA 教育，提升整体的吸引力，内部资源要更好地优化，通过最优秀学校资源的共享，实现资源横向和纵向的整合利用。商学院本身就是一个生态系统，质量控制很重要，一定要把握好招生环节，关注学生发展，要有评估的体系和学习的体系，MBA 项目管理人员的职业化和专业化也很重要。

记者：据了解，中国高质量 MBA 项目认证工作已开始进行，就如何提高 MBA 教育质量，您有怎样的观点？

余菁维：高质量的认证，对质量控制很重要：一方面可以保证学生的培养质量；另一方面，也可以向中国社会传递 MBA 教育的正面形象。

但从 GMAC 角度观察，管理教育的质量要从招生环节入手，招生质量把握不住的话，容易参差不齐。在招生标准制定及考试方面要创造更多的机会，入学考试标准化，考试和面试可分多次进行，学校可以招到更多优秀的人才。其次，要关注学生发展，学生的培养和考核体系很重要，要有评估的体系和学习的体系。此外，MBA 项目管理人员的职业化和专业化很重要，因为商学院本身是一个有机生态系统。各方需要互动起来，企业也要参与进来，把资源调配起来，发挥各方的主观能动性。

记者：招生门槛是决定招生质量的重要方面，从全球来看，商学院的招生录取标准主要有哪些？

郭凡民：从美国大学招生整体而言，无论是本科生，还是研究生录取，标准化考试分数只是录取标准之一。当然，如果标准化分数很低，肯定第一关就被刷掉了。据我所知，美国很多大学一般采取两次淘汰的方式。比如说，各学院里有研究生院，研究生院对第一批进来的学生进行硬性筛选，主要依据标准化考试分数和学业成绩，过了这关之后，再到系里面，有个招生小组进行综合评价，不仅看标准化考试分数和学业成绩，还要看社会活动或专长，以及在学生活动中表现出的领导才能等，在标准化考试成绩达到一定标准后，上述这些方面会更为重要。

对某些学校而言，如果学生的 GMAT 成绩非常高，但其他方面相对弱些，也会被录取。因为 GMAT 的作用，是预测学生是否能顺利完成学习。院校对 GMAT 的信任，是基于录取经验的积累。

但 GMAC 在关于怎样使用 GMAT 成绩的注意事项中，提醒使用者：GMAT 只是预测学术水平的一种标准，要综合考虑其他因素，不能将 GMAT 作为录取的唯一标准。因为能不能成为成功的企业家或领导者，学业、学术水平只是其中的一部分。

无论要成为学校的优秀毕业生，还是要成为职场中成功的领导者，都不仅仅取决于学术能力，还取决于软实力，即沟通能力、领导能力和职业道德等。GMAT 主要测学术水平和学习能力，但并不测软技能。

余菁维：我们衡量的软技能是直接和 MBA 项目，乃至和未来的工作要求的软技能直接相关的，而且是非常具体的。这个工具不只是衡量你到底是内向的人，还是外向的人，我们需要了解你真正在职场中需要的软技能，你的状况是什么样的。其次，它能够给你一个很完整的报告，告诉你在这个方面的缺陷在哪里，例如战略眼光、运营思维、抗压性、驱动力、人际交往洞察力等，你的行为趋势是怎样的，以及可以采取什么样的行动改变这些行为。

记者：您认为，为进一步促进中国 MBA 教育的发展，在师资问题和国际化方面，有哪些国际经验可以借鉴？

郭凡民：美国的高校，从某种角度来说，也存在师资问题。比如，某个专业发展迅速，也会面临师资不够的问题。但据我观察，顶尖学校不存在这种问题，排名在中间或偏下的学校存在这个问题。但这与市场调节相当密切，如果吸引不到好的师资，学生找不到好工作，尤其是在人才奇缺的情况下，还是找不到好工作，学校自身会做出调节。

国际化，一开始可以学习美国经验，进行移植。但最终来讲，创中国特色的、合乎中国经济发展的国际化，让别人来学习中国的东西，我们才会受益更多，当然这会有一个比较长的过程。

余菁维：目前谈国际化，主要是办国际项目，互访交流，其实，国际化人才队伍和职业团队建设更重要。一个商学院要实现国际化，必须要有国际化的人才支撑，不仅是教授们的国际化，招生队伍、学生发展和职业发展队伍的职业化和国际化也很重要。

GMAC 与 GMAT

管理专业研究生招生理事会（Graduate Management Admission Council，简称为 GMAC），成立于1954年，是总部位于美国的一个非营利性教育组织，其成员包括世界各地许多知名的商学院，是有关高质量的管理学研究生教育方面的研究和信息的主要提供方。GMAC 最为人所知的是其主办的 GMAT（Graduate Management Admission Test）考试，该考试是全球唯一的专为商业和管理专业研究生入学设计的标准化考试，已被全球近6000个管理专业研究生项目采用，是管理类研究生入学考试使用最广泛的评测方法。

（《中国教育报》2014 年 4 月 30 日第 5 版 ）

第三部分

教育信息化挑战与趋势

教育如何拥抱第三次工业革命

——访国务院参事、友成基金会常务副理事长汤敏

人物简介：汤敏

现任友成企业家扶贫基金会常务副理事长。1984年赴美国伊利诺伊大学经济系学习，1989年获博士学位后被亚洲开发银行经济发展研究中心聘为经济学家，2000年调到亚洲开发银行驻中国代表处任首席经济学家，2007年任国务院发展研究中心中国发展研究基金会副秘书长。2010年12月起任中国人民银行研究生部部务委员会副主席，2011年起为国务院参事。中央党校、北京大学、武汉大学、暨南大学兼职教授。主要研究领域包括宏观经济分析、区域间经济合作、经济发展战略和国际金融业务。

以数字化制造为代表的第三次工业革命成为世界各国科技、教育界关注的焦点，抓住这次历史性的机遇，就可能在未来的竞争中抢占制高点，若失之交臂，则可能离建设世界一流强国的目标渐行渐远。中国已经错失了第一次和第二次工业革命的发展机会，绝不能再错过第三次。但是，我们靠什么抓住这次机遇？关键靠人才。

第三次工业革命有何特点，需要什么样的人才？我们传统的教育理念和模式能否适应新时代的要求，我们的教育如何才能培养出具有国际竞争力的创新型人才？围绕这些问题，记者采访了国务院参事、友成基金会常务副理事长汤敏。

何谓第三次工业革命?

记者:我们过去常常讲工业革命,也讲教育革命。为什么现在要提出第三次工业革命的话题呢?

汤敏:因为近些年,新的工业革命正悄悄地向我们走来,而且在最近几个月发展得非常快。前不久,英国著名的《经济学人》杂志封面文章就是第三次工业革命。

记者:什么叫"第三次工业革命"?

汤敏:《经济学人》杂志上的划分跟我们过去所熟知的划分并不完全一样。他们是这样划分的:

第一次工业革命是18世纪后半叶以英国的纺织机械革命为标志。第二次工业革命,以美国福特汽车工厂在20世纪初大规模的汽车生产流水线为标志。这两次工业革命都改变了社会,改变了历史,也改变了世界的形态。今天,他们提出来的第三次工业革命,则是指以数字化制造、新能源、新材料应用以及计算机网络为代表的一个崭新的时代,或者说是以数字化制造为标志的工业革命。近年来,信息网络的发展已经深入到生产、生活的每一个环节。而高技术合成材料如碳纤维、石墨烯、纳米等各种新型材料层出不穷。把这些新材料、新技术以及数字网络技术结合起来进行数字化制造,最具标志性的新生产工具是"3D(三维)打印机",又称"堆砌加工机"。它像打印机一样,层层地把新型合成材料直接"印"出,或说是"堆砌"出一个产品来。这种模式将会取代传统的车、钳、铣、铇的生产方式。数字化我们已经说了很多年,过去的一些数码机床和数码设备,都不能叫革命性变化。数字化制造业开始引起革命性变化,是今天以3D打印机为标志的。

记者:3D打印机怎么会成为第三次工业革命或制造业革命的标志呢?

汤敏:我们可以看看3D打印机是如何工作的:比如一块火鸡肉块,中间还有芹菜,这用火鸡肉块加上芹菜做就行了。但3D打印机首先要分析火鸡肉块有哪些成分,用不同的管子把各种成分放上,一层层地最后打印出火鸡肉块。除了火鸡肉块之外,食品类中,它也可以打印出巧克力、奶酪,甚至打印出一个航天飞机。在《经济学人》杂志的描述中，人们可以用 3D 打印机制造榔头，把榔头的铁和木头部分都层层做出来。

3D 打印机是第三次工业革命最具标志性的生产工具之一。工业用的 3D 打印机可以打出各种各样、形形色色的物体。由计算机设计好后，机器把它打印生产出来，这是最新的生产方式。它既可以打印小东西，也可以打印大东西。3D 打印机像工厂一样，把大如飞机、小如锤子等物品制造出来。

2011 年 6 月，荷兰人用 3D 打印机打出了人的下颚骨，并移植到人体上，效果非常好。现在有人正在做人的大腿骨，以后很可能把人类各种各样的器官都制造出来。

记者：这种 3D 打印机方式的数字化制造，它的革命性究竟在哪里？

汤敏：3D 打印机颠覆性地改变了制造业的生产方式。它最大的特点是，不需要大规模的生产流水线。对打印机来说，重复打一千张一样的文字，还是一千张完全不同的文字，它所花的时间与成本都是一样的。3D 打印机也是一样。过去，福特汽车的生产线生产出来的所有产品都是一模一样的，而用 3D 打印机就可以走出大批量生产的局限，取而代之的是个性化、多样化和小批量的生产制造。这种数字化的制造，加上新能源、互联网和科技发明，就构成了第三次工业革命。

记者：还有什么能说明 3D 打印机的产生是革命性的呢？

汤敏：3D 打印机大规模普及以后，会出现几个重要现象。第一，直接从事生产的劳动力会快速减少，劳动力成本占生产总成本的比例会越来越小。第二，这种新工艺可以满足个性化、定制化的各种要求。

中国如何避免被甩出第三次工业革命？

记者：第三次工业革命对我国未来发展将会产生什么影响？

汤敏：这次工业革命对中国未来发展将产生极大的冲击。过去，为了追求劳动力的低成本，很多制造业搬到发展中国家。中国之所以成为世界制造业的中心，就是因为有廉价熟练的劳动力。但是在第三次工业革命新的生产方式下，廉价熟练的劳动力已经不那么重要了。过去外包给发展中国家的产品，有可能重新内包回发达国家。因为，制造业要和消费者紧密地联系在一起。每个消费者都是独立的，需要个性化的产品，制造业搬回发达国家生产，可以更好地为消费者服务。

记者：我们如何避免被甩出第三次工业革命？有什么应对的措施和办法？

汤敏：第一次工业革命时，我们正处在康乾盛世的后期。当时中国 GDP 占世界第一。我们采取了闭关锁国的方式，没有赶上第一次工业革命。

第二次工业革命的时候，1913 年，福特在进行大规模流水线生产，我们在进行辛亥革命，大家都在闹革命、推翻帝制、军阀混战，我们又没有赶上第二次工业革命。

第三次工业革命我们如何不被甩出呢？我认为，要抓住第三次工业革命，首先要从教育改革开始抓。因为，第三次工业革命需要大批创新型人才，需要大批能够追踪尖端科学和最新发展的人才，而我们现在的教育，非常不适应这种需求。我们现在急需一大批能够适应第三次工业革命、适应新形势发展需求的各类学校，这在客观上呼吁教育要改革和变革。

如何理解今天的教育变革？

记者：如您所谈，今天面临第三次工业革命，教育也要进行变革，如何理解今天的教育变革？

汤敏：其实，从全球看，教育领域正在悄悄地发生着一场极其深刻的革命性变化，这场变革不亚于第三次工业革命对我们的冲击。

记者：这场教育变革是怎样发生的？它的教育模式和教育方法是怎样的？

汤敏：前不久，美国《纽约时报》发表了一篇专栏文章，题目是"大学网络化已成不可阻挡的浪潮"，文中指出，大学网络化不是说把互联网接入大学就完了。他们认为，传统的教育正在开始新的变革，而标志性的事件，就是最近教育上发生的几件事。一个是在两三年前，美国出现了一个名不见经传的可汗学院。这个教育机构是由一位美籍印度人创建的，他是麻省理工学院的毕业生，以炒股票期权为生。他住在波士顿，他的侄子们住在新奥尔良，请他来补习中学课程。他通过远程教育方式给他侄子讲课。讲完以后，录下来上传到网上，他侄子如果没搞懂，可以上网看看他的讲课视频，他把很多学习的怪招都上传到网上。这个视频被很多中学生看到了，很多人给他写信，说他教得好。他看后特别高兴，就开始做更多的视频。后来他干脆不再炒股票了，专门经营可汗学院。

可汗学院到目前为止，已经开出了3000多门课，成立了教育公司。现在，他不但把这些课上传到网上，还和美国十几个学校进行合作，开展一些很有趣的实验。

第一个实验叫游戏化教育。他把枯燥的数学、物理和化学课程游戏化。他的课一般都是十多分钟，每次仅介绍一两个概念，让听课者能集中注意力。课程图文并茂，趣味性很强，跳出了传统网络公开课一个教师配上几个PPT的单调方式。他还使用了大量的网络奖品对学习者进行激励，如对完成了一定课程的奖励其网络勋章等。他发现奖励勋章的课有很多学生选学。他还有一个很有创意的发明，叫"10分"过关。在普通学校，中小学课本中的概念教学往往第一个概念没搞清楚，老师又开始讲第二个概念；你这两个概念学得还不好呢，第三个概念又来了；前面的知识没接上，后面就跟不上了。很多学生就是因为这样，基础没有打牢。

他举了一个例子：有一个学生考试得了95分，那应该是很好的成绩，但是没有人问那5分他是怎么丢的，很可能这个5分，就是某一个概念没有搞清楚，这个5分很可能变成他未来学习上的拦路虎。可汗学院怎么解决这个问题呢？"10分"过关，学完一个概念以后马上测验，就像打网络游戏攻关一样，你要在测验中得不到百分之百满分，把这个概念完全搞清楚，你就过不了这一关，这可以保证你每一个概念都能真正搞懂。

第二是实现因材施教。因为在网上学习，每个学生进度不同，教师教学可以因人而异和因材施教。水平不同的学生可以根据自己的情况掌握学习进度，因为可以随时上网，水平不同的学生有不同的课程进度。

第三是翻转式教学法。过去我们上课，老师在课堂上讲，学生在下面听，然后学生回家做家庭作业，交给老师批改。如今，可汗学院把这个方式给反过来。既然这些课网上有，那么学生就可以在家里上可汗学院的课，到学校去做作业，老师在校给他辅导答疑，这种模式把传统的教学模式颠倒了。

记者：您认为这种教学模式的主要优点是什么？

汤敏：我们的大学生很想和教授多交流，但是交流不了，为什么？教授讲完课，只留给学生几分钟提问，很快就走人了。如今，在可汗学院的课堂上，教授的任务就是在学校和学生直接对话交流，上学变成师生交流答疑。这种方式把整个教育模式和教学方法改变了。

通过网络教学，可以找最好的教师来讲课。不需要每个学校都有人去讲微积分。让清华最好的数学教师给学生讲微积分，其他学校的学生可以通过网络上课。这样，任何地方的学生都可以和清华、北大等好的高校上同样的课，甚至可以上全世界一流教师的课。一门课也可以有十几个甚至几十个教师用不同方法来上，由学生自己选择听谁的课。由于市场足够大，可以集中更多的资源投入到一门课的准备之中，这也是革命性的变化。

网络教育有哪些趣味性改革？

记者：这样的教育变革如今被世界各国的教育机构普遍接受了吗？

汤敏：目前这个改革才刚刚开始，有一个完善和推广的过程，这个大趋势我们一定要关注和参与。2012 年 5 月 2 日，哈佛大学和麻省理工学院共同宣布筹资 6000 万美元，成立一个新的网络教育平台，用可汗学院那种方式，把课程重新包装，整合两校最好的师资，采取课后阅读、自动试题和维基讨论等新的网络教育方式。

记者：这种全新的网络教育模式还有哪些有趣的改革？

汤敏：网络教育过去最大的缺陷是学生没有参与感，不能师生互相讨论。斯坦福有一个教育公司在这方面有突破。他们在网上建立了一个讨论群；

还有一个改革，叫线上提问，每个学生有任何问题都可以马上发到网上去。一天 24 小时，平均 22 分钟就能得到答案。这一答案往往不是教师给的，而是同时修这门课的学生给的，因为有 10 万名学生同时在选修这门课，他们中明白这一问题的人就可以做出解答。

斯坦福大学还有一个改进，就是把问得最好的问题、回答得最精彩的问题、点击率最高的问题放到最上端。有 10 万名学生参与，他们来自全世界，有俄罗斯、印度和南非的学生，24 小时的问题随时滚动，不断有人提出问题、回答问题，大大深化了这门课的内容，很多创新思想可以从中得来。这种授课方式对学生的吸引力远超过传统的课堂和传统的大学。

还有一个革新就是我们前面所说的翻转式课堂，学生在家里上课，教师在课堂上直接和学生讨论问题。斯坦福大学做了一个实验，用这样的方式，学生的出勤率从 30% 激增到 80%。斯坦福大学的学生能不间断地和教师进行沟通，他们的收获极大。

记者：哈佛大学与麻省理工学院成立新的网络教育平台，也是受到了上述改革的压力吗？

汤敏：人们曾经讽刺哈佛大学和麻省理工学院过去的网上公开课是把 20 世纪的教学搬到网上。如今，人们还在看这一竞争的结果。这就是今天教育的新变革。这场革命，不是遥远的过去或未来的事情，而就在我们身边，就是最近才刚刚开始发生的事情，而且这场教育变革每天都在发展变化着。

中国如何迎头赶上？

记者：在国内，我们有哪些教育机构注意到这场世界性的教育变革？我们该如何迎头赶上？

汤敏：教育变革来了我们不能等，要迎头赶上。但是，在一些人看来，这些似乎都是国家和政府的事，我们老百姓能干什么呢？我现在是友成基金会的常务副理事长，这是一个民间基金会。我们从去年开始做了一个试验，看网络教育如何在中国生根发芽。从 2012 年 9 月起，我们在全国 11 所大学通过视频直播的方式，开了一门大学生创业启蒙课，现在已有近50所大学参与。主课堂设在北京大学经济学院，其他学校通过远程网络直播的方式开课。2013年，我们准备把这门课开到更多的大学，未来可能开到500所大学。

记者：您认为我国是否可以和世界先进国家同步发展可汗学院这种模式的网络大学？

汤敏：我自己有一个梦想，希望在中国也有可汗学院这样的网络大学。我们在全世界范围内，把最好、最新、最热门的课引进，按照新型网络教育的斯坦福模式做好录像，要求那些教师把考试、测验全准备好，我们付钱。翻译成中文后，经过专家严格的质量把关，把这些课开到全国的1000多所大学里，特别是开到那些二本、三本大学，那些没有足够师资的民办大学中去。这些学校的学生可以选学这些课，经过严格的考试，也给学分。这样，这些学校的学生也可以同步听世界一流的课，学习世界一流教师的思路。这些课程在学校的教学大纲中，由世界一流教师讲课，教学质量能充分保证。

记者：您怎么看当前这场世界教育变革对我国教育的影响？

汤敏：这场教育变革如果我们没有赶上，就如同工业革命被甩出一样，是非常危险的。大家可以想想看，如果哈佛大学和斯坦福大学的这些课被大部分印度年轻人掌握了，相当于十年后有几千万甚至上亿的印度年轻人都是哈佛或斯坦福毕业的。而我们的青年人才还是传统教育教出来的，十年以后我们怎么跟人家竞争？我们怎么能赶上第三次工业革命？第三次工业革命用的是最新技术和最新知识，我们还要等我们的教授们出去当访问学者，把人家的东西学过来，二手货拿过来再卖一次，甚至是教授们的博士生卖给你吗？这样，我们怎么和印度、孟加拉和加纳竞争？

今天，我们又到了一个新的变革时代，又到了一个面临新的发展机遇的关键时刻，关注世界上这些最新的发展变化，关注并参与这些最新的工业革命与教育变革，是我们国家未来能够在世界竞争中保持先进地位的根本保证。

（《中国教育报》2013年1月8日第3版）

MOOCs 的挑战与大学的未来

——访教育部科技发展中心主任李志民

人物简介：李志民

教育部科技发展中心主任、中国教育和科研计算机网管理委员会副主任、中国科技论文在线主编、高校科研管理研究会副理事长。兼任高校科研管理研究会理事长、中国高校校办产业协会理事长、中国产学研合作促进会副会长，国家教育行政学院兼职教授。

MOOCs——大规模网络开放课程（Massive Open Online Courses）的英文缩写（中文表述尚未规范，有音译为"慕课"），这是一个诞生不久的新词汇，也是一个使用和搜索频率极高的词汇。MOOCs 于 2012 年由美国著名大学发起，短短一年多时间席卷全球数十个国家，600 多万名参与学习者遍布全世界 220 多个国家，其影响范围之广、扩张速度之快、冲击力之强，犹如地震海啸，一些人将互联网技术引发的这场教育变革称为"MOOCs 风暴"。

或被动，或主动，中国也被裹挟进这场全球"风暴"。MOOCs 是什么？它将给我们带来什么，又将改变什么？传统的大学如何应对 MOOCs 的挑战？中国如何发展自己的 MOOCs？

关于这些问题，中国一些教育科研机构、高水平大学及开放大学的专家学者已进行过多次探讨。据悉，2013 年 11 月 3 日，一场有关 MOOCs 的国际论坛亦将在中国举办。

一场新的变革已经开始，而我们，也已经在路上……

MOOCs更适合于高等教育学习者

记者：有评论认为，MOOCs是技术推动教育变革的一次革命，对此您怎么看？

李志民：确实如此。人类文明发展的历史实际上就是一部科学和技术发展史。技术发展到一个新阶段，人类文明就会迈上一个新台阶。人类文明进步的根本动力是技术发展驱动，而朝代的更迭、政权的替换，只是给当时的社会进步提供了一个更合理的治理方式。真正对人类文明进步起根本性作用的是技术的发展。每一次技术的重大发明，都会给人类文明带来重大改变，同时也给教育带来巨大影响，不仅使教育的知识内容大量增加，而且使教育思想、教育手段、教育方法更加先进，最终导致物质文明和精神文明相互促进、共同发展。石器时代、青铜器时代、蒸汽机时代、工业革命、信息技术……莫不如此。

记者：MOOCs的发展，就是建立在互联网技术基础之上的。

李志民：互联网是20世纪最伟大的发明之一。互联网不仅改变了教育，还给人类带来全新的生活方式。在互联网时代，文学将进入无经典的时代，艺术成为雅俗共赏的时代，教育成为互为师生的时代，学术将迎来开放存取的时代，新闻真正自由，政治充分民主，历史更加趋于真实。互联网为知识和信息传播提供了强有力的工具，MOOCs应运而生。互联网不仅仅是伟大的技术发明，它还给人类带来了一种伟大的精神力量，这就是合作共赢、共建共享的精神。教育资源的开放共享也是MOOCs发起者的初衷之一。

记者：您有一个观点，认为MOOCs只适合于高等教育领域而不太适合基础教育，为什么？

李志民：这首先要从学习的三种类型说起。人类的学习大体可分为三类。第一类是人际交往类的学习，如语言学习、礼仪习惯、品德养成、管理有效等。这一类的学习主要靠模仿和习惯养成，学习的环境很重要，有了好的学习场景，学习效率就会很高，在教室内听教师讲课的学习效果比场景学习效果差很多，因此，这一类学习不是学校的主要功能。第二类是知识传承类的学习，如文字、文学、数学、逻辑、运筹等。这一类学习靠师传面授，需要前人对知识进行规律性的总结、推导、归纳、系统分析、约定认知等，对这类学习而言，课堂教学效率高，应该成为学校的主要功能。第三类是文明发展类的学习，如科学探索知识、工程技术、哲学、生命科学、行为科学等。这一类学习需要系统的基础知识，需要灵感和洞察力、想象力，需要有批判精神，需要相互讨论、启发等，也需要实验场地、仪器设备、模型验证等。

从以上三种学习类别来看，MOOCs 更适合高等教育，因为学习者是成年人，有主动学习的渴望，且具备使用网络的基础知识和能力。MOOCs 可以有力推动知识传承类的学习，因为课程质量高、学习效果好；文明发展类的学习将会成为今后传统大学的重点，大学以研究和知识生产为主。而中小学教育不仅仅是知识的教育，同时更是人格、学习习惯与道德的养成等，MOOCs 可以作为补充的手段，但不适合全部课程学习。

与传统教育相比，MOOCs 有何不同

记者：能否介绍一下 MOOCs 的兴起过程，MOOCs 与以往的网络公开课有何不同？

李志民：MOOCs 指的是在线提供课程教学的全过程，包括微证书的管理。MOOCs 与以往的网络学院有着本质区别，与网络公开课的区别也很大。上网络学院是有条件的、封闭的，MOOCs 则无门槛要求，是开放的；公开课的本质是教育资源库，课程提供者并不组织教学，自然不会给学习者以评价，而 MOOCs 不仅提供免费资源，而且实现了教学过程的全程参与。学习者在这个平台上学习、分享观点、做作业、评估学习进度、参加考试、得到分数、拿到证书，是一个学习的全过程。MOOCs 将引发教育领域的一场重大变革，这种变革不仅仅是教学手段的革新，更是教育全流程的再造，甚至是对国家教育主权的挑战。

MOOCs 是互联网与教育的融合，是经过多年摸索出来的一个模式。在

2012 年之前，人们一直探索信息技术与教育结合的方式，但收效甚微。互联网发明后，E-mail（电子邮件）与 E-learning（数字化学习）的概念几乎同时被提出，但 E-mail 几乎取代了传统的信函邮件系统，而 E-learning 仅仅是教育中一个小小的补充。各行各业都受到了互联网浪潮的影响，但是在教育领域，"黑板加粉笔"的传统课堂模式依然牢牢占据主导地位。2006 年，比尔·盖茨和乔布斯对话时称，"互联网民用发展 20 年来，几乎冲击了所有领域，而对教育的影响小得令人吃惊"！而这次 MOOCs 的出现，对教育的影响可能大得令人吃惊。

记者：和传统课堂教学相比，MOOCs 有何不同？

李志民：在 MOOCs 模式下，传统教室将成为学习的会所，集体做作业、答疑；教室在"云端"，学校在"云端"；教师成为会所的辅导员，与学生直接交谈的时间增加；教师以研究为主，优秀教师可能成为自由职业者；学习内容以学生自选为主，考试针对学生自主选择；课程体量小，分知识点学习，讲课精，可反复学；大班授课转变为小组讨论，教师与学生、学生与学生均互为师生；学习过程可在任何地方进行，学习方式灵活；采用数字教材作为辅助材料；推行在线作业、在线考试；学校发证书灵活；留学变得简单，甚至不再有留学的概念。

记者：在教育模式上，MOOCs 将带来哪些变化？

李志民：MOOCs 改变了传统学校传授知识的模式，在教育观念、教育体制、教学方式等方面都有着深刻影响。MOOCs 的大规模、开放和在线的特点，为自主学习者提供了方便灵活的学习机会和广阔的空间。MOOCs 不需要学生拥有学校的学籍，只要按要求注册后就可以使用大规模开放式网络课程，也没有课程人数限制。

MOOCs 推出的微证书概念，实质上是大学本意的回归。微证书的推出，使得学习不再是几十个人同一进度，班级的概念也不再重要。在 MOOCs 的模式下，优秀教师的能量成倍扩散，一门课程可能会有十几万人甚至几十万人注册学习，例如，美国杜克大学教授主讲的"思辨的艺术"这门课就有 58 万人注册学习，这在传统的校园、课堂学习环境下是不可想象的。

MOOCs 带来的颠覆性的变化还表现在：一是可以使那些原本无法上大学的群体可以无障碍地学习大学课程，促进教育机会公平；二是课程教学将从一名教师的独角戏逐渐变成教学团队，为了提高教学效果，终将出现"教学导演"职业。

将对传统大学带来怎样的冲击

记者：很多人非常关心一个问题——MOOCs 将对传统的实体大学带来怎样的冲击？未来大学的功能将发生什么样的变化？

李志民：美国某杂志曾刊发一篇文章称"未来 50 年内，美国 4500 所大学，将会消失一半"。这是否会变成现实，我们先不去讨论，但是 MOOCs 将促进大学功能加速转变，这是毫无疑问的。一般认为，现代大学的功能包括人才培养、科学研究、社会服务、文化传承四个方面，其基本功能是知识的生产和知识的传播。由于知识传播的功能被互联网所取代，未来大学的功能主要是知识探索、知识验证、考试认证。从这个意义上讲，大学将成为研究院、考试院。随着信息技术的进一步发展，大学将会虚拟化（数字化），教学和管理将泛在化、全球化。

大学作为文明社会中的重要组织机构，保持了较高的社会地位，而且经久不衰。大学不仅传承了知识文明，也曾经改变了它所处的时代。由于大学的荣誉地位和崇高使命，大学的任何重大变革都会引来保守势力的强烈反对。

记者：MOOCs 对当下的高等教育有哪些影响？学习者能从中获得什么好处？

李志民：2013 年 2 月，Coursera（斯坦福大学教授推出的大学在线课程平台）旗下 5 门网络课程学分获美国教育委员会的官方认可（在授予学生学分和学位时，美国有超过 2000 所大学参考美国教育委员会的推荐）。2012 年，一位 17 岁的印度男孩因在 edX（哈佛大学和麻省理工学院在线课程平台）提供的"电路与电子学"课程考试中排在前 3%，被麻省理工学院录取。2012 年，美国佐治亚理工大学和其他 11 所大学宣布同 Coursera 合作，提供线上课程。2013 年，该校同 Udacity（由初创企业设立的网络在线课程平台）合作，推出计算机科学线上硕士，2014 年开始招生。线上硕士历时 3 年，每个学分仅 134 美元，不到 7000 美元就能毕业，这仅相当于佐治亚州州内学生 1 年的学费，或是州外学生学费的 12%。这些例子都说明，MOOCs 已经对当下的高等教育产生了实质性影响。学习者的直接受益就是费用减少了、学习时间灵活了、选课方便了、可以挑选教授了。

记者：未来，MOOCs 会不会和传统大学发生生源争夺战？

李志民：MOOCs 的兴起，叩问传统大学：如果学生能用极低的费用在网上完成学业，大学就必须向社会证明，他们所能提供的课堂教学与考试的价值何在？人们为此付出高额学费的意义何在？

我们现在和今后的大学生是与网络共生的一代，是"数字原住民"，大学生受教育的知识面宽广，教育生态正在向开放转型，更重要的是学习者追求的是学习效果而非学历结果。在这种情况下，大学需要思考：大学究竟是什么？大学能否成为知识创造的源头？能否成为学习环境的设计者？能否成为学生学习动力的促进者？是成为学习效果的评估者，还是仅仅是学位的授予者？大学将如何迎接这样的挑战并进行新的社会功能定位？这些都需要大学通过实践探索做出回答。

MOOCs 为何发展如此迅猛

记者：MOOCs 在全球范围内发展情况如何？

李志民：目前全球有十几个国家在积极推进 MOOCs，包括美国、英国、日本、澳大利亚、巴西、中国，等等。一份北美教育机构的 MOOCs 趋势分析认为，到 2016 年，北美地区 43% 的高校将提供 MOOCs 课程。

目前全球比较成规模的 MOOCs 三大平台是 Coursera、Udacity、edX，语言以英语为主，正在增加其他语种。清华大学通过 edX 提供了两门课程；北京大学此前通过 Coursera 试验提供两门课程，并于 2013 年 9 月 23 日通过

edX 发布 4 门课程。

记者：这三大平台在合作模式与学习模式等方面有何异同？

李志民：在合作模式上，Udacity 不与高校结盟，而是与教师合作，与部分高校在学分认可和学位授予方面合作；Coursera 与高校结盟，由学校开发课程；edX 与顶尖高校结盟，协助学校开发课程。

三大平台在学习模式、教学模式、课程评估、学生诚信要求、微证书的发放等方面各有差异。从目前的商业模式来看，Udacity 以赢利为目的，Coursera 是在赢利或非赢利之间徘徊，而 edX 的目的是探索如何用信息技术提高教育质量，更多的是科学实验，不以赢利为目的。

记者：MOOCs 在全球发展为何如此快速？

李志民：我觉得有四个方面的原因：一是 MOOCs 课程的教学模式已基本定型，使得照此模式批量制作课程成为可能；二是出现了多家专门提供 MOOCs 的平台，降低了高校建设 MOOCs 课程的门槛和经费投入，也刺激了更多的一流大学加入 MOOCs 课程内容提供者的行列；三是普通教师自己制作 MOOCs 课程成为可能，短时间内有众多高校教授加入；四是大量风险基金和慈善基金进入，一些大学开始接受 MOOCs 的微证书，承认其学分。

我觉得最重要的原因还是方便了学习、提高了效率，为更多人提供了公平受教育的机会，再加上满足了很多人扩大知识面的需求，因而受到欢迎。

如何积极推进 MOOCs 在中国的发展

记者：MOOCs 在中国的发展，需要什么样的"土壤"？

李志民：MOOCs 是基于互联网技术的一项教育变革，它的发展需要具备五个方面的条件：整个国民的信息化素养提高；教师信息化素养的提高，重点是信息化观念的转变；信息化专门人才的培养；国家政策、标准、考评、证书认定；互联网基础设施的极大改善和便利获取。

MOOCs 在中国的发展需要多个因素的融合：决策者的重视程度，观念跟上时代发展；就课程本身来说，需要丰富多样的课程资源；就从业者来说，要加强教师队伍的知识准备和观念转变；从硬件上来说，需要大大降低网络使用成本，加强中国教育和科研计算机网的建设，运营商之间互联互通，推动宽带网络普及。

记者：任何新事物在发展的过程中都会遇到各种挑战，MOOCs 面临的挑战有哪些？

李志民：首先是要应对变革之痛，教育机构延续的惯性将成为最大阻力。大学是否能提供足够规模的优质课程资源，开放资源会不会做成"面子工程"？学校能不能带头认可本校学生的 MOOCs 学分？

MOOCs 平台技术不是问题，但商业模式如何运作是需要探索的，没有可持续的商业运营模式，MOOCs 将无以为继。赢利还是非赢利，这是个问题。如果没有赢利模式，就需要政府经费投入。

在线学习文化的建立也需要一个过程，提供有价值的学习，才能成功地让人参与。考试、评估如何取得社会的信任？如何建立新的教育管理评价体系？证书是否能被社会广泛接受？这些问题的解决程度决定着 MOOCs 在中国能走多远。

记者：推进 MOOCs 在中国的发展，我们还需做哪些方面的努力？

李志民：归结一句话，就是政府、平台、大学、教师等相关各方要各司其职。政府应当尽快制定规则，包括制定科学的发展规划，制定符合教育发展规律的教学规则，制定相应的考评标准、成果认定规则。政府还要考虑如何让企业认同这种学历；如何激励教师提升技术水平，推动课件资源的丰富，营造终身学习的良好环境；MOOCs 如何与现行学历认证挂钩；如何为MOOCs 的发展提供一个良好的生态环境以及引导性资金投入；等等。

平台方（联盟或企业），要提供良好的网络条件，保证大规模在线教育网络的质量并提供良好的技术条件，让技术充分发挥作用。

大学则要生产最优质的课程资源，形成辐射效应；建立鼓励教师参与的激励机制；探索在线学习、混合学习及翻转课堂等创新性教学模式，并将其融合到人才培养中；做好学分制与微证书的结合，整合当前证书授予的学籍管理架构。

教师要考虑的是探索创造新知识，提升教学能力，提高自己的知识储备，提升将技术融入教学的水平；逐步探索出在线学习的效果评估方法；付出更多的精力，主动适应在线授课过程；走出传统的教学模式，尤其要更新教育观念。

迎接新事物、新挑战，最重要的还是观念的更新。过去，人类文明从石器时代走到青铜器时代，并不是因为我们的先人把石头用完了。今天，人们不用胶片相机了，改用数码相机，也不是因为柯达公司的胶片技术不够先进。今后，学生不到教室上课了，并不是因为大学的排名不够靠前，院士名家不够多。一切皆因技术促进人类文明走上新的台阶。

要及时转变观念！

（《中国教育报》2013 年 9 月 23 日第 3 版）

MOOCs 辨析与在线教育发展

——访清华大学教育研究院教授委员会副主任程建钢

人物简介：程建钢

清华大学教育技术学学科负责人暨学术带头人、国际华人教育技术学会会长、中国教育技术协会学术委员会副主任、教育部职业教育信息化教学指导委员会顾问。

新年伊始，MOOCs 热度不减。

如果说 2012 年 MOOCs 在国际教育界引发了一场"海啸"，那 2013 年在中国教育界也算是刮起了阵阵"飓风"。近 20 场关于 MOOCs 的会议、论坛相继召开，北京大学和清华大学等高校相继与美国 MOOCs 平台签约，面向全球免费开放了 15 门在线课程，MOOCs 这种以短视频方式学习的在线课程正在受到学习者的青睐。然而，面对席卷全球的 MOOCs 热潮，有推崇和掌声，也有不少理性客观的思考。近日，记者采访了对在线教育进行了 13 年跟踪研究的清华大学教育研究院程建钢教授及其研究团队，程教授基于对 2008 年以来国际上 400 多篇文献的分析研究，系统回答了记者的问题，澄清了大众关于 MOOCs 的一些认识误区。

MOOCs 的起源是什么

记者：MOOCs 可以说是 2013 年教育界最热门的话题之一，但是对于究竟什么是 MOOCs，很多人存在误解，您能否解释一下？

程建钢：MOOCs 是大规模开放在线课程，即把以视频为主且具有交互功能的网络课程免费发布到互联网上，供全球众多学员学习。其突出特点是以小段视频为主传授名校名师的教学内容，以即时测试与反馈促进学员学习，并基于大数据分析促进教师和学生改进教与学。MOOCs 是"在线课程"层面上的网络教学形式之一，属于已经发展了十几年的在线教育系统的组成部分，对以往的网络教学有重要借鉴意义。但是现在国内普遍把 MOOCs 作为"在线教育"来阐释其内涵和强调其重要意义，有些言过其实。事实上，依据比较权威的美国斯隆联盟（Sloan Consortium）连续十年（2003—2012 年）对在线教育所做的研究表明：在研究和实践两个层面，国际在线教育一直按照自身规律快速稳步地向前发展。MOOCs 是一剂重要的催化剂，而非在线教育整体解决方案的全部或"秘方"，我们需要客观和辩证地分析、认识和实践 MOOCs。

记者：很多人认为，MOOCs 最早发源于美国，以 Udacity、Coursera 和 edX 三大平台的推出为标志。事实是否如此？

程建钢：MOOCs 起源于加拿大。2008 年加拿大阿萨巴斯卡大学的乔治·西门子和斯蒂芬·唐斯基于联通主义的学习理论模型，首次提出了 cMOOC（C 为联通主义一词 Connectivism 的首字母）并创建了全球第一个 cMOOC 类型的课程（CCK08）。cMOOC 强调人机交互的学习模式，把课程设计者、学习资源、教学者、学习者和自发组建学习共同体等作为一个整体，并基于已经大众化的社会性交互工具平台，促进不同思维类型和学习方式的学习者在人—机、人—人交互模式下切磋学习，引发知识迁移和知识创造，使面向信息类聚、整合理解、迁移运用、批判思维和知识构建等的"深度学习"真正发生，从而对传统大学教学模式和组织形态提出了革命性挑战，所以学术界充分肯定了 cMOOC 的理论创新。但是，cMOOC 尚未形成稳定的、易于复制的、可供一般在线课程教学应用的实践模式，也没有风险投资便于介入的抓手。

2001 年美国斯坦福大学的教授基于 cMOOC 部分思想，借鉴了可汗学院的教学模式，沿用传统面授教育课程的教学组织形式，以易于复制的课程框架，通过学生自主构建学习共同体实施在线课程学习的模式，创办了在线教育商业化公司 Udacity 和 Coursera 等，邀请著名大学加盟并提供在线课程平台 xMOOC（x 表示扩展或加盟，不同于 c 表示联通主义的含义），在课程学习环节免费向全球开放，吸引了众多学员注册学习，而在课程结业认证等环节收费，从而形成资本投资收益的商业模式，很快受到风险投资的青睐，加之媒体的大力宣传和渲染，加速了政府、社会、学校和公众对于网络教学意义的认识，也造成了今天大众热议的 MOOCs 演变成在线教育的代名词的状况。

MOOCs 意义重大但算不上"革命"

记者：很多教育与信息化专家认为，MOOCs 给教育尤其是高等教育带来了革命性的变化，但是对此您并不认同，您是怎么看的？

程建钢：首先，MOOCs 本身并没有如此大的魔力，能给高等教育带来革命性变化，因为现有的 MOOCs 课程及其支撑平台只是在线教育的组成部分，而且自身还处于发展的初级阶段，既有明显优势，也有严重不足。但是，如果以这次"MOOCs 运动"为契机，肯定 MOOCs 的同时，再借鉴开放远程教育多年来取得的成果和经验，完善和发展 MOOCs，并进一步结合信息化环境下的高等教育混合教学改革，从教育理论体系、技术体系、组织体系等方面科学发展在线教育大系统，的确能够加速高等教育教学的变革进程。

其次，需要从信息技术教育应用的历史观视角，客观、辩证地认识、理解和完善 MOOCs，不要过度宣传并给其贴上一个"革命"的标签。事实上，对于信息技术促进教育变革的问题，早在《国家中长期教育改革和发展规划纲要（2010—2020 年）》中就已明确指出："信息技术对教育发展具有革命性影响，必须予以高度重视。"我们国家 68 所高校的网络教育学院和 40 多所开放大学（含广播电视大学）开办的远程教育，以及传统高校数字校园中的网络辅助教学等在线教育研究和实践开展了十余年，与国际上发达国家的在线教育发展类似，在专业规划、课程建设、教学组织、支持服务、质量保障与认证、混合教学改革等诸多方面都取得了系统化的成果，正在不断加速推进信息技术与课程教学深度融合的改革。另外，历史上技术促进教育变革多次出现过要"革命"的预言，但事实一再证明往往言过其实。

再次，2013年国际上关于MOOCs发展的观点逐渐转向融合以往的网络教学务实发展MOOCs，而国内高呼MOOCs的声势却有增无减，照搬美国MOOCs课程建设模式和商业运行机制，既缺乏结合我国高等教育改革实际的教育信息化理论指导，也缺乏创新的可行方案和顶层设计，行政化打造所谓的MOOCs平台与联盟，可能会适得其反，甚至贻误科学发展在线教育的良机。所以辩证地认识和分析MOOCs，借鉴cMOOC和xMOOC各自的优点，从教育视角而非技术视角来系统梳理和创新已有的在线教育体系，站在国家教育改革的战略高度，基于系统工程思想，面向校园内学生和校园外学员、正式学习和非正式学习、正规教育与终身教育，完成我国在线教育的整体规划、顶层设计和实践指南，科学稳步地推进在线教育，才能修成正果。

记者：国际著名教育信息化专家丹尼尔（John Daniel）也对MOOCs持比较理性客观的态度，您呼吁要对MOOCs持辩证分析态度，如何辩证分析呢？

程建钢：随着信息社会的日益发展和"数字土著"一代的成长，我们会越来越发现cMOOC在学习方式上的重大创新意义和xMOOC的实践创新价值。尽管如此，也需一分为二地认识和完善xMOOC。

首先，从教学改革和商业运作模式角度，要大胆肯定xMOOC作为在线课程教学的诸多优点，包括小视频配合相应的即时在线测试开展课程教学，十分易学；模板化的课程结构易于工程化复制，规范在线课程建设；名校名课免费向全球开放，有助于推进高等教育国际化进程和全球优质教育资源的互换和共享；基于大数据的学习分析技术成果及时促进教师完善和改进教学内容，帮助学员自我调整学习计划和学习方法；基于社会性交互工具软件支持构建学习共同体，能促进学习兴趣和学习质量的提升；教学组织实施成本相对较低，加之"广种薄收"的实施策略，资本投资收益率较高。总之，xMOOC 一方面通过标准化的线上课程教学实现高水平大学教学资源受众的规模化和全球化，拓展了传统高等教育的知识传授链；另一方面社会资本和资源介入高等教育引发知识产业链"重组"，促进高等教育在信息化环境下的分工与重组变革进程。

其次，需要客观阐明 xMOOC 的课程在教学实践和技术实施方面还存在很多问题，如教学组织形式是传统课堂教学的翻版，以结构化的知识传授为主，相应继承了传统课程教学的优点和不足，这种学习方式并不完全适合分布式认知和高阶思维能力培养；从教学论的视角，xMOOC 是基于行为主义理论即"刺激—反应"理论的教学，程式化的教学模板，教学模式单一，教学设计简单，既没有分类、分层的教学目标分析，也没有满足多种学员对象的需求，难以适应高等教育众多学科和不同类别课程的具体要求；国际上现有的 40 多个 xMOOC 平台与以往网络教学平台相比，还有很多地方需要发展完善，自身尚处于"婴幼儿"阶段，不能因单门课程的注册学员多而一叶障目，过度夸大其平台的教育性和技术性功能；与以往的开放远程教育系统相比，xMOOC 仅停留在课程教学层面，缺乏数字化教学资源库和与其他教学及管理平台的数据交换共享，更与联合国教科文组织对于开放教育资源（OERs）标准的要求相差甚远；xMOOC 课程仅有不足 10% 的学员坚持完成课程学习，所以既要欣慰少数学员学有所成，也要从教育学和心理学视角关心对另外 90% 的学员造成的负面影响。所以，正如丹尼尔指出的，当前许多 MOOCs 在教学法方面还是非常传统的，教学质量也不高。

再次，xMOOC 的兴起和发展可理解为在线教育发展过程的一个新的切入点和契机。在认识层面，MOOCs 引起了国内外，尤其是国内教育部门领导、大学管理者、教师和社会公众对在线教育的普遍重视。而在实践层面，无须照搬美国 xMOOC 做法，或完全另起炉灶运动式搞一套所谓的 MOOC 系统，而是应该从整个在线教育发展的历史、成就、问题、机遇、挑战和对策的大系统，辩证认识和发展 xMOOC，从单一的"课程"层面扩展到系统的"教育"层面，从单一的"网络教学"扩展到"混合教学"。

最后，任何事物的发展都有其演变逻辑和规律。自从 20 世纪 50 年代信息技术教育应用的研究和实践开始以来，技术的进步不断促进着教育变革。21 世纪以来，基于互联网的在线教育事业发展迅速，基本形成了各级各类教育的在线教育发展框架，面向传统高等教育的校园内网络辅助教学日益普及，以面授教学与在线教学深度融合的混合教学改革正在国际上步入常态化；面向校园外学员开展学历学位教育的开放大学发展迅猛；面向终身学习者的在线培训日益成熟，如华尔街英语等。总而言之，我们需要充分借鉴多年来在线教育研究与实践的成果，积极完善和发展 xMOOC。

记者：MOOCs 对高等教育的变革能起到什么样的作用？

程建钢：首先，高等院校可以借助 MOOCs 真正推进混合教学改革。MOOCs 已经进一步使得传统大学认识到在线学习的优势和重要性，深入理解了 Bricks（砖块）与 Clicks（鼠标）深度融合是高等教育的未来，所以，要抓住这一良好的机遇，在理论体系、技术体系和组织体系等层面全方位、深度推进包括面向课程层面、专业层面和学校层面的系统化的混合教学改革。

其次，应借鉴 MOOCs 重构开放教育体系，明确高等教育职能，有所为而有所不为。基于互联网的社会生态圈已经形成，高等教育踏入了互联网生态圈之中，并与工作职业生态圈融为一体，工作目标即是学习目标。联合国教科文组织 21 世纪教育委员会发表的《教育：财富蕴藏其中》指出："人类社会正在转型，终身教育和学习型社会是唯一的答案，所有的大学都应该开放办学，推行开放教育。"因此，可以借鉴 xMOOC 在高等教育运作模式方面的探索经验，传统的品牌高校、地方高校、开放大学以及相关企业等多方参与并找准各自的生态位，重构开放教育体系，优化生态链，未雨绸缪，制定自己的应对之策。

最后，促使高等院校进一步基于信息技术、传播科技与学习科学的成果，不断优化面授教育与在线教育的课程设计，共享优质教学资源，汇聚多方资本和技术资源，强化高等院校面向社会的服务功能，走国际化合作办学的道路，从而不断提升教育教学质量。否则，不进则退，终将被淘汰。

如何发展中国的 MOOCs

记者：国内四所知名高校与美国两个 MOOCs 平台签约并发布了一批中文课程，据说还有一些学校计划跟进。对这种发展趋势您有什么看法？

程建钢：国内四所大学签约了两个美国 MOOCs 平台，具有一定的标志性意义，它意味着不仅在国际 MOOCs 热潮中有我们中国大学的位置，而且还可以提高这些高校的国际影响力，但从长远发展看，我认为非长久之计。我国在教育科研网建设、远程教育办学和网络教学实践方面已经具有一定基础和优势，面对人口众多，且在基础教育、职业与成人教育、普通高等教育和社区教育等方面存在着巨大的地区差距和数字鸿沟的具体国情，以及我国接入国际互联网的流量计费问题等因素，我觉得借鉴我国高铁发展之路可能更为合适，也就是系统地构建具有自主创新和知识产权的在线教育系统。所以，2013 年 9 月以前我曾呼吁，签约有必要，再签要谨慎，但今天我想说，无须再签了。

记者：那对于发展我们自己的 MOOCs，您有什么建议？

程建钢：首先，在认识和理解层面，我们要肯定 MOOCs 的战略意义，从"形而上"去认识 MOOCs，但是要充分借鉴国内外已经取得的研究成果，发展完善 MOOCs。在当前各方面热议或实践 MOOCs 之际，建议教育管理部门尽快组织专门研究小组，系统研究 MOOCs 与在线教育，对上、对下、对领域内、对领域外讲清楚。进一步组建专家组，制定国家战略层面上的基于 cMOOC 思想的在线教育规划与相应的顶层设计，分类指导不同地区和不同类型学校又好又快地开展在线教育。要吸取国家精品课程建设十年来在共建共享实效上不尽如人意、三年前大规模录制的视频公开课效果不是很理想的经验教训。值得指出的是，教育信息化和远程教育领域内的专家要抓住难得的机遇，积极参与并勇于讲真话，避免再出现"专家"扮演事后诸葛亮的现象。

其次，在实践层面，在线教育从整体来讲有六大核心要素：网络环境、教学平台、网络课程、资源库（中心）、应用服务、评价认证与质量保证，也就是我们通常所说的"路""车""货""库""用"和"评"六个方面，这六方面是有机的整体而不是仅仅把课程发布到网上。2013 年下半年，美国的 MOOCs 平台已经开始着手专业建设、学分认证和学位授予问题，英国政府直接把英国排名前 21 名院校的 MOOCs 课程统一搭建在英国开放大学的 Future learn（未来学习）平台上，这些都表明 MOOCs 正在开始回归开放远程教育路径。所以，应该从在线教育的六个核心要素寻求创新发展。如针对网络环境问题，需要促使互联网运营商提高网速和克服计费偏高的问题；针对教学平台，鼓励企业和高校研发具有自主知识产权的系统平台，尽量避免使用或购买国外平台；针对网络课程，建设一批具有 cMOOC 优点的高质量网络课程；针对资源库，建议政府搭台、企业参与、学校加盟，构建若干个不同办学门类的国家级资源中心；针对应用服务，建议对于校内教学开展混合教学改革，对于校外教学加速开发与共享，完善在线教育支持服务体系；针对评价与认证，既要发挥体制内高校和教育管理部门的作用，也要引入第三方评价与认证机构参与。另外，不能运动式地为 MOOCs 部署开展工作，要与教育部正在实施的"三通两平台"项目有机结合。

记者：据说你们团队提出了 U-MOOCS，相比 MOOCs 它有什么优势？

程建钢：无论是加拿大的 cMOOC 还是美国的 xMOOC，都是从课程层面探索在线教学的理念和模式。在过去的一年，我们团队首先借鉴 MOOCs，研究发布了"清华教育在线"平台的 MOOC 版。其次，试图从人类学习方式发展变迁的视角，研究适应数字化知识经济时代的在线教育体系，提出了"泛在式大规模开放在线课程教育系统"，即 U-MOOCS（Ubiquitous-Massive Open Online Course System）。

从古至今，"时时、事事、人人、处处"的泛在学习理念随着技术的进步和传播科技的发展，不断被赋予新的内涵，如今已经嵌入人们的学习、工作和日常生活环境中，呈现出情境性、真实性、自然性、社会性、整合性等特征，突破了正式学习和非正式学习、在校学习和终身学习的界限。所以，U-MOOCS 相比以往的网络教育和 MOOCs，具有七大特点：适应泛在学习方式；基于多种学习理论（行为主义、认知主义、建构主义、联通主义等）；

应用多种教学模式（讲授式、探究式、任务式、案例式和合作式等）；面向多种教育类型（基础教育、职业与成人教育、高等教育等）；汇聚丰富的开放教学资源并与其接轨；支持多系统、多终端学习环境的可重组、可扩展开放式在线教育技术系统。值得说明的是，一年来我们在 U-MOOCS 的理论研究、技术支持平台开发、在线课程建设等方面已经取得较大进展，计划在 3 个月内发布和实践，真正搭建起我们自主知识产权的 MOOCs 在线教学体系，为我国信息化环境下的教育改革和在线教育事业的发展尽绵薄之力。

（《中国教育报》2014 年 1 月 4 日第 3 版）

信息技术助力教育综合改革

——访全国人大代表、湖北省人大常委会副主任周洪宇

人物简介：周洪宇

全国人大代表，湖北省人大常委会副主任，华中师范大学教授、博士生导师，长江教育研究院院长。主要从事教育史和教育现实问题的研究。

自 20 世纪 80 年代以来，持续发展的信息技术，不仅为教育提供了新的技术手段，拓展了教育资源，推动了教育方法和模式的变革，更为重要的是为教育的发展带来了新的理念和动力，促进了教育教学变革，使教育内容、方法和模式发生了深刻变革。

20 世纪 90 年代以来，中国实施的一系列重大工程和政策措施，为教育信息化发展奠定了坚实基础。但是，面对中国教育改革发展的迫切需要，中国教育信息化应有的效能发挥不足，信息化对教育改革发展的拉动效应释放得还不完全。信息技术与教育的深度融合要着眼于国际信息技术与教育融合的最新发展趋势，建议以设立信息技术促进教育深度融合改革实验区和改革试点校的方式，分级分类推动不同地区、发展水平各异的学校实现信息技术与教育的深度融合。

进入 21 世纪以来，信息技术已渗透到经济发展和社会生活的各个方面。在现代信息技术与教育深度融合的时代背景下，信息技术将给中国教育带来什么样的影响？信息技术如何助力中国的教育综合改革？记者就此采访了全国人大代表、湖北省人大常委会副主任周洪宇教授。

信息技术如何与教育深度融合？

记者：从宏观上看，信息技术正在对教育发展产生哪些潜在影响？

周洪宇：最近三十多年，信息技术给教育发展带来了三次重大变革：第一次是 20 世纪 80 年代计算机的微型化和快速普及，以及多媒体技术的发展和应用于教学过程，对改进教育教学方法、提高教学质量和学习效果起了积极的助推作用。第二次是 20 世纪 90 年代中期互联网的发展和应用，使在线教育得到发展，不仅出现了网络学院、开放大学等依靠互联网进行教学的组织形式，还使广大学习者在终身学习的过程中，通过互联网实现了优质教育资源的共享。第三次是近几年云计算技术的发展和应用以及各种移动终端的创新和发展，大大增强了信息的存储、传输和对学习者的服务能力，并进一步突破时间和空间的限制，为人们提供更加灵活便捷的学习途径和接受高质量教育的机会。

记者：从微观上看，信息技术对教育内部改革将产生什么样的影响？

周洪宇：从教育内部来说，信息技术不仅为教育提供了新的技术手段，拓展了教育资源，还推动了教育方法和教育模式的变革，最重要的是信息技术的发展为教育发展带来了新的理念和动力，使教育内容、方法和模式发生深刻变革；信息技术可以提高学生高阶思维能力；信息技术支持有效学习；信息技术促进教师专业发展等。信息化环境下的教育将更加充分地满足学生以及教师的多样化与个性化需求，使教育更加以人为本。

记者：信息技术与教育怎样的融合才算是"深度融合"？

周洪宇：在"信息技术与教育深度融合"这个概念出现前，信息技术在教育领域的应用经过了漫长的探索，但信息技术对教育所产生的影响却不显著，教学模式、教学方法、学习方式等还未从根本上发生变化，对教育的正能量没有凸显，谈不上对教育发展产生革命性影响。信息技术与教育的"深度融合"不是一般的技术应用，而是信息技术与教育教学的相互促进。要将信息技术融入教育教学的全过程，运用信息技术逐步改变原有的教育教学过程与模式，实现从以知识传授为主的教学方式向以能力培养为主的教学方式的转变，并根据社会发展和学习者的需求，在全国乃至世界范围内选择最优质的教育资源，进一步突破传统教学活动的时空限制，提升教育教学的效率与质量，这是信息技术与教育教学深度融合的根本任务。

记者：在信息技术与教育融合越来越深入的今天，中国教育该如何应对？

周洪宇：我们必须主动适应这一转变，加快推动信息技术的全面应用，深化教育领域综合改革。无论是发达国家还是发展中国家，都在着手布局教育信息化战略，力图抢占未来发展的战略制高点。深化教育领域综合改革，是我国教育发展的战略选择，是实现我国教育现代化宏伟目标不可或缺的动力与支撑。

记者：飞速发展的信息技术对于当前正在稳步推进的教育领域综合改革有怎样的推动作用？

周洪宇：我认为，信息技术与教育深度融合是实现教育信息化、促进教育改革发展的途径和方法。

首先，信息技术与教育全面深度融合是促进教育公平、提高教育质量的有效手段。我国城乡、区域和学校之间在师资水平、办学条件上存在明显差距。如果按照常规途径解决这一问题，需要一个相当长的过程。而教育信息化能够以较低的成本，将优质教育资源数字化，并依托互联网、卫星、广播电视、移动通信网等公共信息基础设施，便捷高效地向农村和边远地区扩散，较快实现优质教育资源的共享。信息化也为提高教师专业水平创造了便利条件。

其次，信息技术与教育全面深度融合将促进教育体系的深层变革。信息技术的深度应用，带来了教育体系中教与学的"双重革命"，需要加快从以"教"为中心向以"学"为中心转变，从知识传授为主向能力培养为主转变，从课堂学习为主向多种学习方式转变。在教学方式上，通过构建网络化的教学体系，使学习方式由被动式向主动式、互动式转变，泛在学习、移动学习、个性化学习逐渐成为现实。在教学资源上，通过构建智能化的平台，提升优质教学资源的开发利用水平，使教学资源的共享成本更低、范围更广，提升学习效果和教育投入效率。在教育管理上，通过构建教学、管理、科研等信息化系统，实现扁平化管理，使教育管理更加科学精准。

再次，信息技术与教育全面深度融合是创造泛在学习环境、构建学习型社会的必由之路。国际互联网掀起的"数字化生存"风暴风靡全球，信息技术对各级各类教育的教学方式和学习方式带来了深刻的变革。学生可以通过网络开放平台，在任何自我能支配的时间、任何能上网的地点、以任何方式选择自己喜欢的课程内容。尤其是云计算技术的发展和应用以及平板电脑和手机等各种移动终端的创新和发展，大大增强了信息的存储、传输和对学习者的服务能力，并进一步突破时间和空间的限制。信息技术与教育全面深度融合是创造泛在学习环境、构建学习型社会的必由之路。一方面可以创造无所不在的学习环境，提供丰富多样的教育资源和个性化的学习支持，使所有学习者都能随时、随地、随需开展学习；另一方面可以将学习主体由在校学生向全体国民扩展，学习阶段由在校期间向人的一生延伸，再辅以学分积累、转换和认证机制，就能促进各级各类教育纵向衔接、横向沟通，打通学历教育和非学历教育的渠道，形成灵活开放的终身教育体系，为构建人人皆学、时时能学、处处可学的学习型社会提供有力支撑。

教育信息化的效能发挥不足

记者：20世纪90年代以来，我国围绕教育信息化曾先后实施过一系列重大工程，带动了不少领域的教育改革发展。当前信息技术与教育融合发展的现状如何？

周洪宇：目前，我国的教育信息基础设施体系已初步形成，城市和经济发达地区各级各类学校已不同程度地建有校园网并以多种方式接入互联网，信息终端正逐步进入农村学校；数字教育资源不断丰富，信息化教学的应用不断拓展和深入；教育管理信息化初见成效；网络远程教育稳步发展，为构建终身学习体系发挥了重要作用。

记者：您觉得目前信息技术对教育改革的拉动效应释放得如何？还存在哪些不足？

周洪宇：信息技术对于促进教育公平、提高教育质量、创新教育模式的支撑和带动作用初步显现。但是，面对教育改革发展的迫切需要，面对日趋激烈的国际竞争，我国教育信息化对教育改革发展的促进作用还存在明显不足。

一是信息技术与教育改革的布局和管理融合不够。教育信息化在国家层面的顶层规划和统筹推进还有待进一步加强。当前教育行政管理体制中，教育信息化是分散、贯穿于各业务部门中，导致部门之间各自为政、分散管理，不利于教育信息化建设中协调各方关系、整合多方资源，难以建立现代化、整体性的教育信息系统。

二是我国农村和边远山区教育信息化水平依然相对薄弱，我国目前还有近 7 万个地处边远山区的教学点，大部分农村中小学在学校条件、师资水平、教育质量等方面与城市学校有很大差距。

三是信息技术在促进学习效能、促进教育公平、提高教育质量上作用不明显。当前许多地区、部门、学校领导和教师以及社会公众把信息技术看成是教育发展的条件和保证，投入巨资实现了基础设施信息化后却发现教学质量并没有提高多少。

四是信息技术与教育教学资源共享机制尚未健全，信息技术在促进优质教育信息资源共建共享、促进教育公平中的作用没有充分发挥。

五是信息化实践教学水平不高、创新性不够。信息技术在促进学习效能和提高教学质量上作用不明显。信息技术应用于教育、教学过程很多还停留在用技术去改善"教与学环境"或"教与学方式"的较低层面上，尤其在利用信息技术改革传统的教学模式，实现教学内容、方法和过程整体优化的教学实践探索还不够。信息技术在促进学习效能和提高教学质量上作用不明显。

六是信息技术对创新人才培养的支持力度亟待加强。目前，随着信息技术与教育教学的融合不断深化，翻转式课堂、分散合作互动式学习、扁平化学习和即时性学习、游戏化学习等被广泛用于创新人才培养。但反观我国高等教育现有的人才培养，无论是人才培养理念、课程内容，还是教学方式、学习方式都存在一些弊端，这些弊端对信息技术与教育教学的深度融合提出了新要求——在信息技术创新人才培养等方面还有待进一步加强。

七是利用信息技术优势促进德育改革的探索和尝试不够，对信息技术带来的负面影响解决的办法还不够多。

八是中小学信息化素质教育综合评价体系还不完善。

九是统筹管理比较薄弱，各级教育行政部门和各级各类学校的教育管理基础数据分散，不能支撑教育管理现代化需要。

十是教育信息化运行维护与支持服务体系等有待完善，教育信息化投入经费有限，经费保障机制不够健全。

信息技术与教育如何贯通"最后一公里"？

记者：在当前国家深入推进教育综合改革的大背景下，信息技术如何实现与教育深度融合、最大限度地发挥对于教育改革的牵引和拉动作用？

周洪宇：当前，我们必须清醒地认识到，加快推进信息技术与教育的深度融合、以教育信息化推动教育现代化势在必行、刻不容缓。我们必须充分发挥信息技术对教育发展具有的革命性影响作用，以教育信息化带动教育现代化，深化教育领域综合改革，推动教育事业跨越式发展。

具体而言，我建议今后一定要加强组织领导和统筹协调，大力整合各种资源，以发展信息技术促进教育改革，可在国家教育体制改革领导小组的统领下，建立教改工作各相关部门的协同配合机制，教育部负责统筹规划、部署、指导全国教育信息化工作。

同时，要处理好政府和市场的关系，重视发挥市场配置资源的决定性作用，尤其是在优质资源建设上，鼓励企业和社会力量投资、参与教育资源建设与服务，把市场配置资源的优势充分发挥出来，把企业等机构专业化服务的优势发挥出来，积极鼓励企业加大力量投入，通过适当的机制和政策引导，形成企业搭平台、政府和学校买服务的有效运行机制。

在此基础上，建议国家实施"农村教学点网络联校"工程，利用信息技术扩大优质教育资源覆盖面；加强政府对资金的统筹分配，分步逐校实施工程，统筹使用中央、省级财政投入资金，把支持均衡发展的经费倾斜投入实施"农村教学点网络联校"工程；探索教学点"数字教育资源全覆盖"应用模式，采取"多点支撑、资源共享"的模式，以中心学校带动教学点，建设"专递课堂"，提升教学点资源应用水平。

同时，建议国家一方面构建网络化的学生综合素质评价体系和平台，促进招生考试制度改革；另一方面利用信息技术创新人才培养模式，促进学习革命，打通信息技术促进教育改革与发展的"最后一公里"区隔，推动信息技术与教育的深度融合，促进优质教育资源共建共享，以信息技术与教育的深度融合为契机，推动教育管理体制变革，推进教育治理体系和治理能力现代化，创新人才培养模式，迎接新一轮科技革命与产业变革。

记者：您提出国家要利用信息技术实施"农村教学点网络联校"工程、扩大优质教育资源覆盖面的建议。但是，中国教育发展的现实是，城乡之间、不同区域之间存在巨大的差异，即便利用信息技术，也不一定能完全消除这种差异，而且各地都有其自身的特点。您觉得，如何解决这个问题？

周洪宇：确实，目前国内教育信息化发展很不平衡，而在国际教育信息化发展迅猛的格局下，要求所有地区选择同一个模式推进信息技术与教育的深度融合是不切实际的。信息技术与教育的深度融合，除了要考虑"利用信息技术手段扩大优质教育资源覆盖面的有效机制，逐步缩小区域、城乡、校际差距"的国情，还要着眼于国际信息技术与教育融合的最新发展趋势。

因此，我建议，分级分类推动不同地区、教育信息化发展水平各异的学校实现信息技术与教育的深度融合，并选择不同教育信息化发展水平的区域、不同类型和层次的学校，开展教育信息化建设与应用试点，建设一批信息技术与教育深度融合改革实验区与改革试点校，探索信息技术对教育改革和发展产生革命性影响的新思路、新方法与新机制。

（《中国教育报》2014 年 3 月 4 日第 3 版）

如何拥抱大数据时代

——访中国人民大学中国调查与数据中心主任袁卫

<table>
<tr><td>人物简介：袁卫</td></tr>
</table>

中国人民大学中国调查与数据中心主任，曾任中国人民大学常务副校长。现任第六届国务院学位委员会应用经济学学科评议组、统计学学科评议组召集人，教育部社会科学委员会委员、中国统计教育学会副会长兼高校分会会长、全国应用统计专业硕士教育指导委员会常务副主任。

什么是大数据？也许你不能准确地给它下一个定义，但是，你知道或者不知道，它就在那里，已经渗透到你工作、生活的方方面面。我们该如何应对这场被一些人称为"第四次科技革命"的全球新竞争？又如何培养适应大数据时代要求的高层次人才？日前，记者就此采访了中国人民大学中国调查与数据中心主任、中国人民大学原常务副校长袁卫教授。

中国拥有数据资源优势

记者：对于老百姓而言，大数据还是个新词汇，能否介绍一下大数据产生的时代背景以及目前国内外研究、应用的状况？

袁卫：在 20 世纪 80 年代初，大数据的概念和相关应用就已出现，但是它深入社会和百姓的视野，则是最近几年的事情。2012 年，美国由白宫牵头，启动了一个"大数据发展计划"，这个计划的推出被视为进入大数据时代的标志性事件，其重要性堪比 1992 年美国政府推出的"信息高速公路计划"（被视为进入网络时代的标志）。与此同时，欧盟各国陆续开放了很多政府数据，日本也启动了一个大数据项目，联合国 2012 年发布大数据报告，全球掀起了大数据研究和应用的热潮。

大数据的发展，是以网络和计算机技术的高速发展为依托的。1965 年英特尔创始人之一摩尔先生提出，未来的网络计算机发展，大体上每隔 1～2 年，等面积集成电路中的晶体管数量将会增加一倍，即计算速度会提高一倍，同等的计算，成本会降低一半。经过近 50 年的实践，摩尔先生的预测被证实，摩尔先生的预测被称为"摩尔定律"。计算机和网络科技的高速发展，使得大量网络数据，包括音频的、视频的、图片的、文本的各种各样的数据得以保存并转化为我们可以深入分析的数据。于是，大数据的研究和应用也就水到渠成了。

记者：在大数据这个领域，我们和发达国家的差距大吗？

袁卫：20 世纪八九十年代，我们在很多科技领域和国外差距很大，但是进入互联网时代以后，这种状况逐渐改观。进入大数据时代，我们可进一步缩小与美国等科技发达国家的差距，甚至具有后发优势，原因有三个方面：其一，在互联网时代，各种最先进的技术可以快速传播，基本上可以做到全球同步；其二，和微软的操作系统等软件不同，大数据绝大多数软件是开源的，很多网络技术也是公开的，中国的科学技术与教育工作者，只要具有足够的智慧和能力，完全可以追赶甚至在某个领域超过美国；其三，我们在数据资源上具有优势。中国有 13.5 亿人，13.5 亿个活动主体组织了各种社会经济关系，建立起各种社会、网络联系，在各种社会经济活动中产生大量的数据，这些数据是可以充分挖掘的资源。我们起步稍晚，但是具有后发优势，在某些领域甚至可以达到国际先进水平，比如中国推进的智慧城市建设就很不错，还有微信社交平台、阿里小贷等，体现了中国的特色。

统计学科迎来"最好的时期"

记者：您是统计学方面的权威专家。在您看来，大数据对于统计学的发展有何影响？

袁卫：统计学就是数据科学，大数据对统计学的发展影响巨大。我个人认为，大数据对于统计学的发展，既是机遇又是挑战。

说它是机遇，是因为大数据研究和应用会带来大量人才需求，这对统计学的发展是一个巨大的利好，可以说，目前统计学发展正处于历史上最好的时期。这几年，从全国范围看，统计学专业毕业生就业状况都不错，今后会更好。

说它是挑战，是因为大数据可能部分颠覆传统的统计方法。比如有人认为，传统的统计方法讲究抽样，但是大数据使得我们可以对接近总量的数据进行分析，这样进行抽样调查的需求就会减少；还有人认为，传统的统计分析注重因果关系，但在大数据情况下，只需明确两者之间有关系即可；另外，过去强调分析的准确性，而在大数据情况下，允许存在一定的误差；等等。

我认为，大数据对统计学带来的上述挑战确实存在，但是不会导致传统抽样调查的需求减少。因为大数据虽然数据量很大，但绝大多数情况下这些大样本都不是随机的，推断总体都有系统偏差，因而抽样调查等统计方法仍然是不可取代的。此外，在很多时候，科研和商业应用、科学决策还是需要进行准确的统计分析的。

从人才培养的角度看，统计学在教学内容、教学方法、人才培养模式等方面需要进行变革，以适应大数据时代的人才素质要求，这是统计学科发展面临的另一挑战。大数据应用是把双刃剑。

记者：大数据在商业以及城市安全防范等领域已经有很多成功的应用案例，大数据将会给教育领域带来怎样的变革？

袁卫：大数据将对教育产生非常深远的影响。目前可以预见的，我想主要有两个方面。一是通过大数据，分析学生成长环境、兴趣爱好、能力特长等，有利于教育者对学生加深了解，有利于因材施教，使得根据学生个人兴趣、特长、能力进行个性化教育成为可能；二是带来教学内容、教学方式方法上的改变，立体化教学、案例教学、互动教学等方式的运用使得教学更加生动，MOOCs（慕课）就是大数据时代教学变革的一个例子。大数据可以促进全世界优质教育资源共享，发挥每个教师的优势特长。

记者：但是，大数据的广泛应用，可能会导致侵犯他人隐私的情况发生，对此您怎么看？

袁卫：在大数据时代，个人的相关数据信息轻易可得，个人隐私越来越不安全。其实不仅仅是个人隐私，包括国家安全和企业的商业机密，也受到很大的威胁。怎么办？我认为对于国家而言，一方面要积极推进数据对外开放，凡是不涉及个人隐私、国家安全和商业机密的数据，都应该公开，这样才能避免形成数据孤岛，充分发掘和利用数据资源；另一方面，在开放数据的同时要加强相关立法，这两个方面是互相补充的，只有这样，才能赶上时代发展的步伐，充分发挥我们这个人口大国、经济大国的数据资源优势。

从个人的角度讲，要加强个人信息防护意识，在上网发布相关信息时，要了解哪些是可以发的，哪些是不能发的，以免给自己带来困扰。

两个"交叉"探索人才培养之道

记者：据了解，中国人民大学、北京大学、中国科学院大学、中央财经大学和首都经济贸易大学五所高校组建了一个协同创新平台，以"应用统计专业硕士"为载体培养大数据分析方面的人才。为何要采取这种多校合作的培养模式？

袁卫：之所以采用这种协同创新、五校合作的培养模式，完全是由大数据人才的特点决定的。第一个特点，大数据人才是多学科交叉型人才，不是某一个学科可以单独培养的。大家知道，现在进行数据分析，要有数据库和软件等计算机方面的知识，还要有数学和统计方面的知识和能力。这就涉及中国学科体系中"统计学"和"计算机科学与技术"两个一级学科。培养出的毕业生到了工作单位，可能还需要财经、新闻、生物医学和管理等方面的知识。所以，大数据人才的培养，也需要计算机、统计学、数学等多学科共同参与。

第二个特点，这是一类应用型人才，必须重视实践环节。他们毕业后不是去做研究，而是投身业界，要能很快上手。这样的人才培养，不是仅在学校、实验室、研究室里就能够培养出来的，而是要到实践中去，解决实际问题。因此，这个协同创新平台，不仅有五所高校参与，还有人民日报、新华社、中央电视台等十余家媒体，中国移动、中国电信、中国联通、百度、阿里巴巴、腾讯等大数据公司和用人单位，包括云计算的一些基地共同参与，是一个"政、企、产、学、研"一体的人才培养平台，也就是说，人才培养环节是交叉的。

还有一点需要指出，为什么把人才培养的层次定位于硕士？目前全国有200多所本科院校开设统计学专业，75所高校设有统计学博士点，78所高校开办"应用统计硕士"专业学位。在大数据时代，我们改革最急需的人才是硕士层次的，正好我们有"应用统计专业硕士"这样一个新的专业学位，利用这样一个协同创新平台来培养大数据人才，也与专业学位的改革精神相一致。

记者：这个大数据人才的培养方案，如何体现出"两个交叉"？

袁卫：五所学校参与培养，就是出于学科交叉的考虑。中国人民大学统计学院的学科、专业设置是综合的、应用的，理论和应用兼而有之，应用领域涉及卫生、健康、经济、社会、管理等，总体实力较强。而北京大学和中国科学院大学，大家都知道，他们在计算机、数学和统计理论研究方面相当强，掌握大数据分析技术的前沿。中央财经大学和首都经济贸易大学是财经类为主的院校，这两所学校侧重于应用人才的培养，特别是面向经济、管理、社会这样的领域。他们和很多行业企业、金融机构有着密切联系。这五所高校分别属于教育部直属高校、中国科学院的高校和地方高校三种类型，各有特色，优势互补，能够建成一个很好的、学科交叉的人才培养协同体。

培养环节的交叉，主要体现在企业、用人单位的参与上。上面提到，有这么多的大数据企业、媒体单位参与合作。他们把实际工作中遇到的问题带来，大家一起研究解决；他们把企业运作过程中产生的大数据拿过来，学生直接用这些真实的数据进行训练和研究。

记者：据了解，对这批大数据人才的培养，将采取团队教学的方式？

袁卫：我们经过多次研讨，并参考了美国顶尖的 20 所大学大数据人才培养的方案和课程，确定了"大数据分析计算机基础""大数据分析统计基础""大数据分布式计算""大数据挖掘与机器学习""非结构化大数据分析"和"大数据建模案例研究"六门必修核心课程。每门课程不是由一位教师来上，而是一个教学团队，五所学校各选一名最优秀的教师，然后五位教师一起研究一门课程、同上一门课程，而且还有大数据企业的专家参与。初步估计，每门课程的教学团队会在 10 个人左右。教学方式也有别于传统的课堂讲授，会采取案例教学和讨论班的方式，也可能是一个团队共同完成一个项目。我们还采取双导师制，两位导师一位来自大学，一位来自企业界，50 名学生，就有 100 名导师。在这个协同创新机制里，还有一个特点，就是采取个性化的教学方式，从生源来看，首批学生主要来源于计算机和统计两个学科，计算机专业背景的本科生进来后，将重点加强统计分析能力的培养，而统计、数学、物理等专业背景的本科生进来后，将重点加强计算机、大数据软件等方面的学习。

"黄埔一期"的历史使命是探路

记者：目前国内大数据方面的人才供求情况如何？

袁卫：2012 年美国麦肯锡咨询公司提供了一份报告，对美国大数据人才需求进行了分析。他们把大数据人才分为两类，一类叫作"数据经理或数据工程师、数据分析师"，另一类叫作"数据科学家"。数据科学家熟练掌握计算机、统计、经济管理等技能，能够领导团队从海量数据中找出规律、发现知识、做出决策、创造价值。根据麦肯锡的报告，到 2018 年，美国数据分析师的人才需求将达 150 万人左右，高层次的数据科学家的需求缺口在

14～18万人。中国的情况是，目前在百度、阿里巴巴、京东等电子商务企业和腾讯等网络媒体大数据公司中有一些大数据方面的人才，但是能称得上大数据科学家的人才，非常之少。我国相关部门预计三到五年内，来自政府、媒体、企业等方面的数据工程师和数据分析师的需求将达100万人左右，而目前的人才培养，无论是规模还是质量水平，都远远达不到要求。

记者：首批50人的培养计划，只是一个试点探索。对于大规模培养大数据人才，您有什么建议？

袁卫：在大数据时代，数据分析越来越成为我们工作生活中一个最基本的技能。大数据人才的培养，正是基于这样一个时代的发展背景。大数据人才的适用领域非常广泛，有着巨大的社会需求。他们的就业遍及生物、医学、经济、社会、媒体、金融、教育、政府各个方面，只要有数据的地方，他们都可以施展才华。这个实验班，其意义在于探索一种新的人才培养模式。如果实践证明比较成功的话，我们"应用统计硕士专业学位教育指导委员会"会推动这一模式在全国推广，比如上海的一些学校2014年就希望送学生来学习。将来大城市的一些高校，完全可以参考我们这个实验班的模式。现在全国有78所高校开办应用统计专业硕士，他们绝大多数都有条件开展类似的人才培养，都可以进行积极探索，相关企业参加的积极性也非常高。

记者：对于"黄埔一期"的这50名幸运儿，您有什么期待？

袁卫：我希望他们毕业后，到用人单位经过几年的锻炼，能够主管大数据研究项目或大数据分析部门，成为数据科学家这个层面的高级人才。这类高层次的大数据人才是国家最紧缺的。探索培养高层次大数据人才的路径、满足国家日益增长的需要，这是中国人民大学等五校组建大数据人才培养协同创新平台的目标和使命。

有趣的大数据应用案例

PRADA 的试衣间

PRADA（普拉达，一个意大利的奢侈品牌）在纽约的旗舰店中每件衣服上都有 RFID（射频识别）码。每当一个顾客拿起一件 PRADA 衣服进试衣间，RFID 会被自动识别。同时，数据会传至 PRADA 总部。每一件衣服在哪个城市哪个旗舰店什么时间被拿进试衣间、停留多长时间，数据都被存储起来加以分析。如果有一件衣服销量很低，以往的做法是这件衣服直接下架不再销售。但如果 RFID 传回的数据显示这件衣服虽然销量低，但进试衣间的次数多，也许这件衣服的下场就会截然不同，也许对某个细节做微小改变就会重新创造出一件非常流行的产品。

中国的粮食统计

中国的粮食统计是一个老大难的问题。传统的统计办法依靠统计人员层层上报，水分很大，数据的真实性令人怀疑。在前两年北京的一次会议上，原国家统计局总经济师姚景源讲述了他们是如何进行粮食统计的。他们采用遥感卫星，通过图像识别，把中国所有的耕地标示、计算出来，然后把中国的耕地网格化，对每个网格的耕地抽样进行跟踪、调查和统计，然后按照统计学的原理，计算（或者说估算）出中国整体的粮食数据。这种做法是典型的采用大数据建模的方法，打破传统流程和组织，直接获得最终的结果。

公安部门的"犯罪地图"

作为 2014 年亚太经合组织（APEC）领导人非正式会议的举办地，北京市怀柔区警方通过运用大数据、云计算和科学分析模型，整合历年案件信息，建立了犯罪数据分析和趋势预测系统，能够预测犯罪趋势，指导警力投入。这套系统共收录了怀柔区近九年来 1.6 万余件犯罪案件数据，通过标准化分类后导入系统数据库，同时采用地图标注，将怀柔分成 16 个警务辖区，抓取 4700 余个犯罪空间坐标，实施空间网格编号。

通过对越来越多数据的挖掘分析，某一区域的犯罪率以及犯罪模式都将清晰可见。大数据可以帮助警方定位最易受到不法分子侵扰的区域，创建一张犯罪高发地区热点图和时间表。

（《中国教育报》2014 年 6 月 30 日第 5 版）

第四部分

教育改革与人才培养

唤醒流动儿童心中的"白天鹅"

——访联合国儿童基金会大使、阳光文化基金会主席杨澜

人物简介：杨澜

> 著名电视节目主持人及企业家。曾被评选为"亚洲二十位社会与文化领袖""能推动中国前进、重塑中国形象的十二位代表人物"。现任阳光媒体投资控股有限公司主席，并担任联合国儿童基金会大使、阳光文化基金会主席。

2003年5月29日下午1点，清华大学内新清华学堂某嘉宾室，清瘦干练的杨澜风风火火走进来，一眼便看到带着打工子弟过来参加汇演的同心实验学校校长沈金花，立即热情地张开双臂，和她来了个大大的拥抱。在简单与中央芭蕾舞团团长冯英握手寒暄后，杨澜满脸笑容，一边接过冯团长的话茬，连说两个"值得"，"值得！人的成长，比什么都值得"，一边转身坐下，开始接受记者的采访。当天，由中国红十字基金会阳光文化基金与中央芭蕾舞团联合举办的"阳光下成长——与芭蕾共舞"大型文艺演出举行，北京市两千多名流动儿童观看了中央芭蕾舞团、阳光文化基金会旗下"阳光少年艺术团"和"阳光艺术教室"公益项目的流动儿童共同表演的节目，与芭蕾共舞，让孩子们近距离了解芭蕾、欣赏芭蕾艺术。

每个孩子，包括流动儿童的内心深处都有那种很尊贵、很美好的东西，艺术教育就是要让这些正能量有机会成长。这对他们的人格成长、情操陶冶会带来终身影响。

把艺术教育带给缺少机会的流动儿童

记者：是什么原因促使您关注流动儿童这个特殊群体，关注他们的艺术教育？

杨澜：居住在大都市里的人常常会忽视，在我们的身边，有许多流动儿童。北京就有30多万名流动儿童，你平时见过他们吗？很少！因为他们聚集在我们称之为"都市的村庄"的地方，譬如像石景山区、大兴区等区（县）的城乡接合部。他们虽然居住在北京，但是他们没有去过国家大剧院，没有去过天安门广场，更没有去过城里孩子都去过的儿童剧场、木偶剧院。很多孩子甚至没走出过他生活的街区。有一次我们的志愿者带着孩子进城参观，走的是中轴路，路过永定门，孩子们就高呼"哇，天安门"，路过前门，又喊"天安门"，只要见到一个古建筑，都认为是天安门。

这些孩子没有机会接触外界，也无从发现自己的兴趣，天赋也许就在萌芽中枯萎了。我们去一些打工子弟学校，发现数学教师、语文教师，包括烧锅炉的都是同一个教师。在这么简陋的条件下学习，流动儿童根本无法接受比较完整的教育。可能有些人说他们只要学学数理化就行，但是我不这样认为。我觉得，特别是在青春期和更早期的教育中，孩子整个身心发育应该是全面的。艺术教育是整个教育不可割裂的一部分，接受艺术教育应该是每个孩子应有的权利。

我们希望把艺术教育带给那些缺少机会的流动儿童，这不是唱歌跳舞那么简单，而是要对他们的人格成长、情操陶冶带来终身影响。要通过艺术教育，让他们知道自己是有权利享受艺术的，大大拓宽他们对人生的期待，这种好处远远大过他学到了多少书本知识。

记者：他们是不是对艺术教育非常渴求？

杨澜：其实，每个女孩子的心里都有一只白天鹅，每个男孩子的心里都有一个小王子，只是他没有机会站出来（表达、体现出来），你要给他这样的机会。我觉得，每个孩子，包括流动儿童的内心深处都有那种很尊贵、很美好的东西，艺术教育就是要让这些正能量有机会成长。

　　艺术教育离流动儿童并不远。他也许唱歌会跑调，但是他快乐的时候，也会哼哼几句。2007年，"与芭蕾共舞"活动刚启动之初，有个男孩子，不善于与人沟通，言语不和就拳脚相加，连对老师都敢动手。可这样一个孩子，也想报名参加与中央芭蕾舞团的合作演出，老师没让他参与，说他没有团队精神，这下把他给惹急了，嘟囔着"怎么能够把我排除在外呢"。为了证明自己有能力、有资格参加，他不仅刻苦训练，而且学会跟同寝室的伙伴搞好关系。从这里面，就可以看出他对艺术表达的渴望。

　　流动家庭的家长对活动都非常支持，争先恐后送孩子报名参加"阳光少年艺术团"。有一次，我们组织流动儿童到国家大剧院观看表演，看到孩子们坐上现代化、非常漂亮的大巴车，家长们都觉得特别骄傲，逢人便说"今天我家孩子去国家大剧院看演出了"。

学会了艺术，就学会了表达爱和安慰

　　记者：您从2007年开始关注流动儿童艺术教育，2010年还曾就此向全国政协提出提案，您能讲讲艺术教育给孩子们带来的变化吗？

　　杨澜：我记得刚开始办"阳光少年艺术团"时，我跟孩子们接触，提出一个问题：我们用它来做什么？孩子们摇摇头，我问他们，你们怎么跟爸爸妈妈表达爱，他们说"抱抱"，我就跟他们说，如果你会唱歌、会跳舞、会乐器，就要用它来表达爱，向爸爸妈妈表达爱。艺术是情感表达的有效方式，学会艺术，就会多一种方式跟别人沟通，同时还可以得到内心安慰。我们的志愿者调查发现，流动家庭不仅物质比较匮乏，孩子在生活上缺乏安全感，亲子之间的情感交流也非常匮乏。父母早上5点钟出去摆摊，晚上回来累得不行，亲子间缺乏有效的情感沟通。有个孩子父亲是拉板车、打零工的，父亲过生日时，在吉他班学会弹吉他的孩子给父亲弹了首生日快乐歌，这个男子汉立即泪流满面，他说："从来没想过孩子会用这种方式表达对我的感情，我们从来没有这样的情感交流。"

　　我常常想起另一个故事，特别难忘。2007年，首场与中央芭蕾舞团合作

"与芭蕾共舞"结束后，参加演出的几个男孩，每人拿着一朵玫瑰花，像小绅士那样站在那里，齐刷刷递给我，让我受宠若惊，那种感觉非常美好。在这些孩子的生活中，用玫瑰花来表达感谢，不是他们的习惯，但如果他会用这种方式表达他的心情和爱意，那一定跟过去是不一样的。我们组织孩子们观摩、学习芭蕾艺术，最重要的是想跟孩子们说——你是很尊贵的。

在"与芭蕾共舞"的过程中，无论是孩子观摩，还是他们亲自参加各种初级培训，其实都是为了让孩子的自尊得到加强。芭蕾是挺拔、自尊的艺术，体现挺拔、自尊的心理姿态。芭蕾艺术告诉孩子们：我是美的、尊贵的、值得尊重和欣赏的。这样给孩子心灵上带来的成长，比他会不会跳那些高难度的动作要重要得多。如果他学会了艺术，他安慰心灵、表达爱，就非常容易。

记者：这种艺术教育，对流动儿童融入城市有什么作用？

杨澜：这些流动儿童，成长很快，读完初中可能就进入社会。现在对他们进行艺术教育，等他们长大后，因为过去曾得到过一种非常平等、真诚的关怀和帮助，他们会有美好的回忆，对这个城市有亲切感。这对社会凝聚、认同非常重要，如果他们感觉是被排斥、被施舍的，那样的感觉实在是太糟糕了。

有一个阳光少年艺术团弹吉他的孩子，他原来的理想是当一名音乐家，去年初中毕业以后，像很多同龄人那样，加入了打工者大军，在北京一个餐厅做洗碗工，志愿者回访找到他，再次问他的理想是什么，他告诉志愿者，现在的理想是当一名大厨，还说："我今后的厨艺肯定特别棒，而且我不用地沟油。"志愿者继续问他，花了这么长时间学吉他那不是白学了？他说："没有啊，下班之后特别累了，我就自己弹弹吉他，这是一种休息方式。"而且因为会弹吉他，打工的小伙伴都跟他特别好。他还告诉志愿者："以后我无论干什么，音乐都会永远陪伴我。音乐是我一辈子的朋友。"

我们通过艺术教育，一是要告诉流动儿童，城市对他们不是封闭的，而是欢迎他们的；二是让他们在跟城市孩子交流时，至少能够有共同的话题，说我也去看过我国最高级别芭蕾舞团的演出，这对他幼小的心灵而言，是一种非常美的展示和体验。

不培养天才，让艺术成为孩子一生的朋友

记者：与其他群体的艺术教育相比，流动儿童的艺术教育有什么不同和特色呢？

杨澜：我们关注流动儿童的艺术教育，不是为了发掘一两个天才艺术少年，培养一两个郎朗，或者让孩子们学会一两个技能，而是要通过艺术教育的渠道，让他们把美作为人生的启蒙，让艺术成为他们一生的朋友，实现流动儿童的人格成长、社会融入。

艺术教育首先是情感和心灵的教育，所以一定要基于更先进的教育观。也就是说，不要把孩子作为某种工具，只是教给他们某种谋生技能，而是要把他们看作可以自由全面发展的个体，应该从个体的发展机会去看待流动儿童的艺术教育。在艺术教育过程中，流动儿童受到了尊重，他们的创造性、积极性、参与性得到体现并被激发出来。通过艺术教育，我们要培养的是现代社会公民，而不是摇头摆尾、取悦观众的小演员。

你去看我们的孩子，他们都很大方、朴实。我们不需要他们假模假样，我经常跟合唱团的老师说，我们不需要孩子们涂着红脸蛋、装腔作势，我们只想让他们很自由地表达。

记者：怎么做到让孩子自由自主地表达呢？

杨澜：待会演出，你会听到阳光少年艺术团的孩子们用法文、中文两种语言演唱"放牛班的春天"，其中，中文的歌词，是孩子们坐在一起，在老师的指导下，自己翻译出来的，这非常不容易，他们是有参与的。

现代艺术教育的理念，不是传统的、单向的、灌输式的艺术教育，而是更加开放、更具参与性，鼓励孩子们的主动性，以及他们是自己命运主人的这种拥有感。通过艺术教育，让他们知道，自己拥有全面发展的机会，自己想要去实现什么梦想，都是有可能的。这种理念的影响，可能会比他们学会唱几首歌、跳几支舞更重要。

记者：很多城市孩子被家长强制学习唱歌、跳舞，为了升学、考级，很功利也很痛苦，对于这种现象，您怎么看？身为母亲，您对自己的孩子会不会有更高的期望？

杨澜：没有，没有。我对自己的孩子，只是希望他能找到自己喜爱的艺术方式。儿子小的时候，我也强迫他学钢琴。直到有一天，他跟我讨价还价，说："妈妈，考完四级后，我能不能不学了，我实在是不喜欢。"我尊重他的意见，就不学了。后来，我发现，孩子有他自己的天性，他的喜好必须得到父母的尊重，我儿子画画很好，所以我就更多地鼓励他去看画展、画册。

从这件事情，我得到的教训就是，家长和老师不能够这么想：只要是对孩子好的，就可以把自己的意志强加给他。艺术教育的过程，也是家长尊重孩子，并且让孩子参与进来的过程。学习艺术，孩子有很多机会和那些生动、多元同时也很高贵的灵魂对话，他们学到的东西会很多。我儿子上高中后，曾经去做志愿者，教智障学生画画，在这个过程中他学到很多东西。这些智障的孩子，没法理解抽象的概念，比如说家庭，为了让他们理解，我儿子就把"家庭"这个抽象的概念具体化为"在一起吃饭"，让智障儿童把一家人吃饭的场景画出来，大家画得都特别棒，我儿子也特别有成就感。他后来写总结论文时说："我原来觉得是我在给予他们，后来才发现他们给予我的那种真诚的友谊，让我也非常受益。"

作为一个民间的公益组织，我觉得，我们所做的工作，应该跟现有教育服务体系相互补充、相得益彰，而不是相互重叠。

政府与公益组织相互补充，共同关爱流动儿童

记者：流动儿童在接受艺术教育、融入城市的过程中，会遇到他们所接受的新文化与自有文化之间的冲突和矛盾，您怎么看待这个问题？

杨澜：这涉及流动儿童艺术教育的具体操作问题，阳光文化基金，包括我们的合作伙伴，打工子弟学校的老师、校长们，以及歌路营的志愿者，对

孩子们都非常平等，特别友善，非常尊重孩子的自主权利。

例如，歌路营志愿者在执行我们帮助流动儿童启发式的绘画教育项目时，孩子们最初画的图画都跟他们的老家有关，但是他们只能用最简单的线条和色彩来表达对家乡的热爱，后来他们有更多技能时，他们对家乡的描绘就更加绚丽、生动。我们的教学方法，不是说天一定是蓝色的（北京的天很多时候也不是蓝色的），太阳一定是红色的，而是让孩子看各种画，达利的画、印象派的画、抽象派的画，让孩子们天马行空地创作。你会发现，一个学期结束之后，孩子们画出来的画，会让大人们非常吃惊。他们的表达能力、创造能力，摆脱了以往呆板、教科书式、千篇一律的模式，打开了自由发挥的空间，所以这种平等、自主、自由理念的融入，是我们非常看重的。

记者：您在国外待了这么多年，从国际经验看，有没有专门针对弱势儿童、边缘青少年的音乐救助项目？

杨澜：美国有个做了30多年的"舞蹈教室"项目，针对大中城市贫民区的少年，做得非常成功。他们对所有接受过"舞蹈教室"艺术教育的孩子做了跟踪调查，发现跟同年龄、在类似生活环境成长起来的孩子相比，这些孩子有机会得到更好的职业，受到更好的教育，有更好的收入，以及更为稳定的家庭关系。他们研究发现，艺术教育对于整个人格发育以及各种能力，包括沟通能力、社交能力以及未来融入社会的竞争力等方面，都有很大的帮助。

在巴西，也有专门针对贫民窟青少年的音乐计划，当中产生了一位天才，现在成为洛杉矶交响乐团的指挥。这位音乐家在接受CNN（美国有线电视新闻网）采访时说，音乐让他进入美好、安全的空间。当他们放学之后，不跟街上的小帮派打架，而是到音乐世界体会莫扎特、贝多芬，体验人类灵魂的高尚和美好，他们得到的是完全不同的体验。

这些计划，都是在国际上相当成功的计划。艺术教育对于流动儿童的重要影响，是被一再证明了的。尽管国度不同，但人性是相通的，流动儿童的艺术教育是有一些规律可以相互借鉴的。

记者：这些音乐救助项目，包括您从事的工作，对引导全社会关爱流动儿童有什么启示吗?

　　杨澜：不需要说这么大。作为一个民间的公益组织，我觉得，我们所做的工作，应该跟现有教育服务体系相互补充、相得益彰，而不是相互重叠。所以，我们并没有进入具体的基础教育领域，对孩子们进行知识教育、技能教育，这些内容在国家教育体系中已经有强有力的保障，我们只是做一些补充。流动儿童的艺术教育，以及其所体现的价值和意义，可能是现有教育体系所忽略的，所以我们就专注做这方面的工作。

　　我们计划 2013 年在北京、成都建 16 间阳光艺术教室，给每个打工子弟学校配备 12 万元的艺术硬软件和管理评估配套资金，形成标准化、可管理、可拓展的模式，就是想把这个模式完善之后，向前推进，向更多城市推广。

　　　　　　　　　　　　　　　　　　（《中国教育报》2013 年 6 月 1 日第 3 版）

创业者应具备四维知识结构

——访中国科学院大学管理学院院长成思危

人物简介：成思危

　　曾任民建中央主席，第九届、第十届全国人大常委会副委员长。曾任中国科学院大学管理学院院长、中国科学院虚拟经济与数据科学研究中心主任、华东理工大学名誉校长。主要著作有《中国经济改革与发展研究》（第一集、第二集）《成思危论金融改革》《成思危论风险投资》等。

　　2013年10月25日，国务院常务会议提出推进公司注册资本登记制度改革，明确了放宽注册资本登记条件等五项内容。新规定取消了有限责任公司最低注册资本3万元等限制，同时放宽市场主体住所（经营场所）登记条件，由地方政府具体规定。社会普遍认为，此次制度的调整有利于降低创业成本，将进一步激发民众的创业热情。

　　高校毕业生是创业大军中一支不可忽视的重要力量。近年来，教育部和其他相关部门出台了一系列政策，鼓励支持高校毕业生自主创业。创业者应该具备什么样的素质？大学生如何实现由学生向企业管理者的角色转换？高等教育又该如何培养创业者？围绕这些问题，记者采访了著名学者、曾担任全国人大常委会副委员长和民建中央主席、被誉为"中国风险投资之父"的成思危先生。

发展创业经济，推动经济转型

记者：最近国务院出台了取消有限责任公司最低注册资本要求等一系列新政策，对此您如何解读和评价呢？

成思危：这一政策对于推动国民经济发展、促进经济转型升级、建设创新型国家，都具有十分重大的意义。中国经济发展到今天，必须转变经济发展方式，其中很重要的一点就是要倡导发展创业经济，把人民群众的积极性、创造性充分发挥出来，为此，需要给创业者创造一个更好的创业环境。

有些人有比较好的创新成果或想法，但是在资金、场地等方面可能达不到有关规定的硬性要求，创业活动受到制约。我很早以前就提出过注册资金的"软承诺"，就是创办一个企业，承诺的资金不一定一次到位，所需资金根据需要逐步到位就可以。一个新创办的企业，拿一大堆资金放在那可能还不知道怎么用呢。按照过去的规定，企业注册资金必须一次全部到位，于是一些人只好去借钱注册，注册完又把资金抽走，因此造成一些虚假的情况，与其这样还不如取消这一规定。国务院出台的这一系列政策大大降低了初创企业的前期运营成本，降低了市场准入门槛，是推动创业很有力的举措。

另一方面，我们要由原来依赖投资、外贸拉动的外延型经济向内涵式发展转型，就必须提高劳动生产率，提高每一个人创造的社会财富，把"饼"做大。根据国外的研究，在 GDP 的增长中，至少有 30% 是由创业者贡献的。如果我们不支持创新者创业，总是靠大量投资来推动经济增长，这样的发展模式是难以持续的。

这一规定还有利于改变中国人传统的小富即安的思想观念，在社会上形成一种追求创业的价值观和舆论氛围，鼓励更多的人创新创业，更好地实现自身价值，也为国家经济发展做出更大贡献。

记者：什么样的企业和创业者最受益于这一政策？

成思危：从规模来讲，中小型企业、微型企业最受益；从创业类型来讲，创新型的企业最受益。生存性的创业，比如开个饭馆、小店，这样的创业对解决个人生计和就业压力、减轻社会负担是有意义的，但是对于整个国家经济发展帮助不大。国家最需要的是创新型的创业，在商业模式创新、技术创新和产品创新上有突破。我们常讲要靠消费拉动经济，那么就要增加人民群众的收入，让老百姓有钱消费，同时要完善社会保障体系，让老百姓敢于消费，此外，还有很重要的一点，就是要不断推出创新的产品，吸引消费者去消费。高校毕业生群体思维活跃，知识水平较高，创新能力较强，富有开拓精神，他们理应成为创新型创业的主力军，也将从国家的鼓励政策中充分获益。

创业投资要大力支持早期创新

记者：1998 年您就曾提出尽快发展风险投资的"1 号提案"，引发了中国高科技产业发展的高潮。您觉得中国当前的创业环境如何，还存在哪些方面的问题？

成思危：中国的创业环境和 1998 年的时候相比，已经有了很大的改善，比如修改了《中华人民共和国合伙企业法》，实现了有限合伙制；资本市场方面，创业板也开设 4 年了；从风险投资数额看，我国已经成为仅次于美国的世界第二大风险投资国家。但是，从另一个角度看，我们目前支持创业的体制和环境还存在一些问题。其一，当前的风险投资，注重后期而忽视前期，很多投资者热衷于投资一个已经取得成功的公司上市，在支持创新的人才去创业方面力度不够。打个比方，就是热心于把小鸡养大，而不喜欢把鸡蛋孵化成小鸡。如果不能持续鼓励创新的技术成果和思想涌现，后期就会不断萎缩，就没有公司可投。因此，我提倡发展支持新成长企业的风险投资和支持早期创新的天使投资。其二，创业板开设 4 年了，但是在创业板上市的有些公司并非真正的创新型公司，另外，一些公司高管的套现行为比较严重，损害了投资者的利益，应该通过相关制度进行限制。其三，政府管理还需要改进，有些地方还存在"门难进，脸难看，事难办"的情况。其四，最近我听说一些创业者因为"下海"创业，社会保险中断了没有交，现在年龄大了，希望能补交和恢复社会保险，我觉得这种情况在政策上应该予以考虑，让创业者无后顾之忧。

记者：您认为当前青年创业面临的主要困难是什么，大学生创业为何成功率较低？

成思危：当前青年创业面临的困难，包括资金、场地等硬性的制约，也包括社会经验、自身能力素质等方面的不足。据我对风险投资业的了解，通常从提交商业计划书到获得风险投资的支持，创业成功率只有 8% 左右，在这 8% 当中，最终能获得成功的只有 30% 左右，由此可见，创业的成功率本来就是很低的，所以大学生创业成功率比较低也是很正常的。

对于大学生创业，我的看法是一方面不要泼冷水，另一方面，也要让他们认识到，创业尤其是创新型创业的难度很大，成功者只是少数，像比尔·盖茨那样的人更是少数中的少数，绝大多数人不能指望在大学里，或者刚毕业就做出惊人的创新成果，或者成功创办自己的企业。

从美国的情况看，高校毕业生创业的氛围和成功率比中国高一些，这与中美教育的差异密切相关。我们的学生，时间精力主要用于应付各科目考试，实行"严进宽出"，淘汰机制也主要靠分数，因此培养出的学生考试成绩优秀，但是缺乏创新思维，创造力不够，这是应试教育带来的恶果。

技术创新者应努力提升管理能力

记者：您认为创业者应该具备怎样的素质？如何将技术创新者培养成创业者？

成思危：我觉得作为一个创业者，第一，要有创新的思想，有新的创意和点子；第二，要有脚踏实地的精神，不能眼高手低、夸夸其谈；第三，要善于处理人际关系，交往能力较强；第四，要不怕失败，有百折不挠的精神和较强的心理承受能力。

在高校里，有很多学生属于创新型人才，如何把他们培养成创业者？我认为关键是要提高自身素质。作为创新型人才，很可能是一种偏才，但是作为创业者，就不能是偏才，不能像陈景润那样仅仅知道"1+1=2"。创业者必须是一个通才，应当具有四维的知识结构：具有专业的深度，没有深度就不会有创新；有学科的广度，光懂得一个专业，没有相关学科的知识，就难以实现产品的商业化，因为产品的商业化不仅仅是一个技术问题，还牵涉到相关领域的一些知识；要有哲学的高度；看问题还要有长远的眼光，不能鼠目寸光，也不能斤斤计较于一时一事的成败。我几年前到杭州时听说，他们那边搞房地产最成功的是历史系而不是管理系的毕业生。我想这可能有其内在的道理，因为历史系的毕业生往往是从大局观看问题，而管理系的毕业生有可能看得很细，从而忽略了大局，这就是不同的高度和远见。四维知识结构就是三个空间维再加上一个时间维，我希望青年学子努力具备这样的知识结构，当然要做到并不容易，而且也不是在课堂上听听课就能掌握的，需要在实践中锻炼和体会。

记者：您现在担任中国科学院大学管理学院的院长，我们知道，中国科学院大学主要培养的是理工科人才，对于理工科人才创业的优势与劣势，您怎么看？他们如何提高创业的成功率？

成思危：总体来说，理工科人才在技术创新方面有优势，因为他们有专业的训练，但他们往往管理能力不足。创新的人才往往能提出一些创新的想法，但是真要去创业、办公司，那就完全不一样了。这时他需要带领一个团队，去克服各种困难，打开市场。创新者有创新的成果，这只是为创业提供了必要的条件，但不是充分条件。据我了解，在以理工科专业为主的重点大学里，很多学生有自己的创新成果，有些还申请了专利，但是没办法让它变成产品，实现产业化。在我的倡议下，中国科学院大学管理学院开办了创业方向的 MBA，就是让那些在中科院研究所里搞过几年研究的研究型人才来学习管理知识，帮助他们由科学家向科技型企业家转变。

创新者应当增强创业的能力，努力从技术创新者变成企业家。但是目前国内在这个问题上有个误区，就是创新者都要自己当 CEO（首席执行官），我想这可能有两个原因。一是创新者自认为，我既然能搞出创新发明，我就会管理；另一个原因也是因为目前社会上诚信不足，创新者不放心请职业经理人来管理，害怕大权旁落，甚至被扫地出门。这也是当前创业环境中的一个大问题。据美国的统计，在创新者中，只有 50% 的人最后成为其所创办的企业的 CEO，其余 50% 的人中，有些人由于管理能力不行，把公司办垮了，有的人有自知之明，知道自己管理能力不行，就另请 CEO，微软的比尔·盖茨、雅虎的杨致远等人就属于这类。所以，对于创新者而言，一方面要提高自身管理能力；另一方面，还要善于用人，通过组建互补性的团队弥补个人的缺陷与不足。

角色转换从学会"管人""管钱"做起

记者：高校毕业生创业，实现从学生到企业管理者的角色转换是个难题，您觉得他们需要在哪些方面加强学习、补齐"短板"？

成思危：大学生学习生活及人际交往相对简单，社会历练不多，要成功实现这种角色的转换，要从学会"管人"和"管钱"做起。

首先是管人，这对于创业者来说是非常重要的。开始创业时可能一个公司只有几个人、十几个人，你要是连这十几个人都团结不住，那就难以发展这个企业。管人需要两种能力，一是会看人，二是会组织人。会看人，就是不要把人看扁了、看偏了、看死了。有的人看人，往往看某个人好就什么都好，看某个人不好就什么都不好，实际上这是不对的。每一个人都有他的优点和缺点，关键是你能不能用其所长，发挥他的积极性。我在科研单位干了 18 年，到化工部机关从事科技管理 22 年。我知道科研单位的人是各种各样的，有的人是智者型的，理论功底好，外语好，在查文献、制订研究方案等方面能力很强，但是动手能力相对差些；有的人是巧匠型的，你让他看文献他就头疼，但是让他搭个实验装置，他能搭得很漂亮；有的人是组织型的，知识面很广，深度可能不够，但是他能把人团结住，把工作布置得井井有条；还有一种人是信息型的，这种人屁股上仿佛有个钉子，到哪里也坐不住。这种人也有能耐，他善于和各种人打交道，如果让这种人去跑市场、找信息，就能发挥他的特长。用人最重要的是你不要害怕别人超过你，你老是"武大郎开店"，不敢引进、提拔、重用优秀的人才，肯定当不好领导，当不好老板。现在有些领导喜欢摆架子，动不动就训人，实际上是没有自信心的表现。

除了善于看人以外，还要善于将大家组织起来。如果一个总经理事无巨细都要管，他肯定不是个好领导。特别是在高科技企业中，不宜搞多层次、宝塔型的组织，应当搞扁平式的组织、没有固定边界的组织，甚至是搞内外相互联络的网络型组织，创业者应当认真学习这些组织方法。

其次是管钱。这并不是说要你自己去算账，而是要懂得看财务报表，包括资产负债表、损益表、现金流量表等，能从中发现问题和分析问题。要掌握一些关键性的财务数据，例如销售收益率、净资产收益率、存货周转率、资金周转率、负债率、市盈率等。在宏观经济下行时要特别注意流动比率和速动比率，保持现金流的畅通，还要熟悉各种融资方法和融资渠道，并能选择最合适的做法。这些是商学院毕业生的强项，对很多理工科背景的创业者来说，是需要补上的重要一课。

此外，近年来信息技术发展迅速，创业者也要掌握这方面的有关知识，例如网络营销、网络制造、物联网、云计算、大数据，等等，对于创新型的创业而言，这些方面的知识很重要，创业过程中用得到。对现代信息技术的掌握，是当今人才综合素质的一个重要组织部分。

开展创业教育重在培养创新意识

记者：现在很多高校在本科生和研究生中开展创业教育，并采取了一系列措施支持学生的创业活动，对此您有什么看法和建议？

成思危：高校毕业生自主创业，不仅可以缓解自身就业压力，还能创造就业岗位，带来就业的倍增效应，因此，对于高校毕业生自主创业、学校开展创业教育，应该予以鼓励支持，社会应该为高校毕业生自主创业创造更好的环境。不过，还是我刚才说过的观点，对于学生的创业热情，要保护，不要泼冷水，但是要正确引导学生，不要期望过高。创业教育的成效，不能单纯地看培养出了几个学生老板，创办了几家企业。开展创业教育的重点，应该放在普及创业的相关知识以及培养学生的创新思维和提高创业意识上，包括让他们在创业实践活动中历练，增长经验。在校大学生还是应当以学习为主，搭建好知识结构，学到真正的东西，培养独立思考能力。学生应该敢于质疑，敢于和老师辩论。

中国科学院大学管理学院创业 MBA 班实行双导师制，除了学校里的导师，每个学生还有一位来自企业的导师。其他高校也有类似做法，包括有的学校给本科生也配备了来自企业的创业导师。我很赞成这种做法。知识和技能是两码事，懂得某种知识，不一定具备运用这种知识的技能。坦率地说，在课堂里学到的多半是知识，要把知识转化成技能，还需要在实践中去拼搏，去总结经验。来自企业的导师在这方面能发挥积极作用。

记者：非常感谢您接受《中国教育报》的采访，您对全国大学生朋友有什么期望和寄语？

成思危：我希望青年学子勤奋学习，自强不息，不断超越自我。

（《中国教育报》2013 年 11 月 7 日第 3 版）

学校教育需要微创新

——访国家教育咨询委员会委员陶西平

人物简介：陶西平

现任国家教育咨询委员会委员、国家总督学顾问、联合国教科文组织协会世界联合会副主席、亚太地区联合国教科文组织协会联合会名誉主席、中国民办教育协会名誉会长、北京市社会科学界联合会名誉主席。曾任北京市教育局党组书记、局长，北京市人大常委会副主任。

中国人做事和写文章讲究"从大处着眼，从小处入手"。改革创新也是一样，既需要宏观政策、体制机制和顶层设计方面的变革，也需要针对具体问题提出解决或改进方案。正因为如此，近年来教育微创新日益受到重视。什么是教育微创新？倡导开展教育微创新意义何在？该如何在日常的教育教学和管理过程中实施微创新？针对这些问题，记者日前采访了教育微创新理念的倡导者、国家总督学顾问陶西平先生。

寻找解决具体问题的途径也是创新

记者：微创新一词最早起源于互联网和 IT 技术领域，您是教育微创新理念的首倡者，您认为什么是教育微创新？

陶西平：2012 年 9 月 13 日，苹果公司发布了第 6 款手机 iPhone5。iPhone5 与上一代产品 iPhone4S 相比，更轻薄，屏幕尺寸更大，厚度比前一代薄了 18%，重量比 4S 轻了 20%，采用速度更快的 A6 处理器，速度是 A5 处理器的两倍，屏幕的尺寸扩大到 4 英寸，应用软件的图标比前一代也增加了一行。新一款手机很快引来热卖。三星公司也是不断推出一代又一代的新产品，并且投入了市场的激烈争夺。

其实，仔细观察，这些新产品的层出不穷固然也有少许涉及系统的改变，但多数是满足人们使用需求和心理需求的微创新、小改进。据说三星公司就是根据多数使用者的手型改变了手机的宽度和机键的位置，使人们用起来更方便、更舒适。所以，微创新也是生产力，也可以创造巨大财富。

教育事业的发展也是如此。伴随时代的前进，教育领域既有许多长期难以解决的问题，又不断出现许多新的情况，教育管理和教育教学活动都面临严峻的挑战，改革确实进入了深水区和攻坚区。而教育体制、教育政策的制定和改革需要政府的统筹、顶层的设计，以保证教育事业的全面、协调、可持续发展。教育理论的创新和教育科学的研究需要专家的引领，以发现教育事业前进的规律以及探求规律的应用。但这些都不能取代对学校和教师每天遇到的具体问题的回答。寻找解决这些具体问题的途径，也同样是实实在在的教育创新。当然，这可能不够宏观，也可能一时不成体系，所以，我们可以称之为"微创新"。

小创新能引发对大问题的突破性思考

记者：在很多人眼里，创新是一件比较难的事情，也有人认为微创新是"不干大事抓枝节"，对此您怎么看？

陶西平：经济学大师熊彼特在 1912 年提出了他的创新理论，并在其后几十年间不断完善补充。在熊彼特眼中，不是什么新东西都可以被称为创新，只有具备了相当特质的新事物才是创新。第一，创新是原创。第二，创新是一种革命，不是对旧事物的修修补补或改头换面。第三，创新是对旧事物的取代和毁灭。第四，创新必须创造新的价值。正因为创新被如此规定，熊彼特才把创新视为社会变革和经济发展的根本动力。也正因为如此，有些同志怀疑是否倡导微创新会把创新庸俗化。我想，我们并不是要亵渎创新的神圣含义，更不是忽视理论创新和制度创新在教育事业改革与发展中的关键作用，只是想破除学校和教师对创新的畏难情绪，鼓励大家积极参与创新活动。其实，所有的创新在一开始都未必那么完善、那么成体系、那么震撼人心，而更可能是从一点一滴探索起步的渐进过程。英国对创新有一个常用的定义，就是新思想的成功应用，我想，微创新就是一种发现原有的缺点和问题而采取的新方法的成功应用吧。微创新很可能有借鉴，但一定要有自己的想法和实践，这是它能够超越和取得实效的重要原因。

记者：在您看来，教育微创新的价值和意义何在？

陶西平：微创新虽然看起来小，但它不仅能丰富教育科学的宝库，而且能引发对教育大问题的突破性思考，所以，小中有大、小中见大，其意义绝不可低估。

学校里的管理人员和广大教师每天所面对的问题，都是微创新的切入点。所以，推进学校内部的微创新不仅是改进学校管理、提高教育质量的动力与途径，也是教师专业发展的有效之路。校长和教师都应当有自己的微创新课题，都应该通过微创新科研提高自身的专业水平。

教育微创新要从问题出发重视实践

记者：具体怎么开展教育微创新活动？

陶西平：微创新应当从问题出发。要全面分析自己从事的管理和教学工作，找到存在的难点、关注的热点，从而有针对性地确定研究课题，将科学研究与工作实践紧密结合起来。

微创新应当有研究方案。要对研究课题进行认真调研，理清关键点，找准切入点，确定创新点，制订包括实验方法、实验进程的方案，使研究有序进行。

微创新应当是学习的过程。要搜集与课题相关的资料，边学习、边研究，以学习指导研究，以研究加深理解，从而增强科学性，减少盲目性。

微创新最重要的特点应当是高度重视实践。微创新多属于应用研究和行动研究，要在自己工作的领域内大胆进行实验，在实践中验证设想，在实践中完善方案，在实践中发现规律，并且重视积累实践过程中的数据与资料。

微创新还应当进行成果评估。对各项微创新成果的评价，要以实效为检验的重要标准。对有成效的微创新成果要予以鼓励和奖励，对有较大价值的成果应当创造条件使其进行更加深入的研究，并采取适宜的方式进行推广。

记者：您还倡导教师搞微创新科研，微创新科研与以往的教育科研活动有何不同？

陶西平：现在许多地区都提出科研兴校，这无疑有助于提高教师的专业水平和学校的社会声誉。但很多学校和教师往往只热衷于参与国家重点课题的研究，或者热衷于自创一个理论体系，这并无不可，但又由于常常力不从心，实际参与课题研究的人很少，同时难以取得实际的进展，最后不得不请一批专家来帮助总结提炼，撰写论文交差结题。虽然进行了"科研"，但并没有真正"兴校"。学习型组织的倡导者彼得·圣吉说过，创新就是让今天比昨天更好。也就是说，创新是为了促进学校面貌的真实变化和教育质量的真实提高。微创新既有助于学校成员的广泛参与，有助于调动学校内部所有成员的积极性，又有助于解决实际存在的问题，我想这是多数学校应该做而且能够做的科研。如果我们国家的教育改革将上下的积极性都调动起来，将宏观研究和微观研究结合起来，改革的进展必将更快，产生更大的成效。

时不我待，在教育改革的大潮中，每所学校、每位教师都应当勇立潮头，都应当成为创新者，这不仅是对学校改革与发展的贡献，更是对中国教育事业改革与发展的贡献。

要重视教育微创新评价活动

记者：国际上在教育微创新方面有没有可借鉴的经验？

陶西平：最近，北京汇佳教育研究院整理了印度开展教育微创新评价活动的情况，对我们很有启发。

STIR（Schools and Teachers Innovating for Results，学校和教师评估创新）教育机构是在英国和威尔士注册的一个非营利机构，这个机构的工作是确认、测试和评估印度学校与教师主导的微创新，以提高最贫困地区孩子的教育成果。STIR 搜集并推广优质教学活动，这个组织的创始人认为，比起单纯的拨款，先进理念的普及更能帮助学校实现转型。

STIR 支持"草根"发起的能够快速提升发展中国家城市学校教育质量的微创新项目。他们相信，创新可以在任何地方进行。STIR 对所有类型的学校和教师主导的微创新都会按所列的主题进行分类，这些主题都是 STIR 界定为对提高教育质量起关键作用的领域。2012 年 STIR 印度德里微创新教育成果中就有一些很有意思的创新，例如：用笑脸卡促进学生成功、用案例研究方式促进教师职业发展、教师招聘试用采用三阶段制、巧妙利用手机中的读音法、低成本而高效的课堂资源、通过宝莱坞歌曲学习诗歌、根据目标而非课本教学、读写能力教学三步法、用学生信箱促进学生写作、精细利用学校空间等。

比如，"通过宝莱坞歌曲学习诗歌"的创新者 Bindu 注意到学生学习诗歌时往往有困难，可能是因为诗歌与他们的日常生活联系不起来。于是他将印度语的流行歌曲的歌词和相关的流行文化纳入课程，使学生记得与诗有关的歌词。

我想，微创新评价应当也是一种创新活动，它对于激发学校与教师的紧迫感、责任感与增强创新意识和能力，进而解决当前学校教育面临的种种问题，提高学校的教育水平，推动教师的专业发展会产生积极的作用。

（《中国教育报》2013 年 12 月 14 日第 3 版）

"双上移"改革学前教育管理体制

——访全国人大常委会委员、北京师范大学教授庞丽娟

人物简介：庞丽娟

全国人大常委会委员，国家督学，北京师范大学教授，中国教育政策研究院执行副院长。1997年被国家教育部遴选为第一批"跨世纪优秀人才"，1998年当选为第九届全国政协委员，1999年获国务院"政府特殊津贴"，2004年被国家人事部、科技部和教育部等遴选为"首批新世纪百千万人才工程"国家级人选。

学前教育三年行动计划，带来了学前教育资源的大幅增加和教育质量的不断提高。面向未来，我国学前教育发展的关键点和难点何在？如何实现管理和制度的突破，实现学前教育健康、可持续发展？记者就此采访了全国人大常委会委员、北京师范大学教授庞丽娟。

农村学前教育为何成短板？

记者：第一轮三年行动计划的实施带来了学前教育的快速发展，继续往前走，还会面临很多深层次的问题和困难。从全国来看，您认为目前学前教育的短板和薄弱环节在哪里？形成薄弱环节的根源是什么？

庞丽娟：从全国来看，农村学前教育事业发展严重滞后于城市，农村学前教育已成为我国学前教育事业发展的短板，是农村教育事业发展中最薄弱

的环节。

农村学前教育成为短板，有多方面的原因，其中，农村学前教育管理体制不健全、事业发展缺乏统筹规划和制度保障是关键。当前我国政府和市场、社会的关系未理顺，政府在农村学前教育事业发展中的职责不到位；各级政府权责配置不合理，乡镇承担管理主体责任，重心过低；政府各部门之间也存在权责划分不清、教育行政部门责大权小等问题。具体而言，在纵向的政府间关系上，由于中央、省、市、县各级政府发展学前教育的职责不清晰，也缺乏硬性要求，导致实际管理上中央与地方各级政府之间权责配置随意性较大，事业发展责任层层下压，造成责任主体重心过低，无力统筹；在横向的政府职能部门之间，一些部门甚至重要部门发展农村学前教育的职责不到位，而在幼儿园审批管理上又存在部门权责配置交叉、分工不明、多头管理等突出问题。

我国学前教育管理力量严重不足。特别是广大农村地区面积广、幼儿园数量多且分散，但机构设置和人员配备不合理，管理机构和专职管理人员严重缺位，导致管理缺位的问题比较突出。

此外，管理制度与运行保障机制不健全，财政投入与保障机制缺失，也是导致我国农村学前教育发展滞后的一个原因。

学前教育管理体制是保障政府切实履行发展学前教育职责的重要条件和学前教育事业健康、有序、可持续发展的关键因素。要实现我国学前教育事业的健康发展，必须在这个关键因素上有所作为。

"地方负责、分级管理"的管理体制有何弊端？

记者：长期以来，我国实行"地方负责、分级管理"的学前教育管理体制，在实际执行中，管理责任主要落在乡镇一级。现在来看，这一体制已经不能适应当前学前教育事业发展的需要，您认为这一体制存在的主要问题是什么？

庞丽娟：聚焦当前我国学前教育管理体制存在的突出问题，首先是政府主导发展学前教育的职责不明确，管理体制改革严重滞后。尽管我国相关政策和法律已明确学前教育是国民教育体系的重要组成部分，是重要的社会公益事业，但是长期以来一些政府部门及其领导对学前教育事业的教育性和公益性认识不够，对学前教育在教育体系和社会公益事业中的重要地位缺乏应有的正确认识，加之发展观、政绩观和考核评价制度的局限，在我国社会转型和教育体制改革过程中未能充分考虑到学前教育管理体制改革，几乎将之边缘化或置于遗忘的境地，致使当前我国学前教育管理体制改革远远滞后于义务教育阶段的管理体制改革，并由此导致政府各职能部门间职责不清、职权交叉、管理缺位或多头管理，以及管理重心层级过低等问题突出。

其次，不同层级政府间职责不明确，权责配置不合理。由于"分级管理"没有对各层级政府发展学前教育事业的具体权责做出进一步明确、科学的划分，具体应该由哪级政府承担主要责任、各级政府应承担什么主要责任以及各级政府间的职责关系和权责配置等规定模糊、不明确，特别是对各级政府对学前教育的财政投入和支出责任规定不明确，导致在相关政策中更多强调发展学前教育、加大学前教育投入成为"地方"实际上也成了县级以下政府的责任。在实际操作中，上一级政府常常依靠其行政权力优势把责任推给下一级政府，出现"上级请客、下级埋单"，上下踢球，结果看似谁都该管，其实谁都不管的尴尬局面。

再次，学前教育管理的责任主体重心过低，统筹协调和财政保障能力严重不足。多年来，"地方负责、分级管理"更多地被误读为发展学前教育是区县及以下即乡镇（街道）政府的职责，而中央政府提供全国性学前教育法律法规，加强对中西部贫困地区和农村地区均衡发展的政策与财政支持，以及省级政府宏观统筹、保障促进省域内学前教育有质量、均衡发展的职责在一定程度上被弱化。在各地着力义务教育普及的时期，管理、发展学前教育的责任更是被挤压到了最下层级——乡镇政府。而乡镇政府，作为五级政府中的最基层组织，其行政管理能力与财政保障能力均十分有限，可想而知，不少地区发展学前教育相当困难，依靠乡镇政府，普及发展学前教育事业的目标任务难以有效落实。

如何构建"省级统筹、以县为主"的管理体制？

记者：作为长期研究学前教育和基础教育政策的专家，您对改革完善我国学前教育管理体制有什么政策建议？

庞丽娟：要确保《国家中长期教育改革和发展规划纲要（2010—2020年）》和《关于当前发展学前教育的若干意见》（简称"国十条"）强调的"政府主导"和"地方负责、分级管理"落到实处，亟须改革、完善我国学前教育管理体制。我的建议是：在"地方负责、分级管理"的基础上，进一步明确"省级统筹、以县为主"。

"省级统筹、以县为主"的核心是加大省级政府对省域内学前教育的统筹领导责任和县级政府对县域内学前教育的管理指导责任。

学前教育要实现可持续健康发展，特别是普惠、公平、有质量的发展，要实现体制机制的改革突破，建立有利于学前教育事业长期、可持续发展的保障机制，建立一支数量充足、高质量、稳定的教师队伍，必须首先从管理体制上取得实质性突破。

记者：按照您的设想，省级政府对学前教育的统筹领导责任应该如何界定和规范？

庞丽娟：省级政府是我国最高级别的地方行政区域单元，既在政治结构中分担中央政府的部分功能，同时在辖域内担负公共服务"中观"政策制定和组织提供公共服务的责任；尤其在实行分税制后，县、乡财力严重削弱，无法满足学前教育事业发展需求，因此，省级政府无疑要担当更多的统筹、领导和保障省域内学前教育公共服务均衡、健康发展的重要责任。

各省级政府应成立由分管副省长任组长，教育、财政、发展改革、编制、人事社保、国土资源、城乡建设等各相关部门领导为主要成员的领导小组，统筹、协调全省学前教育事业的领导、组织、保障、督导和推动工作；省级政府及其教育行政部门负责根据中央相关法律法规、政策和宏观规划，制定全省学前教育事业发展规划及相关政策并指导实施；明确本省学前教育财政投入、教师队伍建设规划并保障落实，推动学前教育事业发展的省域均衡；整体规划并加强幼儿师范教育。

记者：从制度化的管理体制上来说，您认为县级政府对学前教育的管理责任主要体现在哪些方面？

庞丽娟：当前，县级政府对县域内学前教育的管理指导责任需要明确并进一步加强。县级政府处于行政管理和政策落实的前沿，当前我国学前教育供需矛盾突出，教育资源特别是广大的中西部、农村地区和边远贫困地区学前教育资源严重不足，办学条件较差，严重缺乏具有专业素养的合格的学前教师，县级政府作为基层行政枢纽，与中央和省级政府相比，更了解基层学前教育实际发展状况和百姓对学前教育发展的实际需求。义务教育管理体制改革与实施已经积累了一定经验，学前教育三年行动计划也是"以县为单位"进行编制的，把县级政府作为学前教育行政管理的基本单元，"以县为主"推进我国学前教育管理体制改革，已成迫切所需、大势所趋。

"以县为主"指的是管理上的以县为主，而不是经费保障上的以县为主，县级政府主要在省市县共同努力、保障发展学前教育基本投入的基础上，切实落实直接管理学前教育的主体责任。县级政府作为推进学前教育三年行动计划的基本单位，要切实承担起管理指导县域内学前教育发展的主体责任，贯彻落实中央、省、市有关学前教育发展的方针、法律法规、政策、规划及各项规章制度，制定县域内学前教育发展规划并统筹管理本辖区的学前教育；规范幼儿园教师人事聘任、考核制度，依据县级财力优先保障编制内幼儿园教师的工资、津贴与福利待遇，督促并支持各类性质幼儿园落实非在编教师的基本工资待遇、社会保障及福利等；保障县域内幼儿园的合理布局、规范运转。

如何实现管理主体重心和财政保障重心"双上移"？

记者：按照您的建议，学前教育管理体制需要实现管理主体重心和财政保障重心的上移，怎么理解这个"双上移"？

庞丽娟：学前教育管理体制改革的重点，正在于实现管理主体重心和财政保障重心的"双上移"。

乡镇政府管理层级低、行政权力有限，行政管理职能和行政管理机构不完善，再加上分税制改革、农村税费改革后乡镇政府可支配财力更是大大下降，我国大多数地方的乡镇政府都难以承担起学前教育管理和发展的主要责任。因此，当前我国学前教育管理体制改革的重点，应该放在确保实现管理主体重心和财政保障重心的"双上移"：行政管理的重心从乡镇提升到县级政府；统筹管理的重心进一步提升到省级政府；而财政投入保障的重心则以中央支持下的地方政府为主，且应根据各地经济社会发展水平的差异而有所区别，经济社会发展水平越落后的地区，财政保障的主体重心应该越高。

同时，学前教育管理体制改革也需要适应国情和各地经济社会发展的具体实际来综合考虑。例如，在经济社会发展水平较高、地方财力较强的城市和东部地区，可以将学前教育管理权限直接下放到县；而在经济社会发展水平较低的农村地区和中西部地区，则需大大加强省级统筹的力度，通过政策倾斜、专项支持、转移支付等手段，促进区域内学前教育事业的均衡发展。

记者：管理体制的改革，往往推进起来不容易。您认为推进学前教育管理体制改革的关键是什么？

庞丽娟：关键在于抓住中央、省、县三级政府之间的权责利关系及其调整。

学前教育管理体制改革的核心是要明确各级政府的责任，明确中央和地方的权责划分，做到各尽其责，特别是要进一步加大省级政府对区域内学前教育的统筹权和县级政府对区域内学前教育的管理权。学前教育管理体制改革的关键，就在于紧紧抓住和把握协调好中央、省、县三级政府之间的权责利关系。

当然，在中西部辖区较大或区县较多的省份，地级市政府也要充分发挥其承上启下的功能，分担和减轻省级政府的管理压力，积极依据中央和省的相关法律政策与规划等，制订本地市学前教育发展规划，组织所辖县市具体实施，并对其进行督导评估；在部分东部省份如浙江，则可以建立试点，逐步弱化地级市职能，减少管理层级，提高管理效率。需要指出的是，提升学前教育管理责任主体重心后,乡镇政府的职责不能弱化。因为乡镇政府需要在贯彻和执行县级政府管理与指导的基础上,具体负责乡镇中心园的基础建设、房屋设施维修和本乡镇各类学前教育机构的安全监管、场所设施提供、业务指导等工作,并要尽可能地不断改善办园条件和提高教师工资待遇,保障幼儿园的规范运行。

如何理顺中央与地方各级政府间的权责关系?

记者:在您看来,应该怎样理顺中央与地方,以及省、地市、县和乡镇间的权责及其关系呢?

庞丽娟:这是学前教育管理体制改革中需要着重解决的问题。

在纵向关系上,从中央到地方的各级政府在发展学前教育职责上应逐步由宏观趋向微观,根据政府的层级从宏观到微观逐级深化、细化政府学前教育的管理职责,合理划分与配置各级政府的财权、事权与决策权,推动各级政府事权和财权的统一。在此突出强调两点:

第一,在省与市、县的关系上,要适当扩大县级政府在区域经济和社会发展方面必需的权限,为其承担学前教育主要管理职责提供保障。特别是对于县而言,目前关键有两方面:一是通过加大中央、省级转移支付力度,优化转移支付结构,来保障县级基本财力,尤其是省级政府要通过科学规划和执行省域内的一般性转移支付,对省级财政进行二次分配,以提升财力不足、难以完成基本学前教育公共服务的县、乡镇级政府的财力。此外,还可以通过建立财政奖补资金稳定增长的长效机制和县级主体税收增长激励机制,尽快形成县级基本财力保障能力,扩大县级政府的基本财力。二是通过实施学前教育经费单列制度,将学前教育经费预算的编制权,教育经费的分配权、管理权等均归到地方政府及其教育行政部门,以保障县级政府的财权,提升县级政府对学前教育事业的管理能力。

第二,在县与乡的关系上,在加强县域统筹规划、集中管理的基础上,重点科学规划并制定县域学前教育财政预算,争取在县域内实现对学前教育经费支出的区域结构的合理规划。对其中财力不足、发展困难的乡镇，要着重给予必要的财政倾斜性支持，帮助乡镇政府全面落实在幼儿园基建管理、规范办园、业务指导、办学质量、安全监督、教师与儿童权利保障等方面的具体职责，保障乡镇学前教育日常管理责任的不缺位和不落空。

（《中国教育报》2014 年 3 月 9 日第 3 版 ）

人才培养要避免短期功利主义

——访清华大学经济管理学院院长钱颖一

人物简介：钱颖一

清华大学经济管理学院院长、教授，曾任中国人民银行货币政策委员会委员、国家教育考试指导委员会委员、计量经济学会（The Econometric Society）会士（Fellow），2009 年度孙冶方经济科学奖获得者。曾任教于斯坦福大学、马里兰大学、加州大学伯克利分校。研究领域包括比较经济学、制度经济学、转轨经济学、中国经济。在《美国经济评论》（*The American Economic Review*）《政治经济学杂志》（*Journal of Political Economy*）《经济学季刊》《经济研究评论》（*The Review of Economic Studies*）《经济研究》等国际国内学术期刊上发表多篇论文。

2014 年，中国经济进入全面深化改革元年，世界经济亦面临全球化竞争加剧；同时，日新月异的技术变革正在改变世界。所有这些变化，都对中国的教育，特别是管理教育提出了新的挑战。当前，管理类人才培养取得了哪些成果？存在哪些短板？以中西比较的视角来看，我国管理教育落后的根源何在？大学中的商学院如何利用大学优势发展管理教育？清华大学经济管理学院建院 30 周年前夕，记者围绕以上问题，采访了清华大学经济管理学院院长钱颖一。

世界范围商界顶尖人才鲜有中国人

记者：20 世纪 90 年代初，管理教育对我国民众来说比较陌生。20 多年过去了，管理教育在中国火爆异常。近些年来，我国管理教育可分为几个层次？发展概况如何？

钱颖一：目前，我国的管理（学位）教育有四个层次。一是本科教育，学生年龄大约在 18 ～ 22 岁；二是无工作经验的本科毕业生直接就读的研究生管理教育，学生年龄大约在 22 ～ 24 岁；三是具备大学学士学位并有若干年工作经验的人士攻读的全日制或在职的 MBA（工商管理硕士），学生年龄在 30 岁左右；四是有多年管理工作经验的高级管理人员攻读的 EMBA（高级管理人员工商管理硕士），学生年龄在 40 岁左右。

这些年来，我国管理教育的发展进步很大。以 MBA 和 EMBA 为例，在短短的 20 多年中，取得的成就以及对中国经济发展的贡献是显著的。有这样一些事实可证明：第一，在教育部批准设立的 39 个专业硕士学位中，MBA 是第一个举办的，为之后设立其他专业学位教育的定位、规范等起到引领作用；第二，在 39 个专业学位中，MBA 和 EMBA 的规模最大。虽然工程硕士学位整体规模更大，但其中专业领域分类繁多；第三，MBA 和 EMBA 在教育质量上的成绩也很亮眼，在权威性的英国《金融时报》EMBA 百强排行榜上，2013 年全球前十名中就有 3 个是中国大陆的学校，加上中国香港的学校共计 4 个。这种国际认可程度在国内高等教育的各学科、各项目中都极为突出。

记者：从世界经济发展的大趋势和中国经济发展的需求看，我国管理教育还有什么样的发展空间？

钱颖一：中国的管理教育还有很大的发展潜力和空间。2013 年，中国的 GDP 按照市场汇率计算，首次超过美国的一半。如果按照购买力平价计算，则超过美国的 3/4。仅从 MBA 和 EMBA 来看，现在我国每年招收 4 万多名 MBA 学生和 8000 多名 EMBA 学生。而美国一年招收 MBA 学生 15 万人。这还只是每年入学的流量差距，美国的 MBA 毕业生存量更多。从这个角度来看，中国未来对管理类人才培养的潜在需求是巨大的。

在过去的 20 多年中，中国的管理教育受益于中国经济和企业的快速发展，在未来这种受益还将持续。另外，中国经济的全面深化改革、日益加剧的全球化竞争、日新月异的技术变化趋势，也对中国的管理教育提出了新的挑战。

记者：中国的管理类人才与欧美等国家的管理类人才差距何在？

钱颖一：从世界范围来看，商学教育界和商界的顶尖人才中鲜有中国人。当然，我国的管理教育起步较晚，发展的时间还比较短，所以与欧美发达国家有差距不足为奇。但有趣的是，我们与印度相比，也显得有某种差距。比如，哈佛商学院、芝加哥商学院、康奈尔管理学院等国际顶尖商学院的现任院长都是印度人。但是国际顶尖商学院院长中目前还没有中国人。在全球财富 500 强中，微软的 CEO、百事可乐的 CEO、德意志银行的联执 CEO、花旗银行的上任 CEO 都是印度人。然而，在非源于中国的世界级跨国公司 CEO 中没有中国人。这些出类拔萃的印度人的背景，大都是在印度国内念完本科或者硕士，再到美国等国家深造，之后进入商学院或商界。

这种现象是否与我们的人才培养有关系？我曾经认为，与印度相比，造成中国人缺席国际商界顶尖舞台的原因是语言障碍。不过，随着我国英语教育的不断发展，我国培养出的人才英语水平越来越高。我也曾经思考，是不是中国人的沟通能力出了问题，但现在觉得这并不是问题的本质。我猜测，这里可能的根本原因是我们的学生看问题的眼光、思考问题的方式、分析问题的方法等方面有很大的局限性。这些方面英文叫作 "mind-set"，中文可翻译为"心智模式"。这就与教育相关。

中国教育的优点也很明显。一是中国学生基础知识扎实，二是中国学生的平均学业水平很高。能够有这两点优势并不容易。这种人才优势在中国处于经济追赶期、向国外模仿学习的阶段有积极作用。但是，一旦走到技术前沿，真正站上国际舞台，我们的学生在创新能力、领导力上就显得不足。这与学生的创造能力、批判性思维能力的局限性密不可分。

记者：您说的这种能力，对于每个学生都很重要，对于管理类人才来说有什么特殊意义？

钱颖一：相比工程、技术类人员，管理类专业的学生毕业后往往更多地与社会打交道、与组织打交道、与人打交道，应具备的能力要更加综合。追溯商学院的历史，可以看到，在过去 100 年里，其名称是有一定变化的：20 世纪初成立的基本都叫商学院；"二战"后成立的大部分叫管理学院；近些年，有人提出应该叫"领导力学院"，都说明对培养人才的综合能力提出了越来越高的要求。未来，无论学生是到国企、民企、外企，还是当公务员，或者自主创业，都要求我们更加重视对学生领导力的培养，其中就包括心智模式。

要警惕"短期功利主义"盛行

记者：在您看来，造成以上问题的原因何在？

钱颖一："短期功利主义"是一个重要的原因。我以教授的两个 EMBA 班做对比，一个是中文班（基本上都是中国学生），一个是国际班（大多数是外国学生）。两个班学生提问的问题类型很不一样。中文班的学生关心的都是当前的企业问题、行业问题、刚刚发生的或者急需解决的问题。但是，国际班的学生更多是对你讲课的内容进行追问、挑战。前者关注的是实际问题（practical problems），后者关注的是思维问题（intellectual problems）。这就是不同。

我在听取本科生对课程设置的意见时，会听到一些学生抱怨有些课对找实习单位或找工作没用，比如中国文明、西方文明、哲学伦理等课程。他们希望学院多开和早开一些对找工作立即有用的课，比如会计、金融等。

记者：不过，与管理教育相关性很大的经济学，本身就与功利主义息息相关。

钱颖一：是的。现代经济学就是建立在结果主义（consequentialism）和功利主义（utilitarianism）哲学基础之上的。功利主义在中文中具有贬义，但在英文语境里比较中性。作为一种哲学，我们不能批判功利主义。但是我想强调的是，当前我国存在的问题是"短期功利主义"盛行。

高盛集团在北京招人时，向来面试的学生提出的问题基本都是具体的技术性问题。比如，当利率变化的时候，某种证券的价格会发生什么变化。但是，他们在纽约招人时，不太会问金融、会计方面的问题，往往会问与历史、哲学相关的问题。比如，他们会与应试者探讨关于古希腊、文艺复兴时期的思想家。前者，他们是招聘技术人才，而后者，是招聘未来要培养的领导者。这是在不同的市场，采取不同的定位。

记者：教育中存在急功近利的现象，是否与整个社会大环境分不开？教育毕竟不处于真空环境。

钱颖一：教育既反映社会，又服务社会，还受制于整个社会环境。而我们目前的大环境就是短期功利主义盛行。比如，我们追求当年 GDP、喜欢引用增长数据，但是不会讲数据背后的故事，仿佛数据本身就是目标。这些数据说明了什么？你的解读方式是什么？实现这些数据的背后，我们牺牲了什么，付出的长期成本又是什么？我们不去深究。

记者：对教育的评价、教育者的评价，是否也有这种短期功利主义倾向，进而影响了教育者的教育教学？

钱颖一：研究型大学的教师从事的是创造性、思想性的工作，不是流水线上或程序化很强的工作，也不是容易度量其质量的工作。因此，不能用计件制、计工分等通行办法来评价、考核教师，否则容易导致数论文篇数、急功近利的短期行为。但是，目前我国大学中大都是采用计件制、计工分制的教师薪酬制度。为了改变这种状况，清华经管学院从 2009 年开始进行教师人事制度改革。一个重要理念就是，这个改革要着眼于"大学""教师""创造性工作"这三个重要特征。这正是为了给教师创造有长远打算的空间。我们对教师的科研评价由原来的一年一评变成三年一评，由原来的计件制改为年薪制。

记者：这些年，您比较关注通识教育，在很多场合都有提及，这是不是也是对抗短期功利主义的一种举措？

钱颖一：现在的一些通识教育也很急功近利。我一直认为，通识教育不是为了简单地扩大知识面和增加知识，不是为专业知识打基础，也不是作为专业的补充，而是为人的一生做准备。所以，通识教育比专业教育更注重长远。

我在 2011 年发表的《论大学本科教育改革》一文中强调，通识教育是融合价值塑造、能力培养、人类核心知识获取为一体的教育体系。价值塑造包括民主法治、自由平等、公平正义的公民意识；诚实、诚信、正直、宽容的人格养成；有理想、有抱负、有责任感的人生目标。在能力培养方面，要特别强调好奇心、想象力和批判性思维这三种能力。好奇心是驱动人类发现的原始动力；想象力是超越现有的知识和框架；而批判性思维则是善于对被广泛接受的结论提出疑问和挑战，并对疑问和挑战提出新解释、做出新判断。而核心知识的获取既有历史知识也有现代知识，既包括中国的知识也包括世界的知识，既涵盖文科知识也涵盖理科知识。这一理念也与清华的古今贯通、中西融会、文理渗透的传统相一致。

从根本上说，如果把学校的功能仅仅理解为知识传授，那就偏离了教育的根本目的。所谓人才培养，一些人理解为落脚点是"才"，而我认为首先是"人"。

记者：您曾经在 2012 年清华经管学院的本科开学典礼上做了《"无用"知识的有用性》的演讲，您怎样理解"有用"与"无用"？

钱颖一：我们身处一个短期功利主义的大环境中。无论做研究还是学习，人们总喜欢先问"有用""无用"。这里的"有用"指的是立竿见影式的有用，是短期的有用，而非长远的有用。有趣的是，当我与毕业 10 年、20 年、30 年的校友交谈时，他们对大学时期所上的课的评价却与在校生和新近的毕业生很不一样：他们感到遗憾的是，当时学的所谓有用的课在后来变得如此无用，而后悔当时没有更多地去学那些当时看上去"无用"，但后来长期很有用的课，比如一些人文、艺术、社会科学类的课。

乔布斯曾经这样反思他在大学时上的一门美术字的课，这对他后来发明电脑上的字体很有影响："在我念大学时，是不可能把未来的很多点连接起来的。只是在 10 年之后，当我回头看时，是如此清楚和显然。"

正是基于以上思考，我们在 2009 年秋季学期推出了以"通识教育与个性发展相结合"为理念的新的本科生培养方案。我们的通识教育课程中有一门叫"批判性思维与道德推理"，很有意义。经过几年的努力，我们学院学生的批判性思维能力确实提高了很多。

人们习惯于把教育等同于知识传授，把学习等价于知识获取，而我更提倡学会思考重于学会知识。

记者：我听说，去年夏天您为被经管学院录取的所有本科新生推荐了暑期书单，出于何种考虑？书单包括什么？

钱颖一：这份书单有 10 本书，包括：《魔鬼经济学》《公正：该如何做是好》《哲学的思与惑》《科学哲学》《回归大学之道》《史蒂夫·乔布斯传》《枪炮、病菌与钢铁：人类社会的命运》《上学记》《中国在历史的转折点：当代十闲访谈录》以及《寻路中国：从乡村到工厂的自驾之旅》。读书可以启发思路，扩展思想，引导思考。读书是批判性思维的起点，读书的过程也可以促进批判性思维的形成。比如《寻路中国：从乡村到工厂的自驾之旅》这本书，它是一个外国人写的他在中国的所见所闻。书中描述的事情大都是我们中国学生所熟悉的，但是他的观察角度、他所描写的感受，却并不是我们熟悉的。我希望我们的学生能够对同一事件有不同角度的分析，这是我推荐这本书的原因。

大学中的商学院具有独特优势

记者：人们往往把商学院分成两类：大学中的商学院，例如清华经管学院、北大光华管理学院；独立商学院，例如中欧国际工商学院。您认为扭转短期功利主义倾向、培养学生综合能力，大学中的商学院有哪些优势？

钱颖一：处于大学中的商学院更有利于不同学科的融合与交叉，比如清华经管学院的学生可以更方便地与清华工科学生、清华美术学院的学生一起交流。我非常喜欢形容乔布斯的一句话——他"站在艺术与科学之间"。

记者：听说您经常去中学了解基础教育，比如 2014 年 1 月份您去了北京十一学校，是否也是希望得到与此相关的一些经验或启示？

　　钱颖一：我会定期去中学走一走，了解我们的学生是从什么样的教育环境中走向大学的。2014年1月，我去了北京十一学校，给我留下深刻印象。他们没有传统班级的概念，学生根据自己的选择走进语文教室、生物教室、地理教室，这些教室都布置不同。学生的住宿也不按照年级划分，而是混住。

　　目前，清华大学的本科生都是按照院系专业划分宿舍的。比如，经管学院的男生都是住在同一栋楼里，而这一栋楼里恰好也只有经管学院的学生。学生每天接触最多的都是本学院的人。这对学生成长有一些不利因素。第一，不利于提高学生的沟通能力。学生们每天沟通的对象主要都是同专业的同学，用的都是同一专业语言。如果经济管理专业的学生可以经常同中文专业、法律专业、电子专业、建筑专业的学生沟通，他们的沟通能力会提高。第二，不利于保护学生的自信心和多元化的个性发展。很多学生走入清华后，往往不到一个学期便没有了自信，而美国的学生进入顶尖高校鲜有这种情况。这和同专业的学生每天在一起，上的课儿子一模一样，在分数上进行攀比有一定关系。由于经常接触到的都是同一专业的同学，造成学生发展路径容易趋同，也不利于学生多元化的个性发展。如果不同专业的学生交叉混住，进行更多交流，可能会对这种现象有一定的缓解。

　　记者：如何更好地利用大学资源，实现人才培养的学科交叉性？

　　钱颖一：我举一个例子。创意、创新、创业是管理教育关注的未来焦点。2013年4月，清华大学创建了"清华x-lab"，中文称为"x-空间"，它的定位是清华大学的创意创新创业教育平台。这是一个由清华经管学院发起、牵头，联合了清华14个院系，一起打造的从创意到创新再到创业的教育平台。一年来，已经有250多个项目申请进入"清华x-lab"，入驻场地团队53个，注册和正在注册公司的项目52个，融资超过3300万元。这个平台面向清华所有学生和校友。

　　把它命名为"x-lab"，是取"x"中的两个含义，一是探索未知（x代表未知数）；二是"交叉"，即学科交叉。在创意创新创业教育这项探索上，我们跟国际上的领先商学院处于同一起跑线。这是一个我们展望未来管理教育时的新焦点，我们既有潜力，也有能力在这方面创新管理教育，在全球范围内领先。

记者：有人质疑现在的一些创业教育也很急功近利，在真正培养人的创新思维、能力上短板明显，如何在创新人才培养中减少这种现象？

钱颖一：对于创业人才的缺乏，大家是有共识的。但是，创业的基础是创新，创新的基础是创意，根本还是要从创意做起，不能太急功近利。现在的一些创业教育，也反映出短期功利主义，很多创业者就是"随大溜"，人家都搞IT、互联网，他也搞，提出的想法趋同，没有新颖的内容。所以我特别强调在创新、创业之前加上创意。这又涉及前面提到的思维方式的培养、学科的融合、通识教育的探索等。

记者：我联想到当前一些人对本科阶段开设管理教育专业的质疑，认为这是一个"万金油"专业，学生在知识积淀、专业背景等方面都存在问题。据我了解，您本科在清华大学读数学专业，到美国后先在哥伦比亚大学和耶鲁大学学习应用数学，之后才到哈佛大学学习经济学，从而进入经济学领域并成为知名经济学家。您怎样看待本科阶段管理人才的培养？

钱颖一：我认为这种观点是有一定道理的。在美国，除了宾州大学（沃顿商学院）外的七所常青藤大学，在本科阶段都不开设管理（商科）专业。斯坦福大学、芝加哥大学也都没有本科管理专业，麻省理工学院（MIT）是在本科开设管理专业第二学位。这些大学都是在研究生阶段才开设管理专业，主要是MBA教育。但另一方面，美国的绝大多数州立大学都会在本科开设管理（商科）专业。不过，美国大学本科的前两年不分专业，实行通识教育。不像我们，大学一年级就分专业。

我国的情况应该具体分析。据统计，当前我国高校本科毕业生就业最好的专业是经济类、管理类和工程类这三个专业类别。考虑到市场需求，开设工商管理本科专业有一定道理。但是，我认为，本科管理教育应该更加重视对学生视野和能力的培养。

记者：除了您以上的阐述，为实现我国管理教育的国际化，还需要做出哪些努力？

钱颖一：第一，我们要认识到创意、创业、创新的人才培养是管理教育中的一个新趋势。第二，不同学校的管理教育应有不同的侧重，差异化是未来管理教育的又一趋势。第三，我们要高度重视慕课（MOOCs）和在线课程给教育特别是管理教育带来的冲击，我们不能无所作为，而要积极应对，借助新技术进行教育创新。

（《中国教育报》2014 年 5 月 16 日第 5 版）

当前教育最大挑战在家庭

——访中华全国律师协会未成年人保护专业委员会主任佟丽华

人物简介：佟丽华

中共十八大代表、北京市人大代表。北京青少年法律援助与研究中心主任，同时担任中华全国律师协会未成年人保护专业委员会主任、北京市未成年人法学研究会会长、北京市家庭教育研究会副会长等职务。美国耶鲁大学法学院和哥伦比亚大学法学院访问学者，长期担任中央电视台《今日说法》等多个栏目的点评专家。

"六一"儿童节即将到来，许多父母都开始考虑该给孩子送一份怎样的礼物。日前，十八大代表、北京青少年法律援助与研究中心主任佟丽华的《我们因你而改变—— 一位父亲对家庭教育的25个反思》一书出版。在作者看来，父母的反思与成长是送给孩子最好的礼物。"中国90%的父母都不合格""当前中国教育最大的挑战在家庭""当前最可怕的不是应试教育，而是家长们的观念"……其中诸多观点在父母看来无疑是一枚枚"重磅炸弹"。

市面上有关家庭教育的书并不少见，作为一名公益律师，佟丽华这些火药味十足的论点是否有失偏颇？当今的父母需要反思什么？在家长们越来越维护孩子在学校、社会的权利时，他们在家庭中的权利是否得到尊重？孩子在家庭中的角色定位是怎样的？

"家庭教育的实质就是改变父母自己"，改变应该从哪里开始？做父母的真的疼爱自己的孩子吗？父母有勇气反思自己的教育吗？记者就此采访了佟丽华。

千军万马过独木桥的时代已经过去了

记者：您有个非常鲜明的观点，"当前中国教育最大的挑战在家庭"，我们怎么理解这个观点？

佟丽华：过去这些年，只要提到反思教育，我们首先一定要提的是应试教育，似乎应试教育是当前中国教育存在的所有问题的罪魁祸首。

我们首先要反思的是，当前还是所谓应试教育那种千军万马过独木桥的时代吗？我的观点是，这个时代已经过去了。如今，父母以及孩子都有了许多选择的权利和机会，尽管绝大多数孩子还不得不拥挤在那座主要的"桥"上，但很多孩子已经在另辟蹊径，他们中很多人生活得很精彩。当前学校教育的观念和方法固然存在很多问题，但制约儿童身心健康成长的首要问题却是我们所有父母的态度以及由此形成的整个社会风气。家长的观念以及各种不负责任的做法才真正制约了孩子的健康成长。

所以说，当前这个时代，已经到了家长、整个社会对教育观念进行反思的时候了。很多父母并未意识到这种形势的变化，还在盲目地追随和抱怨。当前最可怕的不是应试教育，而是家长的观念，我们仍旧逼迫孩子要考上大学，尤其是重点大学，我们仍旧不厌其烦地向孩子灌输考上大学改变命运的道理，我们仍旧不顾孩子兴趣给孩子报考各种补习班，我们仍旧坚持让孩子继续上研究生，我们仍旧目光紧盯孩子的分数，我们仍旧要求孩子为了所谓高考而放弃休息、锻炼和兴趣……

越来越多的研究已经表明：每个孩子出生的时候都有着无限的潜能。教育的基本功能是让每个孩子的潜能得到最大限度的发挥。每个孩子都有自己的专长，每个孩子都可能被培养成一个相对自己而言有重大成就的人，相对自己而言更加自信、更快乐的人。从父母和社会而言，就是要善于发现孩子的兴趣，发现孩子的专长，在日常生活和教育中给予其尊重、激发和培养。

记者：您甚至认为"中国90%的父母都不合格"，这是不是一个偏激的论断？

佟丽华：有朋友聊天时说，中国99%的父母都不合格。这句话或许有些极端，但我认为其有很大合理性，不能说 99%，当前至少超过 90% 的父母是不合格的，这也包括我自己。我认为很多父母做得都很不够，我们有太多需要反思的地方。遗憾的是，父母相对孩子的天然优越感让当父母的常常只会教育孩子、教训孩子，却很少反思自己。这是目前中国教育面临的一个严重问题。

最近发生的几个案件，如李天一案、海南校长带学生开房案、河南南阳教师性侵女生案等，都折射出孩子的成长环境问题。我为什么提出 90% 的父母是不合格的？因为现在中国很多父母千方百计地让孩子上好学校，课余时间上各种培训班，把希望都寄托在学校教育和培训班的技能教育，恰恰忽视了家庭教育。在孩子的成长过程中，父母的教育体现在哪里？父母应发挥的言传身教的示范作用恰恰被父母所忽略。我认为这是当今父母需要做的第一个大的反思。

第二个大的反思是，我们都在讲社会风气不好，父母只盯住了家庭的小环境，缺乏对社会大环境的关注。很多父母可能会说，我一个人改变不了社会。如果父母都是这样的想法，那就会出现一个局面：谁都不肯为建设良好的社会风气而努力。可是，我们能保证孩子不呼吸有雾霾的空气，不去面对食品安全、重金属污染、法治安全等种种问题吗？如果我们的梦想都是围绕家庭、个人和孩子，那么我们又如何能解决当前中国社会发展面临的问题？所以，为人父母者要反思，在力所能及范围内，要为孩子建设一个怎样的未来世界。

第三个是父母要对孩子的家庭角色进行理性反思，我认为，孩子应该是家庭的过客。

孩子是家庭的"过客"是家庭教育必须正视的事实

记者：孩子是家庭的"过客"，这个想法比较挑战中国人传统的家庭观念。

佟丽华：中国人历来重视孩子，认为孩子是一个家庭的重要组成部分，相应地，孩子在中国家庭中的角色定位存在三种形态。第一种形态，孩子是父母的附属品、财产，想打就打，想骂就骂，这也是很多家庭暴力案件的思想和观念的源头。比如，最近贵州金沙11岁女童惨遭亲生父亲"酷刑"，饱受虐待长达5年。我们每年都会遇到这样的案件。第二种形态，孩子是家庭的主人，家长对孩子极为溺爱、娇惯，尤其是在经济条件比较好的家庭，由此出现近几年社会上比较关注的"富二代""官二代""星二代"现象。这些孩子理所当然地把父母的权力、利益看作是自己的，李刚案、李天一案都是此类。第三种形态，孩子承载了父母过高的期望，父母把自己不能实现的梦想强加给孩子，给孩子带来过大压力。如河南郑州高二学生杀母案、河南法院院长父女被杀案等案件中，孩子都成为父母愿望的载体。

这三种形态都不是健康的、正常的。孩子是家庭的"过客"，这种说法或许冷漠，但这不仅是事实，也是家庭教育必须正视的现实。孩子终究要离开我们的家庭，走向社会去开创他们自己的事业，建立属于他们自己的家庭。如果孩子早一天意识到这个现实，他们不仅会感激父母的爱和照顾，而且还能够早些独立并有所担当。

孩子是家庭的"过客"，这种观念会相应地带来家庭教育的三个转变。第一个转变是孩子是独立的，必须尊重他们的权利、兴趣、人格尊严。从教育角度来说，尊重孩子的兴趣是最好的教育方式，孩子的兴趣爱好同样也是孩子的一种权利，孩子不是家庭的附属物，他是独立的，应该受到尊重。第二个转变是，孩子一定要自理自立，父母要让孩子正确看待、清楚地理解，父母的成就或财富、贫穷或失败跟孩子是没有关系的。子女成为父母成就、财富的享有者或失败、贫穷的承受者，那么孩子要么懒散骄纵，认为享受父母的成就、财富理所当然，要么自卑沮丧，小小年纪便嫌弃、抱怨父母无能。所以我们必须从小就培养孩子的自理、自立能力，让他们有能力去寻找自己的工作、赚自己的钱、成自己的家。第三个转变是，孩子与父母的情感不是天赋的，而是处出来的。我认为这非常有针对性。很多父母忽视与孩子的情感经营，现在有多少父母跟孩子是很好的朋友，互相尊重对方说的话？当父母的对这一点要清醒认识。

培养孩子的法治意识从尊重其在家庭中的权利开始

记者：您在"如何为孩子建设一个美丽的国家"这一专题中，特意提到如何为孩子建设一个公平正义的环境。为什么强调这一点？

佟丽华：媒体上报道的冤假错案似乎离我们很远，但如果没有法治的保障，权力就会被滥用，人为的灾难不知哪一天就会降临到我们和孩子身上。只有法治才能保障我们自己和子孙后代的安全与尊严。

很多人都会提出这样的问题：法治与孩子的家庭教育有什么关系？是否把问题扯得太远了？如果说环境恶化还确实直接关系到孩子的健康乃至生命，那么法治距离普通人家太遥远了，那是立法者、官员、法官、警察、检察官、律师的事情。

但多年的经验让我深刻地认识到，恰恰是社会上绝大多数人对法治的淡漠和疏远，让我们自己和孩子生活、成长所面临的环境日益复杂甚至恶化。

没有法治的保障，各种权力都可能被滥用；没有法治的保障，警察也好，法官、检察官、律师也好，每个人都可能受到伤害；没有法治的保障，环境污染、食品安全、教育公平、就业公平等各种问题都不可能得到根本改善。没有法治的保障，我们每个人的权利和尊严都可能受到伤害，无论是当官的还是我们普通老百姓。

权力滥用不仅会害了自己，也会害了自己的孩子。父母炙手可热的权力迷惑了孩子的心灵，在看似优越、幸福的环境中慢慢滋生了骄纵和狂妄。但当父母因滥用权力走向监狱甚至死亡时，孩子也不得不面对这种人生巨变，承受冰火两重天的截然不同的人生变故，蒙受巨大的耻辱乃至苦难。

记者：您说到做家长的一个误区，就是希望孩子的权利和尊严都能得到学校、社会的尊重和保障，但在家庭中，却不知道尊重孩子的权利。

佟丽华：我们要反思的是，在家庭中，我们是否尊重孩子的权利？我们是否培养了孩子的权利意识？如果做父母的自己都做不到尊重孩子的权利，孩子哪还敢奢求其权利受到学校和社会的保障？我们大人哪还能奢求培养孩子的法治观念？

父母要让孩子真正独立起来，就要尊重孩子的人格尊严，这不是父母的恩赐，而是现代法治发展的必然要求。也就是说，现代法律承认儿童是独立的权利主体，孩子们的权利和人格尊严必须得到尊重和保障。教育孩子的理念和方法可以仁者见仁、智者见智，但法律赋予孩子的权利则不同，它是必须给予保障和予以落实的。

培养孩子的法治意识，要从尊重孩子在家庭中的权利开始。在对联合国《儿童权利公约》进行宣传普及时，大家常提到孩子的四项权利，即生存权、发展权、参与权和受保护权。围绕着这四项权利，我国相关立法中又规定了很多具体权利，如生命权、身体及健康权、身心自由权、姓名权、隐私权、肖像权、受教育权、与监护人共同居住权、休息娱乐权、继承权、独立财产权等。

在此还需明确的问题是，尽管孩子在家庭中享有法律规定的各种各样的权利，但孩子的自我保护能力和认知能力都比较弱，这注定了孩子需要大人的管理和教育。所以，父母还有一种职责，也可以说是法定义务，那就是要管理和教育孩子。

记者：可是让很多人痛心的是，父母对孩子的家庭暴力事件屡见不鲜。

佟丽华：家庭暴力的背后不仅折射出父母教育的无能，更反衬出人性中欺凌弱小的劣性，我们很少见到父母对成年子女经常施暴的案例。

《好妈妈胜过好老师》的作者尹建莉提出，不要做穿西装的野蛮人。这个提法很生动。我们规劝父母，不要对孩子实施任何形式的家庭暴力。

北京青少年法律援助与研究中心曾对 2008 年 1 月至 2012 年 6 月期间媒体报道的 429 起案件进行分析，这些案件呈现出一些鲜明的特点。一是暴力主要来自于父母，父母单方施暴的更为常见。二是家庭暴力在农村和在城市的比例基本持平，但通常大家认为家庭暴力更多地发生在农村。三是 10 周岁以下儿童更容易遭受家庭暴力。四是遭受家庭暴力的女童比例略高于男童。

平时我们更多关注的是那些针对孩子身体的家庭暴力，但家庭暴力还不仅是指针对身体的暴力。根据国际社会的共识，对儿童暴力的界定包括身体暴力、精神暴力、性暴力和忽视。比如在家庭中对孩子使用粗暴、嘲讽、狠毒、贬损等语言或表情也属于家庭暴力。有些时候语言或表情的伤害同样严重。

让我印象很深的一个故事是：有一个小学二年级的孩子，犯了一个不是很大的错误，老师也没有批评他，但这个孩子跟校长说老师打我了，校长问老师怎么打的你？孩子说，他用眼神打我了。这是对父母、老师很大的警醒，一个眼神对幼小的孩子而言也可能就是暴力，并会给孩子留下伤害。

孩子的最大利益是父母处理学校纠纷的唯一原则

记者：现在的很多父母都很关注一个问题——如何妥当处理与老师及学校的纠纷？

佟丽华：这些年来，我感觉特别痛苦的一类案件是孩子在学校受到体罚或者侮辱，最后家长和学校因为这个伤害事故出现纠纷，打起官司，孩子最后出现精神疾病。有些精神疾病会困扰孩子的一生。

结合我多年研究和处理校园伤害事故的经验，就如何妥善处理与老师及学校的分歧甚至纠纷，从四个方面对家长提些建议：

父母尊重老师才能让学校教育事半功倍。即使老师有时候批评孩子重了，话说得过分了，有些教育方法可能确实不合适，这是常见的。但在绝大多数情况下，我们要以类似问题为例，引导孩子养成豁达宽容的性格，从正面去理解老师的态度。

帮助孩子分担校园压力。从孩子迈向幼儿园那一刻起，孩子就开始面临来自伙伴、老师等各方面的压力，我们要意识到这种压力的存在以及这种压力可能带给孩子的影响。要特别提醒的是，对孩子在学校面临的绝大多数问题，要鼓励孩子勇敢面对、自己解决。尤其是和同学、老师之间的分歧甚至纠纷，家长尽可能不要介入。父母要和孩子积极沟通，了解孩子的这些压力，帮助孩子舒缓压力，引导孩子理性地解决矛盾。

协商是解决校园纠纷的最佳方式。即使我们尊重老师，即使我们鼓励孩子勇敢解决身边的绝大多数问题，但不可避免的是，家长有时不得不介入和老师及学校的分歧甚至纠纷。我反对家长到学校大吵大闹。尽管表面看来父母和孩子的情绪得到了宣泄，也帮助孩子挽回了所谓的"面子"，但破坏了孩子和家长在同学、老师心目中的形象，孩子未来也将面临受到孤立的风险。

避免帮助孩子维权过程中的"二次伤害"。假如双方协商没有能够达成共识，那家长怎么办？在选择处理策略和方法时，父母应注意，不要在孩子面前强化负面情绪，避免"二次伤害"。尤其是对那些短时间内没能处理完的纠纷，父母长时间在孩子面前表达不满、发泄愤怒，这样一种夸大了的负面情绪传递给孩子，会加重孩子的心理负担和负面情绪，成为事实上的"二次伤害"，也成为导致孩子出现精神性疾病的重要原因。父母要淡化而非强化问题的严重程度，让孩子尽早释然而非纠结于事故。

与孩子共享有意义的人生

记者：很多人认为，现在的成人社会是庸俗势利的，如何规避成人社会对孩子的影响？

佟丽华：我有一次和中国政法大学的一个学生谈话，这是个非常优秀的学生。她中学以前学习成绩一直特别好，她说那时候她有目标，就是好好学习，考第一。但是大学二年级以后，她逐渐没了目标，她越来越困惑，不知道生活的意义在哪里。

还有一次，一个北大的女孩告诉我，说每次与大人吃饭的时候，只要她谈到法治和理想，往往受到嘲笑。

当今时代，孩子成长恰恰就面临着这个挑战。这个北大女孩的父辈及朋友都是受过良好教育的人，但这些在政府、企业某些重要岗位工作的所谓成功人士，自以为见多识广，参透了人生，看透了万象，不仅自己庸俗势利，更可怕的是还误导了孩子，影响着他们的健康成长。

做父母的要反思，是否和孩子讨论过人生的意义？做父母的自己是否思考过人生的意义？眼下，人们日益崇拜权力、金钱、名利，似乎那就代表了成功，那就是人生的意义。但如果缺乏梦想、精神迷茫、行为不端，那又何谈人生的意义？那又能给孩子以怎样积极的影响？如今讨论人生的意义似乎已是一种奢侈，但忽略人生的意义，则会让我们自己和孩子在迷茫困惑中虚度时日。

我们很多父母不得不参加各种所谓的应酬，但很多时候饭桌上人们是在谈权谋、谈功利、谈利益。遗憾的是，在家里，很多做父母的毫无顾忌地向孩子讲述这样的生活，这将传播给孩子一种怎样的人生感受？

比如一个简单的问题：我们是否带着孩子参与过志愿行动？我们做父母的自己是否有公德心？我们是否曾以自己积极的行动影响和教育孩子关心社会与他人？如果我们和孩子都只关注个人私域中的那片狭小的天地，那么将来孩子就很难避免被社会边缘化的命运。

最近这些年，我特别欣喜地看到，越来越多在政府部门工作的官员，一些家庭条件非常好的人士，也都开始关注孩子的公益心和公德心问题，鼓励孩子多参与志愿行动。很多父母鼓励孩子到我们这样的法律援助机构来学习，参与办理法律援助案件，感受法律援助的过程，体会社会上那些最困难、最艰苦的人群的生活状态。我认为这是一个良性现象。

当前中国社会在热议"中国梦"，在这样一个转折和变革的时代，我觉得我们每个人都应该认真地思考一下：我的梦想是什么？我对孩子的梦想是什么？"中国梦"和我的梦想之间到底是怎样的关系？我们如何来凝聚民众的梦想？

每个孩子都有自己的梦想，我们不要把自己尚未实现的梦想强加给孩子，我们也不要让世俗和偏见伤害孩子的梦想。那是一种稚嫩的、没有加过任何修饰的梦想，那是孩子追求卓越和真、善、美的动力，那是父母和这个国家的希望。

（《中国教育报》2013 年 5 月 30 日第 3 版）

推进教育治理体系和治理能力现代化
——聚焦"深入推进管办评分离"（上）

人物简介：瞿振元	

中国高等教育学会会长，曾任教育部高校学生司司长、中国农业大学党委书记。

曾天山

中国教育科学研究院副院长，主要从事教育政策、教育管理和教学理论问题研究。

杨银付

国家教育发展研究中心副主任，曾任驻洛杉矶总领馆教育组教育领事。曾参与《国家中长期教育改革和发展规划纲要（2010—2020年）》等中国教育部重大工作的研讨和纲领性文件起划工作。

李希贵

北京十一学校校长，曾任教育部基础教育评估中心主任、山东省潍坊市教育局局长，兼任国家督学、中国教育学会理事。

日前，《中共中央关于全面深化改革若干重大问题的决定》（以下简称《决定》）正式发布，掀开了全面深化改革的新篇章。在"完善和发展中国特色社会主义制度，推进国家治理体系和治理能力现代化"总目标的要求下，在加快转变政府职能的具体部署下，《决定》在深化教育领域综合改革的部署中，提出要"深入推进管办评分离"。其背后的深刻内涵与意义何在？教育管理体制改革为何屡推难动，难在哪里？构建政府、学校和社会之间的新型关系，权责如何明晰？围绕这些问题，记者近日采访了中国高等教育学会会长瞿振元、中国教育科学研究院副院长曾天山、国家教育发展研究中心副主任杨银付、北京十一学校校长李希贵。

从"管理"向"治理"转变传递何种内涵

记者："完善和发展中国特色社会主义制度，推进国家治理体系和治理能力现代化"，是《决定》提出的全面深化改革的总目标。怎样理解这一总目标下的深化教育领域综合改革？怎样理解"治理"二字传递的深刻内涵？

瞿振元：当前的教育管理体制改革，要放到党的十八届三中全会提出的全面深化改革的总目标中去理解。《决定》提出，全面深化改革的总目标是"完善和发展中国特色社会主义制度，推进国家治理体系和治理能力现代化"。这个总目标既是国家的治理学说，也是我们改革的工作目标。长期以来，我们总是提"管理"，这一次《决定》突出了"治理"二字，而且还强调治理体系、治理能力要实现现代化，我认为这是非常先进的理念，可以说是《决定》的最大亮点。

我们应该深刻理解从管理到治理这一变化的深刻内涵。管理是从上而下、一元单向的，而治理是指在社会主义市场经济体制下，市场在资源配置中起决定作用的条件下，多元利益主体围绕共同的目标协调与互动的过程。可以说，随着市场经济中行为主体的多元化、利益主体的多元化，政府与民众、社会、企业、学校的关系也应是平等的、双向的、互动的、协同的。

在从管理向治理转变，推进国家治理体系和治理能力的现代化的大背景下，实现教育治理体系和治理能力的现代化也就成了一个紧迫而现实的任务。不仅从高等教育看是这样，从基础教育、职业技术教育、终身教育体系建设来看，也基本如此。

杨银付：在全面深化改革的总目标下，教育领域综合改革也要努力以教育管理方式创新、教育治理方式创新引领教育发展方式创新。创新教育管理方式的核心要求就是由微观管理走向宏观管理，由直接管理走向间接管理，由办教育向管教育转变，由管理向服务转变。而教育治理超越了行政管理的视野，其核心是正确处理好政府、学校、社会的关系，并建立完整的治理结构。

记者：您能否结合我国教育的现实情况，具体分析一下从"管理"到"治理"这一变化的必要性与现实意义？

瞿振元：从高等教育来看，无论是高等教育自身的发展还是高等教育外部环境发生的变化，都对教育治理体系和治理能力现代化有现实的需求和现实的可能。

在高等教育内部，当前我国高等教育已经进入大众化，并且是中等程度的大众化阶段。1998 年，我国共有高等院校 1022 所，有 590 多万名在校学生，而现在，我国高等院校已经有 2442 所，有 3000 多万名在校学生。过去的校均规模为 5000 人左右，现在为 1 万人以上。这些不能只理解为高等教育规模的扩张，而应认识到高等教育组织的复杂化、结构的多样化、水平的差异化、权益的多样化和民主诉求的不断增加。

除了高等教育自身的复杂变化，高等教育的外部环境也已经发生了巨大变化。首先，高等教育规模扩大后，高等教育的利益关联者显著增加。过去，高等院校学生人数少，很多人都不了解高等教育，觉得它神秘。而今天，读大学是平常的事情，更多的人能够感受高等教育，也更容易看到问题，这也是为什么整个社会都能评论高等教育的一个原因。其次，市场经济体制也要求教育体制与之相适应，当前很多高校的经费来源多元化，筹资集资的数量在增加，有的学校总体经费中国家拨款不足 1/5。受教育者走向社会的渠道即就业通道也进一步变化，市场在就业中起决定作用。教育国际交流合作的广度和深度也前所未有，等等。这些都说明高等教育的外部环境发生了重大变化。

高等教育自身的发展情况和高等教育外部环境的变化告诉我们，如果还停留在过去"管理"的概念下来发展教育事业，显然已经不相适应了。

现实情况要求高等教育管理向高等教育治理转变，推动中国特色现代高等教育治理体系和治理能力的现代化。强调由微观管理走向宏观管理、由直接管理走向间接管理、由办教育向管教育转变、由管理向服务转变。

过去，我们也认识到管理能力不足的问题，今天我们更应认识到治理能力不足和不够现代化的问题，也就是，不只是从上到下管的能力不足，而且是多元、平等、协调的治理能力不足。

还有一点，从高等教育治理体系来看，我们提到的管办评分离，更准确的理解应该是管办评分立、分工、互动、协同，根据系统论的理论，任何事物都是相互联系的，管办评也无法完全分离。

记者：为实现全面深化改革的总目标，《决定》专门就加快转变政府职能进行了具体部署，例如深化行政体制改革，创新行政管理方式，进一步简政放权，特别是加快事业单位分类改革，推动公办事业单位与主管部门理顺关系和去行政化等，都成为亮点。这些举措对深化教育管理体制改革而言，意味着什么？

杨银付：《决定》专设一个部分对加快转变政府职能进行部署。实际上，"国家治理体系和治理能力现代化"的一项重要要求，就是简政放权，推动政府职能向创造良好发展环境、提供优质公共服务、维护社会公平正义转变。新一届政府成立以来，就把职能转变作为第一件大事，迄今已取消下放334项行政审批等事项。这就是转变行政管理方式。在教育方面，我们也要努力以教育管理方式创新、教育治理方式创新引领教育发展方式创新。

曾天山：这就意味着为深化教育体制改革创设了有利的制度大环境，是难得的历史机遇。大环境决定小环境，大气候影响小气候。以往推动的一些教育体制改革有的无疾而终，有的不了了之，有的成了"四不像"，就是因为大环境不支持，小环境不配套，局部改革难以推动和持久。这次从综合改革的角度加快政府职能转变，着重改变政府是"全能政府"的观念，着力改变政府"闲不住手"的状况，是对政府自身的彻底改革。

我理解的政府教育管理职能转变有三层意思。一是要分权，理顺政校关系、政事关系、政社关系，政府应当管的事一定要管好管住，着重方向把握和战略管理。二是要放权，政府要抓大放小，要舍得简政放权，把不该管又管不好的微观事务向学校放权、向中介放权、向社会放权，要加快现代学校制度建设，要加快事业单位经营型和公益型分类改革，使事业单位成为真正的社会中介组织，要完善社会参与机制。三是要监权，善于运用综合政策工具（如法律、规划、经费、标准、监测、评价、督导）进行引导和问责。这三者关系处理好了，就能打破以往存在的"一放就乱，一乱就收，一收就死"的怪圈，进入"各司其职，各负其责，相互支撑"的良性循环。

教育管理体制改革难在哪里

记者：1985 年 5 月《中共中央关于教育体制改革的决定》颁布后，我国教育管理体制改革不断深入，改革至今，我国教育管理体制的现状如何？有哪些弊端？"深入推进管办评分离"的重要意义何在？

曾天山：教育行政体制是政府行政体制的重要组成部分，1985 年以来，伴随经济体制改革和科技体制改革，教育体制改革也不断推进，确实有很大的进展，特别是明晰了中央和地方权责，但并没有彻底改变行政独大的局面。公办学校办学基本听命于政府，各级教育督导机构绝大部分附属于教育行政部门，大多数评价活动都是政府自己进行或委托直属事业单位开展。这样政府既是办学的主体，又是管理的主体，还是评价的主体，决策、执行、监督一体化，相当于既当裁判员，又当运动员，还是解说员。这种现状带来的结果必然是自说自话、缺乏公信力、缺乏说服力、缺乏相互监督和相互制约，无论哪个环节出了问题都难以问责和及时改进，长此以往就陷入僵化固化的泥潭，教育发展就失去了动力和活力。因此，推进管办评分离是现代教育管理制度的必然选择，是建设现代化教育强国的制度保障。

李希贵：从 1985 年至今，党中央、国务院先后召开了三次全国教育工作会议，一直在试图突破教育的计划经济色彩，还教育本来面目，但是我们看到的结果却依然是管得过死、学校活力不足、社会参与程度不高，创新型人才培养机制基本没有形成。2010 年《国家中长期教育改革和发展规划纲要（2010—2020 年）》再次发力，提出要重点突破的也是"促进管办评分离"，快三年了，应该说没有取得实质性进展。市场的主体是企业，教育的主体是学校，办学是学校的事情，但是长期以来，学校需要的教师要由人事部门招聘，教师工资要由财政部门发放，教师职称评聘也要由主管部门来管，学校成了局外人。更有甚者，一些地区连各个学校的学习进度也要按照主管部门统一要求来进行，长期以来，大一统的管理体制让校长无法施展抱负，学校千校一面，学生没有选择的余地，个性化培养无从谈起，这也是长期以来教育备受指责的根本症结所在。

《决定》给了我们很大的信心。只有政府、学校、社会各归其位、依法尽责，决策、执行、监督相对分离，这种"三角形"的体制才能形成相对独立、彼此尊重的关系，才能保障教育事业的健康发展。

杨银付：深化教育领域综合改革，可以从不同层面来理解，其中最具全局视野的，就是管办评分离的改革，因为它涉及教育的方方面面。它要求转变全能型政府的职能模式，形成政事分开、权责明确、统筹协调、规范有序的现代公共服务政府教育管理体制，构建"政府管教育、学校办教育、社会评教育"的教育发展新格局。这一改革必将解放和发展教育生产力，解放和增强教育活力。

记者：有人说，教育管理体制改革是教改中最难啃也必须啃的硬骨头，怎样理解？为什么 1985 年就提出放权，但真正的放权很少，教育管理体制改革难在哪里？

曾天山：教育管理体制改革是教育改革的核心，也是教育改革的难点，为什么这么说？我理解，一是因为中国之大，人口之多，教育之复杂，非强有力的政府难以维持运转和持续发展；二是因为我国学校大多数是政府公办的，民办学校历史短暂，公办、民办学校内部治理结构还不完善；三是因为社会组织发育不成熟，独立的中介组织起步晚，公信力不足；四是因为改革者在切割自身利益方面，难以下决心、出狠手，多放事权，少放人事财物权，多放虚权，少放实权。这种状况导致了政府管理"不放权不行，放权也不行"的尴尬局面，长期在放权和收权之间纠结，而事权不匹配，权责不统一，学校和社会也不愿接，给人的感觉是教育发展多改革少，简政放权喊得多做得少。因此，改革面临的最大困难不是改革别人，而是改革自己，卸下利益的包袱才能轻装前进。

李希贵：所谓改革进入深水区、攻坚期，说白一点，其实就是改革到了需要革掉一些部门的"利益之命"的时候，他们手里把握这些权力已经成为习惯，甚至，没有了这些权力，有些部门就没有了存在的必要，有些岗位也没有存在的合理性。因此，我们必须充分估计改革之艰难，可以说，没有政府的强力推动，改革不会自动发生。

但是，我想特别强调的是，现在的情况已经与1990年以前完全不同了。那个时候的放权，是指教育行政部门放权给学校，而现在，在许多本来学校应该拥有的权力上，不仅学校没有了决定权，连教育行政部门也没有多少发言权，大都被人事、财政、发改等部门收去了。所以，在许多方面，教育部门已经无权可放，必须从政府层面认真排查梳理，把真正应该还给学校的权力交出来。

教育体制的弊端大家都很清楚，国外教育发达国家有比较成熟的体制可借鉴，国内也有成功的实践。2004年，我在潍坊市教育局任局长，潍坊市无论是教师还是校长，长期被行政级别带来的弊端所困，在潍坊市委、市政府的大力支持下，潍坊一次性取消了全市所有中小学校的行政级别，建立了校长职级制管理新机制，涉及930多名有级别的校长、副校长，他们的档案全部从组织人事部门转移到教育部门管理。教育改革的关键是党委主要领导的境界、胆识。虽然说"改革触动利益往往比触及灵魂还难"，但是经过实践检验，潍坊的校长尝到了改革的甜头。潍坊的中小学校长不用再去参加不相干的会议、活动，可以静下心来一心一意研究办学，依靠出色的办学业绩赢得比以往更多的尊重。改革难不难，关键看谁来推动。

再比如，给学校下放权力，不能靠文件、靠会议，也不能仅靠觉悟，关键是要有落实的措施。如果机制不改，即使换了人，往往也只能管一时。改到深处是制度，要把改革落到实处，还是要从制度的变革起步。

新型关系需要怎样明确权责

记者：教育部部长袁贵仁提出，深化教育领域综合改革，大的方向是构建政府、学校和社会之间的新型关系，这个新型关系应该是怎样的？具体权责应该如何明晰？

曾天山：构建政府、学校和社会之间的新型关系，我感觉不能再是"新瓶装旧酒"，而是扎扎实实改革、实实在在推进。教育领域管办评分离的内涵，就是政府管教育、学校办教育、社会评教育。

政府必须依法行政，转变职能，改进管理方式，加强宏观管理，变微观管理为宏观管理、直接管理为间接管理。坚决实行简政放权，落实学校的办学自主权，如招生、人事、财务、教学、学术、对外合作等权限。同时，注意发挥社会组织在教育评估监测中的作用，进一步调动行业协会、专业学会、基金会等社会组织参与教育公共治理的积极性，鼓励专门机构和社会中介机构评估监测教育成效，适时将委托社会组织开展教育评估监测纳入政府购买服务程序之中，作为完善评估监测制度体系的重要运作方式。

杨银付：政府在管理教育的过程中，要改变直接管理学校的单一方式，综合运用立法、拨款、规划、标准、规则、信息服务、政策指导和必要的行政措施，减少不必要的行政干预。学校是办学的主体，应依法保障学校的办学自主权，同时由学校承担起相应的责任。适应中国国情和时代要求，建设依法办学、自主管理、民主监督、社会参与的现代学校制度，是对"如何办教育"的核心要求。在评教育方面，就是要推进专业评价，鼓励专门机构和社会中介机构进行评估，形成由政府、学校、家长及社会各方面参与的多元教育质量评价体系。

在管理—办学—评价的综合改革中，管理的改革和创新是上游，是基础性的，是首先需要改革的方面，它之所以重要，是因为管理上的放权，将为办学和评价上的创新提供空间，牵一发而动全身。办学的改革和创新是核心，从办人民满意的教育而言，教育行政部门并不直接提供教育，教育行政部门提供的是教育政策，学校才直接提供教育，办学的质量直接决定着教育的质量，办学创新的重要性不言而喻。学校是教育的细胞，教育改革只有最终落实到学校层面，体现到教师和学生身上，才真正见到了实效。评价的改革和创新也十分重要，评价往往是指挥棒，下游的评价可以反过来带动上游的管理和中游的办学。例如，教育部今年出台了《关于推进中小学教育质量综合评价改革的意见》，从品德发展水平、学业发展水平、身心发展水平、兴趣特长养成、学业负担状况五个方面设立 20 项指标，这可以看作是教育部在管教育方面，设立了评价指标和评价规则，具体的评价可交给专业机构按照规则去评，而这一评价将反过来直接引导学校更好地办学，改变片面应试倾向，全面实施素质教育。

李希贵：这些年，我在不同场合多次呼吁要加快制定《学校法》，用法律形式确定政府、学校、社会的关系。这个新型关系，我认为应该这样表述：政府宏观管理、学校自主办学、社会参与监督。政府转变职能首先要转变"管"学校的思维，树立起以学校发展需求为导向的工作机制。道理很简单，如果没有学校，教育局也就没有存在的必要，教育局的职责是全心全意为学校发展服务。学校自主办学，就是学校独立承担起立德树人的职责，最终实现依法自主管理教师、自主实施课程，按照章程办学。社会承担起过去政府管理的职能，在参与学校办学中实现对学校的监督。这三者不再是单纯的"管"和"被管"的关系，应该各司其职。否则，教育就会畸形发展。

落实《决定》提出的措施，将给我国教育带来深刻的变革，使教育真正回归到教学规律和人的成长规律。政府依法提供必要的保障条件，不再套用行政思维对待学校、管理校长，真正把办学的权力还给学校，让学校依法承担起应该担负的责任，这些改革必将释放出学校的巨大的活力。迈出这关键的一步，中国教育将焕然一新。

（《中国教育报》2013 年 12 月 5 日第 3 版）

推进管办评分离的现实路径

——聚焦"深入推进管办评分离"（下）

日前，《中共中央关于全面深化改革若干重大问题的决定》（以下简称《决定》）正式发布。自 1985 年《中共中央关于教育体制改革的决定》颁布后，我国教育管理体制改革不断深入，2010 出台的《国家中长期教育改革和发展规划纲要（2010—2020 年）》再次发力，提出要"促进管办评分离"。此次《决定》再次提出，要"深入推进管办评分离"。在放权的同时，政府该如何创新管理方式？学校在扩大办学自主权的同时，如何完善内部治理结构？为什么要强化国家教育督导，如何委托社会组织开展教育评估检测？围绕这些问题，记者近日采访了中国教育科学研究院副院长曾天山、国家教育发展研究中心副主任杨银付、北京十一学校校长李希贵。

管理：政府放权的同时要创新管理方式

记者：《决定》提出，扩大省级政府教育统筹权和学校办学自主权，即推进中央向地方放权、政府向学校放权。其中，为何提出扩大省级政府教育统筹权？在分级管理中，省、市（地）、县、乡的职责如何划分，省级政府的统筹权如何体现？如何理解"形成政事分开、权责明确、统筹协调、规范有序的教育管理体制"？

杨银付：扩大省级政府教育统筹权，这是中央立足教育事业发展全局和我国教育发展阶段性特征做出的重要决策。它有两层意思，一是中央要进一步向地方放权。"鞋合不合适，脚最知道"，这或许就是分散决策、放权的依据。尤其是中国如此之大，许多省份的人口、面积都相当于欧洲的一个国家，需要推动权力下放。二是解决一些领域管理重心太低的问题。例如，20世纪80年代我国提出普及九年义务教育时，实行"地方负责、分级管理"的义务教育管理体制，这的确同时调动了中央和地方的积极性、政府和人民群众的积极性，实现了我国义务教育的快速普及，这是我国发展义务教育的重要经验，但由于我国地区间经济社会发展的不平衡，在义务教育基本普及之后，地区间、城乡间的教育差距凸显出来。正是在这一背景下，2001年国家提出建立"以县为主"的农村义务教育管理体制，提高了管理重心。但现在看来还不够，因为有的省内县与县之间财力差距很大、教育发展水平差距很大，加强省级统筹的呼声就越来越高。

综合起来讲，加强省级政府教育统筹，有利于省级政府根据本地人口、产业结构确定教育发展目标，提高教育与经济社会发展契合度；有利于发挥省级政府财力统筹和资源平衡能力，切实加大对农村地区、薄弱学校、困难群体的倾斜支持力度，加快缩小教育发展差距，促进教育公平；有利于省级政府优化各部门职能分工，构建教育改革协同推进机制，深化教育领域综合改革。目前国家确立的北京、上海、安徽、广东、云南、新疆和深圳七个省（区、市）省级政府教育统筹综合改革试点，都不同程度地取得了进展与体制机制创新成果。

曾天山：在我国教育管理体制中，省级政府具有独特地位和优势，相对于中央而言，具有贴近基层、就近管理的优势，相对于市县而言，则具有较强的财政统筹和行政调控能力。

目前的管理体制体系中，高等教育管理以省为主，职业教育管理以地市为主，基础教育管理以县为主，省级统筹将占据越来越重要的地位，体现在统筹推进省域教育现代化，统筹推进各级各类教育协调发展，统筹城乡教育发展，统筹教育与经济社会协调发展，统筹保障教育经费投入，统筹推进教育综合改革，扩大在教育布局结构调整、教师队伍建设、教育对外交流合作、教育经费使用等方面的统筹权。

教育体制改革的目标是"形成政事分开、权责明确、统筹协调、规范有序的教育管理体制"。所谓政事分开，就是指政府行政职能与公共事业运作功能分开；所谓权责明确，就是各级政府各有其权，各负其责；所谓统筹协调，就是各级政府要调动和发挥各方力量的积极性、主动性、协同性；所谓规范有序，就是依法行政，按制度办事管人。

李希贵：提出扩大省级政府教育统筹权，我认为主要是基于未来国家治理体系的背景提出来的，今后要合理划分中央和地方的事权。就教育而言，基础教育、职业教育、终身教育，甚至高等教育，管理职责、经费支出等都在省级以下地方政府，自然强调省级统筹是正确的。

但是，我们特别需要警惕的是，省级统筹并不是指所有权力都集中到省一级，这样可能会带来更大的负面影响。应该按照各类教育的属性、服务对象来划分统筹权限，比如学前教育、义务教育要强化县市区一级统筹，高中阶段要强化地市一级统筹，普通高等教育要强化省级统筹，这样可能更有利于发展。

需要强调的是，强化统筹权不能等同于过去的强化管理权。要坚定不移地按照《决定》要求，分权、放权，建立"政事分开、权责明确、统筹协调、规范有序"的管理体制，形成这样的制度，一靠法律，二靠监督。

记者：政府扩大学校办学自主权该怎样实现？在放权的同时，政府如何运用法规、规划、标准、政策、公共财政、信息服务等手段引导和支持学校发展？

曾天山：政府要树立服务意识，改进管理方式，完善管理制度，减少和规范对学校的行政审批事项，依法保障学校充分行使办学自主权，形成制度化。

放权不意味着放任，政府将更多运用法规、规划、标准、政策、公共财政、信息服务等手段引导和支持学校发展，加强和改善宏观管理，发挥引导、示范、激励、监管作用。

杨银付：落实和扩大学校办学自主权，首先是政府的职责。政府转变职能、转变管理方式是落实办学自主权的前提。《国家中长期教育改革和发展规划纲要(2010—2020年)》颁布以来，我国在落实和扩大高校办学自主权方面，取得了新的进展，例如本科和高职高专专业自主设置，放权 58 所研究生院自行审核博士学位授予等，这些都是实质性的进展。在放权和减少事前审批的同时，要加强事中和事后监管，防止"一放就乱"。

在放权的同时，还要创新管理方式，更多运用法规、规划、标准、公共财政、信息服务等手段引导和支持学校发展。例如，运用财政杠杆，缩小义务教育学校间的差距。实际上，教育拨款的方式，体现着教育工作的领导方式；教育拨款的思路，反映着教育改革发展的思路。按照十八大提出的"合理配置教育资源"的要求，就要优化财政性教育经费的支出结构，改进教育资源的配置规则与方式，进一步把教育资源配置的重点真正转向促进教育公平和提高教育质量上来。又如，截至 2013 年 10 月底，全国 31 个省（区、市）和新疆生产建设兵团全部安装中小学生学籍信息管理系统，一人一籍，籍随人走，动态监管，全程跟踪，这项重要的基础性工作，通过现代信息技术可以更好地提供信息服务，由此提高基础教育管理水平。而开展教育现代化发展水平监测和建立教育决策支持服务系统，也将是大数据时代教育管理现代化的重要方面。

李希贵：我们一直有个误区，总是说放权、扩权，其实有好多权力本来就是学校的，确切地说，应该是把属于学校的权力还给学校。即使是政府运用法规、规划、标准、政策、公共财政、信息服务等来引领、规范、服务学校，也要从根本上转变观念，牢固树立依法行政、服务理念，真正把权力关进制度的笼子里。

记者：《决定》提出，健全政府补贴、政府购买服务、助学贷款、基金奖励、捐资激励等制度，鼓励社会力量兴办教育。提出这五种政策方式，对新时期推进民办教育的发展意味着什么？促进民办教育发展，政府的职能应该如何体现？在各项政策的实际操作中，政府如何发挥作用？

曾天山：提出这五种政策方式，是极具创新性的政策要求，对新时期推进民办教育创造了巨大的发展机遇，一些办得好且承担公益责任的民办学校，就可能获得政府的各项资助。

促进民办教育发展，政府的职能要体现在办教育而非办学校，因地制宜采取多样化政策措施，引导社会资金以多种方式进入教育领域，支持民办教育事业发展，并积极鼓励行业企业等社会力量参与公办学校办学，形成以政府办学为主体、全社会积极参与、公办教育和民办教育共同发展的格局。

在各项政策的实际操作中，政府要发挥主导作用，给办学行为规范的民办学校以政策倾斜和经费支持，真正落实公办、民办学校同等待遇。

杨银付：民办教育是我国社会主义教育事业的重要组成部分，是我国教育事业发展的重要增长点和促进教育改革的重要力量，国家大力支持民办教育健康发展。这次提出政府补贴、政府购买服务、助学贷款、基金奖励、捐资激励五种政策方式，是十八大报告"鼓励社会力量兴办教育"的具体体现，也是民办教育发展的重要机遇。创新公共服务提供方式，推进政府向社会力量购买公共服务，将加快形成改善公共服务的合力，有助于解决公共服务产品短缺、质量和效率不高等问题。在教育方面，要区分义务教育和非义务教育、公共产品与准公共产品的不同性质，改进非义务教育公共服务提供方式，引导社会资金以多种方式进入教育领域。

李希贵：有人说，中国教育的希望在民办教育，是有一定道理的。民办教育的优势在机制，能充分释放出校长、教师的办学动力，把培养好每一个学生作为学校的头等大事，不然失去了学生的喜欢、家长的认可，学校就会垮掉，"皮之不存，毛将焉附"。《决定》提出的五种政策本身就是对民办教育地位、性质的高度肯定，必将带来民办教育的快速发展。民办教育和公办教育都是国家教育事业的重要组成部分，都为国家、民族培养人才，甚至可以说出资者为国家尽了职责。因此，政府要摈弃偏见，在学校建设用地、建设配套费用减免、民办学校教师的待遇及职称评聘等各方面大力支持，帮助其快速、健康发展。

要立足国情，选准突破口，探索民办教育的多种实现形式。比如，政府可以用购买服务的方式，通过委托办学，转变公办学校的办学机制，实行国有民办，加快优质教育资源的扩张。教育系统特别需要解放思想。

办学：学校要完善内部治理结构

记者：落实和扩大学校办学自主权，学校的内部管理结构如何完善？在推进学校分类管理的背景下，各级各类学校如何依法行使办学自主权和承担相应责任？学校在"招生、学科设置、专业设置、课程设置、学位授予"等方面如何自主？

曾天山：落实和扩大学校办学自主权，关键是完善学校内部治理结构，要让每所学校都能依法行使办学自主权和承担相应责任，核心是加强章程建设。2015年前全国所有学校都要制定或修订好章程，办学自主权须由规范的学校内部治理结构来实现，校内外的民主监督制度都要加快建立健全，加快建设依法办学、自主管理、民主监督、社会参与的现代学校制度。

在推进学校分类管理的背景下，各级各类学校都要依法行使办学自主权和承担相应责任，学校在"招生、学科设置、专业设置、课程设置、学位授予"等方面发挥自主权。高校按照国家法律法规和宏观政策，自主开展教学活动、科学研究、技术开发和社会服务，自主制订学校规划并组织实施，自主设置教学、科研、行政管理机构，自主确定内部收入分配，自主管理和使用人才，自主管理和使用学校财产与经费。扩大普通高中及中等职业学校在办学模式、育人方式、资源配置、人事管理、合作办学、服务社区等方面的自主权。

杨银付：建设现代学校制度，核心的问题有两个：一是政校分开，依法落实和扩大高等学校办学自主权，构建政府、学校、社会之间的新型关系；二是完善高等学校内部治理结构。高等学校必须建立更加完善的自我约束、自我规范的内部管理体制和监督制约机制，才能为更好地行使办学自主权奠定基础，否则就可能"一放就乱"。只有政府和学校共同努力，才能真正落实好办学自主权。

就高等学校内部治理结构而言，要坚持和完善党委领导下的校长负责制，依法落实党委职责和校长职权；要尊重学术权力，充分发挥学术委员会作用，推动行政权力与学术权力相对分离；要加强民主管理，建立监督制约机制。当前，要以高等学校章程建设为抓手，完善内部治理结构，加强和扩大社会参与，建立现代学校制度。

李希贵：落实办学自主权是一个系统的改革过程，首先是政府要管住自己，其次是要有比较完善的内部治理结构。放权给学校的同时，要同步设计监督制度，要构建关住权力的笼子，包括学校副校长、中层干部的产生方式，如何依法组织好教代会、全体教职工大会等，建立由教师代表参与的校务委员会制度，条件成熟的学校建立学生代表大会制度，同时推动家长、校友的有效参与，有监督、有协商，汇集各方资源，形成育人合力。

落实办学自主权，还要加快建立有利于教育家办学的制度，真正让热爱教育、懂教育的人管理学校。要借鉴国内外成功经验，尽快取消学校的行政级别，特别是在广大中小学校全面推行校长职级制，使校长能够按照《决定》要求，承担、行使好政府还给的权力，实现一位好校长就是一所好学校。

评价：当务之急是培育第三方专业组织

调动行业协会、专业学会、基金会等社会组织参与教育公共治理的积极性，鼓励专门机构和社会中介机构评估监测教育质量，适时将委托社会组织开展教育评估监测纳入政府购买服务程序之中。

记者：目前社会上对谁来评价、怎么评价办学质量争议很大，当前教育评价体系存在哪些问题？

曾天山：当前学校办学质量的评价体系在不断改进中，发挥着越来越重要的作用，但也存在不少问题，如不专业，要么是行政主导，要么由社会民间机构进行，缺乏足够的权威和公信力；不全面，只重视学业成就，不能促进学生身心全面发展；不多元，只强调了自上而下的单向评价，不重视多维度的评价；非全程，只注重结果评价，忽视过程评价。

李希贵：目前对学校的质量评价还多是由教研部门来实施，并且作为教育主管部门评价学校的依据，这种主管部门左手倒右手的评价，在功利性的指导下，客观性、真实性就备受质疑。特别是长期以来，许多教研部门习惯于单纯依据学业成绩评价，缺乏使评价达到科学性的专家力量，权威性自然备受质疑。

国外的评价大都借助第三方，以政府购买服务的方式进行，可以作为我们下一步工作的借鉴。

学校评价是需要认真严肃对待的一项工作，需要慎之又慎。借助改革做好顶层设计，关键是把为什么评价搞清楚，然后再确定怎么评、评什么、由谁来评。"管办评分离"是手段，但不是目的。

记者：如何避免"一管就死，一放就乱"的老路？科学的监督与评价将直接影响放权的效果、办学的质量。《决定》提出，"强化国家教育督导，委托社会组织开展教育评估检测"，怎样理解"强化国家教育督导"？委托社会组织开展教育评估检测，又该如何落实、怎样操作？

杨银付：强化国家教育督导是创新教育管理方式的重要要求，将有助于建立起教育决策、执行、监督既相互制约又相互协调的权力结构和运行机制。2012年国务院颁布实施《教育督导条例》，未来我国将实现各级各类教育督导全覆盖，依法对各级各类教育进行督导。根据以上"大督导"的要求，需要相应充实和加强督导机构、督导力量。如英国于1993年成立国家教育标准局，负责教育督导工作，目前有皇家督学400余人，3000余名独立督学，近2000名工作人员。俄罗斯、荷兰、法国、西班牙、澳大利亚、新西兰等国家，也都建立有一定规模的相对独立的教育督导机构。未来教育督导工作的模式，将遵循教育督导规律，以监测评估为基础，以督政督学为重点，以整改问责为手段，突出专业性，体现科学性，增强实效性。同时，要根据建立督学责任区制度的要求，组建专兼职结合的片区督学队伍。

曾天山：强化国家教育督导，一是要建立国家、省、市（州、盟）、县四级完整的、相对独立的教育督导委员会及日常办事机构，将政府业务部门监督评价职能调整到督导部门，建立各级各类教育督导评估制度；二是要注重督政与督学并重、监督与指导并重，强化对政府落实教育法律法规和政策情况的督导检查，推行督学责任区制度，全面规范学校办学行为，建立督导检查结果公告制度和限期整改制度；三是要加强督导专业化建设，人员专业化，技术专业化，评估科学化。

发挥社会组织在教育评估监测中的作用，就是要进一步调动行业协会、专业学会、基金会等社会组织参与教育公共治理的积极性，鼓励专门机构和社会中介机构评估监测教育质量，适时将委托社会组织开展教育评估监测纳入政府购买服务程序之中，作为完善评估监测制度体系的重要运作方式。

李希贵：强化国家教育督导，这是保障教育事业健康发展的重要举措，与教育在整个国家发展、民族未来中的地位是相匹配的。对于强化国家教育督导，我认为，首先要做好制度设计，学习借鉴发达国家做法，对比以英国、法国等为代表的不同制度的优劣，总结我们的成功经验，完善具有中国特色的督导体系。其次，要加快建立刚性的督政制度，一级督一级，结果向社会公开，让各级政府真正履行好经费投入、教师队伍建设、学校安全等职责，履行好重大体制改革的职责。负责督政的督学可以兼职为主，吸收各方面的专家，突出权威性。对于面向学校、教师的督学，要加快各级专职督学队伍的建立，制定资格标准，规范督学行为，依法行使权力，还要加快建立督导的保障机制，包括将督导经费列入各级财政预算等。

对于如何委托社会组织开展对学校的评价，当务之急是政府采取措施，积极培育第三方社会专业组织，也可以用购买服务的办法让高校、科研机构、行业学会等参与进来，尽快形成一支专业力量。同时，加快相关法律法规建设，确保社会组织依法开展评价，独立承担相关责任。

（《中国教育报》2013 年 12 月 9 日第 4 版）

大学，给生活以力量

——民进中央副主席、复旦大学原副校长蔡达峰

作者简介：蔡达峰

复旦大学原副校长，专业从事建筑历史与理论、文化遗产保护的教学和研究，曾获上海市高校优秀青年教师称号、宝钢优秀教师奖和上海市育才奖。现任全国政协常务委员会委员、民进中央副主席、民进上海市委主委、上海市人大常委会副主任。

人生就是人的生活，是个人生命的全部表现。大学生在大学里，以学业为重，就是以学业来实践自己的生活，体现生命的价值。学术与人生的关系，人生是目的，学术是内容。好的学术态度能够充实人生，好的人生观也能帮助推进学术。

生活态度很重要

我今天讲"大学，给生活以力量"，是想请各位始终关注自己的生活。你们在学业当中遇到的困难或成功，得到的喜悦或悲伤，都是生活态度造成的，生活比专业重要得多。大学生是专门从事学习、没有职业的成年公民。没有人会认为你们还不懂事，但事实上，你们确实没有独立从事的职业。习总书记在纪念"五·四"座谈会上讲到了"青春能量"。青春有很大的能量，充满活力，敢于进取，没有太多顾虑；精力旺盛，求知欲强，想象力丰富，

充满憧憬。但青春也有弱点。在大学期间，你们面临着大量人生中非常重要
而现实的选择。你们的痛苦，往往是因为在这些选择中，深感自己积累得不
够。要谈朋友，又怕把握不准；要找工作，又不知道老板会是什么样的；想
创业，又缺少资金。你们没有经济积累，缺乏生活经验的积累，也未对社会
做出过自己独立的或必要的贡献。所以，你们做事难免犹豫，容易遭到挫
折，有时会觉得挫折很大。把"青春能量"发挥好，需要一种方向。这个方
向能够帮助你们对一些重要的事情做出好的判断，从而形成一种正能量。社
会对青年人应该宽谅，但青年人不要奢望得到宽谅，要从严要求自己，敢于
做又善于做。无事别惹事，有事别害怕。人生其实一直需要自我把握，把握
不住会很痛苦。

在我看来，生活态度比专业态度重要。从某种意义上说，专业态度就
是生活态度。态度是做事情的动机，动机不一样，动力就不一样，生活态度
对行为有决定性作用。生活要处理各种事情。大致来说，生活要处理三类事
情。一是自己和物的关系。很少有人会拒绝财富。但如果说为了财富而活
着，估计大家也不赞同。那么这个"度"到底在哪里呢？二是自己和别人的
关系，包括个人和社会的关系。这种关系或融洽，或敌对，这两种状态都要
自己正确选择。三是自己和自己内心的关系。有时人会自己折磨自己，既想
要，又不愿意去做，这种纠结很难自拔。纠结的核心主要还是关于财富和
他人。

生活有各种态度。生活是我们毕生学习的科目。要处理好这些关系，需
要成熟的态度。

有人讲，儒家的态度是"拿得起，敢担当"，它主张担当责任，鼓励有
作为。但拿得起是不容易的，一旦发生了问题，往往就可能逃跑。道家"看
得开"，主张知足常乐，不用追求得太多。佛家"放得下"，它把人生看成是
一个轮回，世界是无常的，所以还不如放下。人生总得要有自己的态度。依
我来看，应该拿起自己的责任，看开自己的利益，放下自己的欲望。

在处理不同事情的时候，我们的态度往往不一样。梁漱溟《人生的三路
向》中说，人生的态度，一叫"逐求"，他认为西方人对功利的认识很理性，

既激发欲望，又有理性的制约。另一种叫"厌离"，它是宗教的，转过身去不求了，也无欲了，进入另一个境界。宗教人士对利益和个人欲望的态度确实特别，不能否认它有很大的力量，我们经常会烦恼的事情，在他们那里便不是烦恼，这是他们的境界。还有一种叫"郑重"，他认为这就是儒家的人生观，承认道德可以控制欲望。

大学生活很现实

大学是教育和学术的机构，但从事教育和学术之路并不平坦。大学生活也相当现实，充满着干扰。过去说大学是"象牙塔"，这是指学术、学问、知识的高深，但从事学术的人也是社会人，也在经受着各种利益的诱惑和考验，自己也会与自己过不去。对于学生来说，求学之路看上去简单，但其中遇到的干扰也会影响学业。比如，有的同学因为身体不好放弃学业，这是被迫的，可见健康比学业更重要；有些同学因行为不当，造成违纪而离开了学校，这是很被动的，可见行为比学业更重要；还有些学生因兴趣转移而离开大学，认为有比上大学读书更好的出路，比尔·盖茨就是其中之一，这是主动的选择。事实上，更普遍的现象在于，人在学校，身在教室，心已飞得很远。不想读自己的专业，却不舍得离开学校，感到迷茫，这也是非常痛苦的。影响学业的事情很多，学术有时并不是生活中最重要的事情。《儒林外史》里的范进，好不容易中举，却成了神经病，学问治不了他的病。我们以怎样的态度来对待学业，这是现实的问题。

对于教师来说，并非因为有了学术的职位，就能有学术成就，甚至未必始终对学术有兴趣。有很多因素使得教师对学术产生歧义。李政道先生说，学术研究需要每天用十多个小时，连续坚持几十年，这是出成就的前提，但未必能得奖。我们每天有很多事情要去应付，我们甚至还乐此不疲，本业哪能不荒芜呢？教师要负起责任，还要始终关心学生。能这样做，好老师不用评选，自然就在学生心目当中。孔子一生从事教育，艰难地周游列国，到处碰壁，但成了圣人。因为他持续地宣传做人的道理。复旦大学的创始人马相伯先生提出"科学救国"，自己"毁家兴学"，把良田、土地以及现金全部捐做教育，两袖清风。他创办复旦，这么多学生从震旦学院转过来，就是被他的人格魅力所吸引。他不需要招生宣传，马相伯到哪里，学生到哪里。他百年华诞的时候，中共中央给他发的贺电是"国家之光，人类之瑞"。"国家之光"就是国家的光明，有这样的人在，国家肯定有前途。复旦大学还有很多这样的教授，比方说中文系的贾植芳教授，他说："既然生而为人，又是知书达理的知识分子，毕生的责任和追求就是努力把'人'这个字写得端正一些。"他20多年被关押或管制劳动，还能保持如此达观的生活态度，这真是人格的力量。

对于大学来说，保护好学生的求知欲和教师学术的热情，自然会有动力。学生好学，教师乐于研究，教学相长，这是一个学校最基本的良性机制。最怕的是，师生对教学无热情，大家完成任务各奔东西。大学如想要师生保持学术热情，就要有自己的态度。这个态度集中表现在它与社会的相处过程中。大学如能在困难时候坚持自己的价值观，那是对学生和老师最大的帮助。抗战时期的西南联大，就是靠着教育的精神凝聚师生，师生无处不在探究，没有教室照样维持教学关系。它能感召人，是因为它坚持了大学的价值。复旦还有一位老校长李登辉，是一位非常虔诚的教育家。他前往南洋募捐，感动了很多华侨，募到的资金建了江湾校舍。他有很多重要的教育思想，比如，"知识本身并非终极目的，也不是提高人的地位、激发人类物欲的手段，知识带领我们走向真理"。复旦服务、团结、牺牲的精神，复旦的校训都是他任校长时提出的。"笃志"很重要，学生不单是来学知识的，也不单是来学一技之长的，还要养成持之以恒的志向。有了志向，人生的航船不会偏移，只要加大马力开就可以了。复旦的精神，就是靠这些教育家和师生们一起坚守着。

大学中的老师和学生，其实都担当着社会的责任。蔡元培先生说，一个社会中的人如果都只顾自己的欲望，那就像千万脱缰的野马在狂奔，不可能有秩序。一个好的社会，需要大学中的人树立良知，培养理性，把自己的欲望控制在恰当程度，并且给别人发展以机会，这样社会才会真的和谐。

提倡理性、自主、勤奋

我们大学提倡的生活态度，我以为应该有这样几个重要的内容：一是理性，二是自主，三是勤奋。这样的生活态度差不多可以使自己的生活稳步前进。大学是最理解人生真谛的地方，学术追求的是真理，教育关注的是优秀公民。把追求真理的态度和关心人的态度结合在一起，那就应该追求人生真谛。

我们靠人格来处世。人格不同，处理结果就不同。无论做什么事，学什么专业，碰到什么问题，都应始终坚持把握生命当中最本质、最重要的东西，比如生命、自由、尊严、平等、善良等，它们不是具体的物，却能驾驭物、驾驭人，是我们应该去追求的。这个道理越明确，生活就越安稳。

复旦大学在推行通识教育。通识教育说到底就是培养完整的人格。亚里士多德最早提出的自由教育，指的就是培养心灵，发展理性。教育给予心灵的是一种理性的力量，它教人懂得坚持什么、放弃什么。现代通识教育是为了培养优秀公民，如哈佛通识教育宣言所说的，要使公民能够享受终身学习的乐趣，适应变化的环境。在变化的社会中保持自己的方向并从中感到快乐，这是通识教育要回答的问题。蔡元培先生说："教育的目的就是使被教育的人，完成他的人格，于人类文化史上能尽一份力的责任。"我们受教育，是为了增强自己发展自己的能力，自然就不依赖外部。

人有各种欲望，所以有各种追求，最难的是一生有一个明确的方向，追求重要的东西。这个方向能长期坚持，当然需要理性。我们有时候追求这个，有时候追求那个，在追求中还会有困惑和迷茫。你们到大学里来求学是为了什么？为了提高自己的素质和能力，这是抽象的回答。提高了自身的能力是用来做什么的？我觉得可以从两方面想。一方面是为自己的身心健康，使自身越来越强大。另一方面也要对社会有所贡献，实现个人的社会价值。从这个意义上讲，两个目标是合一的、客观的。先强大自己，再服务社会。如果不服务社会，就没有人会承认你的强大；如果自己不强大，也没有办法贡献社会，个人与社会是结合在一起的。

有名人说过，人生有三大错误：德薄而位尊，智小而谋大，力小而任重。就是说个人的素养要和他的社会责任相匹配，个人对社会的要求要与他对社会的贡献相匹配，所以要追求自我完善。年轻时的追求，最怕因小失大。为了一点分数，把学位证书丢了；为了学位证书，把性命送掉了。还有一种不理性的追求，就是经常变动。当然，更不要自暴自弃，如放弃追求，社会能指望你什么呢？

追求需要冷静地理性分析。一位名人说过，年轻人学会冷静，心智就成熟了。冲动是魔鬼，什么东西最能使人冲动？一个是虚荣心，我们都有虚荣心，年纪越轻，虚荣心往往越强。但人不能靠别人的表扬活着，也不能因别人的批评而活不下去，人要靠自己活着。虚荣心表现在各个方面，谈恋爱、找工作，都会有虚荣心，但都没有实质性意义。遇事冷静想想，就会比较理性，看法比较客观。郁闷的时候，不妨冷静想一想原因，找到了原因，一半的烦恼就没有了，大不了就这么点事。要能坚持追求，不受外界干扰，不受到自己的虚荣心、物欲的干扰，这样才能在生活当中成熟起来，把握住自己。

生活似流水，河道是自己疏通的，否则问题就会囤积起来，形成自己都控制不了的局面。人生的道路其实就是开挖生活的河道，关键是不能虚度年华。一是必须勤奋，必须慎重。我们要很努力做好每天的事情，把大学毕业当作生活的开始，那是对生活的不理解。生命开始，生活便开始；生命结束，生活便结束。有人向胡适讨教人生的道理，他的回答是，人生本无所谓意义，出生之前并无约定。出生以后，我们每天所做的事，才决定了生活的意义。有人说，一个人的成绩取决于晚上八点到十一点，因为这是自己可以控制的业余时间。如没有这样一种时刻勤奋的态度，当下不好好过，等待着毕业以后，等待着工作以后，经常发誓明天重新做人，那是耽误自己。把当下的事情认真做好，这就是最实在的收获。二是不能陷于当下，无论成败，都要向前开拓。我们当下一定会有挫折，但无论遇到怎样的挫折，一定要向前看，往前走。生活的主人是自己，没有人会在乎你停不停止、前不前进。一定要把当下看作过程，在困难和挫折面前，情绪上、精神上不能沦陷。实在困苦的时候，可以去看看小说，设法把自己从消极的困境中解脱出来。教育就是要摆脱心灵困境，大学应该培养这种自我救赎的能力。

坚持独立自强的人格

奉献是一个人独立自强的最高境界，自身价值体现在对社会的奉献之中。人格是个人最大的力量，这话很抽象，但是真谛。通识教育告诉我们，生命的感悟最重要，所以要读经典，看历史、文化、社会中积累下来的人生经验。文学作品集中体现人的生活态度，揭露消极的东西、鼓励积极的东西。不要把大学教育纯粹当作专业学习，即便是专业训练其实也不是单一的，当兵练武难道不锻炼意志？运动员训练难道不培养团队精神？如果纯粹把教育当成工具，人的问题不谈了，那是很肤浅的。我们一定要培养自己强大的内心，完善自己的人格。犹如一辆车，知识给予了动力，装上刹车和方向盘，才合成人格的力量。人格说到底就是自我控制能力，就是控制自己的欲望和能力的平衡。

人格的基础是独立，人格不依赖别的东西。独立才会使人成熟，有独立精神的人不会感到寂寞、孤独或无助。当我们受到外界干扰的时候，自持的能力确实有待提高。大学里应该培养学生独立自强的精神。要敢于担当，尊重自己，开拓胸怀。独立的精神最难实现的是放弃，理智地放弃才是成功的追求。我们善于争取，但是否善于放弃？今天的社会，鼓励人人都做强者，争取得到，有谁愿意做贤人？贤人不咄咄逼人，但有很强的自控能力。我们鼓励自己不断去得到，但不知道自己是否有能力去得到，倒把精力分散在各处，不能聚精会神。理智地放弃往往比争取得到更困难，一个有独立精神的人应该懂得放弃。爱因斯坦说过，做你要做的，不要想你想要的。他在回顾大学生活时说"我能成为一个有中等成绩的学生也就该心满意足了。我逐渐学会抱着某种负疚的心情自由自在地生活，安排自己去学习那些适合于我的求知欲和兴趣的东西"。大学毕业后的五年里，他当过技校辅导老师，做过家教，在专利局里当临时工，但发表的三篇论文帮他获得了诺贝尔奖和博士学位。他说："在我最富于创造性活动的 1902 年至 1909 年中，我就不用为生活而操心了。对于我这样的人，一种实际工作的职业就是一种绝大的幸福。"作为一个平民，爱因斯坦的日常生活并不靠特殊的智慧。如果他对科学深感兴趣，他就可以在他的本职工作之外埋头研究他所爱好的问题。他不必担心他的努力会毫无成果。这是人生的定力，是理智的放弃，因此他才能写出高水平的论文。

　　独立是每个人自由发展的基调，也是全人类自由发展的基础。有独立精神的人才能奉献于社会，奉献是一个人独立自强的最高境界。一个人能够把握住自己的欲望，实际上也是在应对和他人的关系。自己所做的事出于自愿，不是图别人回报，这样的人生才快乐，这个意识应该提倡。自己做的事情对别人有利，难道不就是自身价值的实现吗？此外还想得到什么呢？自己的价值体现在对别人的奉献之中，得到你帮助的人越多，你的价值就越大。如果能这样想，独立精神就有了很高的境界。独立不是自私自利，而是为自己的行为负责。而最高境界的负责，就是付出不指望别人对等的回报。每个人都怕自己的付出没有得到好的回报，于是就选择不付出，总有一天自己也不会得到帮助。独立精神对整个社会是很重要的，大家不自私自利，大家都有得到帮助的可能。

　　青年大学生正在人生的关键历程，你们最富有思想活力，最善于学习，就像有了大功率的发动机，如找到源源不断的能源和可以控制的方向盘，你们就能一生幸福，并带着大众一往无前地前进。希望大家都做生活的智者，把握一生，珍惜当下。

（《中国教育报》2014 年 4 月 7 日第 11 版）

通识教育的理念与实践

——复旦大学高等教育研究所所长熊庆年

人物简介：熊庆年

复旦大学高等教育研究所所长、《复旦教育论坛》执行副主编、复旦大学教学指导委员会秘书长、复旦大学教师教学发展委员会委员。2003 年 11 月至 2004 年 2 月受聘为日本国立学校财务中心研究部客座教授。研究领域为中国古代教育史、高等教育管理。

现在，我国越来越多的大学实施通识教育，然而，社会上的人们对什么是通识教育并不一定都知晓，有不少人对推行通识教育心存疑虑。即使在大学，甚至在已经实施通识教育的学校，人们对通识教育的认识也未必一致。至于如何才能有效地实施通识教育，那更是仁者见仁、智者见智。因而在这里我想谈谈自己对通识教育的理解，并通过回顾通识教育的历史发展，以及梳理通识教育实践的一些做法，使大家加深对通识教育的了解。

为什么要推行通识教育——保证"人"的教育的完整性

什么是通识教育？人们在使用这一概念的时候，意义所指并不完全同一。有时它指一种教育的理念，有时它指一种教育方式，有时它指特定的课程安排或者某一类课程。作为教育理念，通识教育强调大学教育不仅要有知识的理性，而且要有人文的理性，注重大学生人格、精神和气质的涵养，防止人的异化。作为教育方式，通识教育强调成才环境的营造，意图通过特定的学校生活形态和文化方式来达到熏陶学生的目的。作为课程安排，通识教育强调通过一定结构化的专门课程来建构学生合理的认知基础，造就其良好的思维品质。

教育是社会"人"的再生产，高等教育的任务是知识分子的再生产。在中国古代，知识分子被称作士。孔子的《论语》中就说过："士不可不弘毅，任重而道远。仁以为己任，不亦重乎？死而后已，不亦远乎？"也就是说，知识分子应当是有社会担当的，所以要有坚韧的精神和高尚的道德追求。在现代知识社会，知识分子的作用更加凸显。正如英国学者珀金指出的，"以知识为基础的社会既依赖于知识的进步，也依赖于知识分子的再生产，正如工业社会依赖于资本的不断投入和有技术的管理人员和工人的再生产"。但无论社会如何变化，知识分子的再生产都不能不注重其精神品质的熔铸。现代大学生产出什么样的知识分子，就决定了未来社会发展的走向。余英时先生指出，"今天西方人常常称知识分子为'社会的良心'，认为他们是人类的基本价值（如理性、自由、公平等）的维护者。知识分子一方面根据这些基本价值来批评社会上一切不合理的现象，另一方面则努力推动这些价值的充分实现"。现代大学能不能造就出这样的"社会的良心"来，这是需要加以拷问的。

事实上，现代大学面临着种种严峻挑战。其一，人们对大学人才培养的期待越来越工具化、功利化，大学越来越成为国家和社会提升人力资本的工具，成为个人理想职业生涯的敲门砖，人的全面、自由的发展本身被忽视。其二，"两种文化"分裂，即英国学者斯诺所指出的，由于学科的高度分化，导致人文学者对科学一窍不通，科学家缺乏人文素养，给社会健康和谐发展造成威胁。其三，知识爆炸式地发展，导致知识半衰期缩短，知识折旧加快，大学已经不可能把学生未来所需要的知识都教给他们，任何个人都不可能在大学完成今后生活需要的所有知识储备，而且个人职业转换次数增多，这些使得知识学习的选择变得异常困难。推行通识教育的目的就是要应对这些挑战，以保证大学人才培养的本质不被异化。爱因斯坦说得好："用专业知识教育人是不够的。通过专业教育，他可以成为一种有用的机器，但是不能成为一个和谐发展的人。要使学生对价值有所理解并且产生热烈的感情，那是最基本的。他必须获得对美和道德上的善有鲜明的辨别力。否则，他——连同他的专业知识——就更像一只受过很好训练的狗，而不像一个和谐发展的人。为了获得对别人和对集体的适当关系，他必须学习去了解人们的动机、他们的幻想和他们的疾苦。"

我国内地大学推行通识教育，还要应对特殊挑战，主要两个方面：一是计划经济体制时期高度专业化培养模式的影响。那种模式倾向于把人当作是社会机器中的一个固定零件来塑造，难以适应当代知识发展高度综合又高度分化的趋势，以及人的职业发展变动经常化的要求。二是应试教育给大学教育造成的负债。教学围绕考试实施而忽视基本素质和能力培养，高中分科造成学生学习偏科，过度竞争带来沉重学业负担等，使得许多大学生先天知识营养不良、批判思维缺乏、实践能力不足、身心发育畸形。所以，我国内地大学通识教育承载着更多的使命，这就是：回归大学教育的本然价值，克服狭隘功利主义的弊端，冲破过度分割的专业壁垒，消除应试教育的不良影响，从而养成心智健全、素养深厚、视野开阔、知识贯通、善于学习、勇于创新的专门人才。

通识教育的历史轨迹——在回应社会与时代呼唤中发展

文艺复兴以后的欧洲大学，形成了自由教育（liberal education）的传统，提倡个人身心的自由发展。18 世纪以后，自然科学逐渐成为大学教育的重要内容，人们把文理兼备的普通教育视为自由教育。美国早期高等教育模式是从欧洲移植的，注重古典人文学科。19 世纪初，自然科学和工艺技术等职业实用科目日益受到重视，一些学者主张大学应放弃古典学科，着重讲授实用学科。1828 年耶鲁大学发表专门报告，认为大学教育的目的，不是传授单一技能，而是提供广博的通识基础，不是造就某一行业的专家，而是培养领导民众的通才，大学教育必须提供心灵的训练和教养。次年，有学者发表文章支持《耶鲁报告》，使用了通识教育（general education）一词，并赋予其特定的时代内涵，从而这个词在美国流行开来。19世纪末，哈佛大学创始的自由选修制在美国各类高校普遍实行，它使得学生的学习不再被学科专业分类所限制。20世纪初，哈佛大学改进了自由选修制，实行了课程的"集中与分配制"，以避免学生的盲目选修，主修和分类必修制度得以确立。不过，哈佛大学的制度创新在美国并非唯一，一些大学也在努力探索最适合自己学校的方式。芝加哥大学倡导建立了共同核心科目，以经典名著为全体学生必修的课程，学生通过自主习修和共同研讨，精研古典名著，汲取西方文化的精髓，掌握普世的价值。这种课程制度，在美国也很有影响。

"二战"以后，美国高等教育由大众化走向普及化，人才培养如何满足来自不同文化、经济和种族背景学生的要求，如何适应未来国际政治经济新格局和知识社会发展的要求，成为大学的重要课题。1945年哈佛大学发表报告《自由社会中的通识教育》，将通识教育定义为"首先将学生教育成民主社会中负责任的人和公民的那一种教育"，并建构了通识教育三门必修加一门选修的新课程体系。其理念得到较为广泛的认同，推动了美国大学通识教育的发展。1978年，哈佛大学推出本科通识教育核心课程计划，内容涵盖外国文化、历史研究、文学与艺术、道德推理、量化推理、科学、社会分析七个方面的内容。正如学者舸昕所指出的，"从广义上讲，'核心课程'的目的就是鼓励学生用批判的态度来接受知识，使他们了解在一定的重要领域里，存在着什么样的知识，这些知识是如何创造出来的，是如何被应用的，并对他们自身有什么意义"。核心课程的建构，为有质量地实施通识教育提供了载体。2007年哈佛大学再次革新了通识教育课程，确立通识教育计划的目标是——无论在课内或课外，在本科生离开哈佛学院进入各个院系进行专业学习之前，都能够使他们在哈佛学院里学到他们想学的所有学问。在这一目标导引之下，哈佛大学扩大、细化了课程领域，确立了新课程标准。新的通识教育课程包括三个部分：第一部分是研究与经验，其中涵盖文化的传统和文化转变、伦理的生活、美国和世界、理性和信仰、科学和技术五个方面；第二部分是重要技能，涵盖书面和口头交流、外语、分析推理三个方面；第三部分是基于实践的学习：创新型学习活动。几十年来的不断改革，体现了哈佛大学通识教育与时俱进的追求，其通识教育实践产生了巨大影响。

美国通识教育的理念也传播到世界其他地方。在日本，"二战"后大学普遍设置教养学部，本科生前两年实施不分专业的通识教育。20世纪末绝大部分大学取消了教养学部，将通识教育课程按各自学校的特性采取更灵活的方式实施，以与专业培养相融合，并提高实效。在欧洲，一些大学也不再固守通识教育应当是高中阶段实施的传统的教育观念，在本科阶段设置类似通识教育的课程。在我国香港和台湾地区，20世纪中后期，许多大学努力探索适合本土实际的通识教育路径，创造了多种多样有特色的方式。2000年世界银行与联合国教科文组织委托的高等教育和社会特别工作小组，发表《发展中国家的高等教育：危机与出路》报告，专章论述了通识教育的重要性，认为通识教育是所有高校学生都应该接受的一种教育，而不管其所在院校和课程如何，并建议发展中国家设计适合自己国家高等教育系统的结构和价值观的通识教育课程。

复旦大学原校长王生洪指出，"无论美国也好，中国也好，通识教育都是大学应对时代和社会变迁的一种反应。时代和社会在变，通识教育的理念也要随时而变、因地而变。不变的则是它对教育本然价值的追求，这个价值就是人的全面发展"。

多样化的通识教育实践——尺有所短、寸有所长

通识教育的实践样式可以说越来越丰富多样，即使在提倡通识教育最早、推行最广泛的美国大学，也没有一个固定不变的样式。如果一定要做一些归类的话，大体可以分为两大类，即寄宿学院加通识课程方式、单纯通识课程方式。所谓单纯通识教育课程方式，就是只在课程设置方面做出特别的安排。而所谓寄宿学院加通识课程方式，除了设置专门的通识教育课程外，还通过一定的组织形式，把本科生校园生活统摄起来，将通识教育的一些要素贯穿其中，即采用所谓隐性课程的方式来达到通识教育的目的。换句话

说，就是显性课程与隐性课程结合的方式。在美国，像哈佛大学、耶鲁大学等早期移植了英国古典学院制的大学，都有专门的本科生寄宿学院，它们早就有环境育人的基因，后来成为实施通识教育的重要载体。学生通过丰富多彩的学院生活，通过积极的引导、自主的参与和相互的启迪，得到人格的、精神的、价值的文化熏陶。美国那些只实施本科教育的文理学院，几乎都是采取寄宿学院加通识课程的方式。日本大学"二战"后普遍设立教养学部，实际上部分移植了美国一些大学寄宿学院的方式，只不过限定在本科教育的前两年，学生后两年进入专业学部。我国香港中文大学在推进通识教育时，则吸收中国优秀教育文化的传统，把寄宿学院制与书院制结合起来，注重民族文化精神的传递，注重自主探索、自治管理、构建和谐的师友关系，具有鲜明的特色。我国内地有一些大学对部分本科生教育采用了寄宿学院加通识课程的方式，如北京大学的元培学院、浙江大学的竺可桢学院、南京大学的匡亚明学院。也有大学本科生全部采用寄宿学院加通识课程方式，如复旦大学、西安交通大学。复旦大学的复旦学院成立于 2005 年，内设四个书院。所有本科生一年级不分专业在各书院学习，两年后分别转入专业学院。2010 年复旦学院增设希德书院，试点本科四年一贯的书院制，2013 年开始所有书院均实行四年一贯制，以有利于通识教育贯穿整个本科教育的阶段。

　　寄宿学院加通识课程方式的优点在于，把课堂学习与课外习修结合起来，通识教育与学生的校园生活高度融合，对学生成长的影响较大、较深。缺点在于，资源投入大，成本比较高，牵涉面较广，约束因素多，管理难度大。比较而言，单纯通识课程方式无论是成本控制还是效率要求，都要更优一些，带来的问题则是实际效果要次一些。抛开两种方式，仅就通识课程设置来说，也是多样纷呈。我们又可以分为两大类：核心课程模式和非核心课程模式。核心课程模式的基本思想是，选取那些必不可少的、最精粹的通识教育内容，用结构化模块和限制性选修的方式，来保证通识教育的系统性和有效性。实施核心课程模式最典型的代表就是哈佛大学，它以获取知识的方法来建构，而不是按学科分类来设计。虽然它自身也在不断改革，但是总的格局没有改变。2007 版的哈佛大学通识教育课程分为八个领域，增加了选修的自由度。采用核心课程模式的好处是，避免通识教育内容涣漫和学生选修的随意，有益于课程建设和提高质量。困难在于框架结构与内容选择如何更加科学、合理，以及对课程质量的高要求。复旦大学通识教育核心课程目前分为六个模块，要求所有本科生四年中必须选修 12 个学分，现在正在酝酿调整和完善，努力提高课程品质。非核心课程模式则非常多样，有的采取不同学科领域交叉选修，有的采取共同科目与通识教育并存，部分必修，部分为开放选修，也有的采取阶段性分布选修，等等。非核心课程模式的好处是，设置的自由度较大，实施有弹性。

问题与挑战——因时、因地、因校制宜是正道

通识教育在世界很多国家和地区得到推行，其理念与价值为越来越多的大学所接受，这是不争的事实。然而，在这个过程中，也遇到现实的种种挑战。最大的挑战在于，当高等教育规模持续扩张，越来越多的人把受高等教育看作仅仅是为将来的职业做准备，把大学看作是职业训练所。在经济长期不景气的环境下，这种个人现实功利追求被强化。而一些大学为迎合学生作为消费者的需求，更倾向于为学生提供有利于就业的教育与课程。有调查表明，20 世纪 90 年代，美国大学通识教育课程的比例普遍在下降。近来有报道称，美国原来那些奉行精英博雅教育的本科文理学院，迫于经营的压力，有不少已经开始在对完全实施通识教育的体系动手术，设置有益于学生增加就业机会的课程。

在我国内地高等教育发展的现实语境中，推进通识教育面临不少的问题与挑战。从外部环境来说，社会对高等教育的期望值越来越高，狭隘功利主义的追求、就业和职业目标的追逐，使得不少人把通识教育看作是奢侈品，不看好通识教育，不看好实施通识教育的大学。从大学内部看，通识教育理念似乎得到普遍的肯定，但一到具体实施，就会受到种种质疑，甚至遭到抵制和排斥。当然，这也与大学通识教育的定位和设计有关。这种矛盾的现象也不只是在我国内地大学，香港中文大学原校长金耀基指出："通识教育在当

代大学教育中正出现一种矛盾与困境：一方面，在理念上，通识教育的重要性被不断地肯定；另一方面，在实行中，通识教育的重要性又不断被淡化，甚至忽视……所以出现上述的矛盾与困境，最主要的是通识教育的定性与定位问题，更恰当地说，则是大学教育的定性与定位问题。"每所大学的性质和人才培养目标都不可能完全一样，通识教育如何从本校的实际出发来确立目标、构建体系，需要花大力气。

在我看来，实施通识教育应着重处理好几个问题。一是确立通识教育的恰当目标。通识教育理念是具体而鲜活的，它应是一所大学的精魂所在、个性所在、品质所在，反映大学对人才培养的理解和追求。大学应对本校人才培养目标的素质要求进行充分调研，通识教育目标要体现本校的发展使命，切忌盲目照搬某种模式。二是要建设高质量的通识教育课程。通识课程不能搞成入门课、快餐课、加餐课、拼盘课、娱乐课。要建立课程标准并有一套办法，防止因院系分别开设而导致教学质量难以控制。三是要改善课程组织和教学的方法。通识教育要特别重视学生的自主探索和体验。美国 20 世纪80 年代的调查表明，"教师平庸的、学究式的、术语化的、过时的、毫无吸引力的教学是学生对通识教育不感兴趣和没有热情的主要原因"。四是防止把通识教育与专业教育对立起来。通识教育可以补充和拓宽专业教育，专业教育也可以通过价值导引达成通识教育的目的，它们共同构成人才成长的基础。正如哈佛大学第 23 任校长科南特所说："生活中这两方面不是截然分开的，臆想其中一种教育与另一种教育分开是错误的。"教育的目的是把"个人培养成既是某一特殊职业艺术的专家，又是自由人、公民的普通艺术的专家"。

（《中国教育报》2014 年 9 月 15 日第 11 版）

第五部分

教育与传统文化

"文学"如何"教育"

——北京大学中文系原系主任陈平原

人物简介：陈平原

> 北京大学中文系原系主任、教育部"长江学者"特聘教授、香港中文大学中国语言文学讲座教授、北大二十世纪中国文化研究中心主任、中国俗文学学会会长。

古往今来，任何一个民族，都有恰如其分的"文学教育"，分歧在于"文学"的定义，以及什么才是好的教育方式。

"文学"作为一种知识，兼及经验、修养、技能与情怀，确实有其特殊性——上大学不一定就能学好，反过来，不上大学也不一定就学不好。这一点，与自然科学（如核物理）很不一样，自然科学领域极少有自学成才的例子。对于这么一个门槛很低、但堂奥极深的"专业"，描述其展开"教育"的过程与方式，思考其利弊得失，不无裨益。

从学术史角度，探究现代中国大学里的"文学教育"，着眼点往往在"学科建构""课程设计"与"专业著述"，而很少牵涉师生共同建构起来的"文学课堂"。那是因为，文字寿于金石，声音随风飘逝，当初五彩缤纷的"课堂"，早已永远消失在历史深处。后人论及某某教授，只谈"学问"大小，而不关心其"教学"好坏，这其实是偏颇的。没有录音录像设备，所谓北大课堂上黄侃如何狂放，黄节怎么深沉，还有鲁迅的借题发挥等，所有这些，都只能借助当事人或旁观者的"言说"。即便穷尽所有存世史料，也无法完整地"重建现场"；但搜集、稽考并解读这些零星史料，还是有助于我们"进入历史"。

对于学生来说，直接面对且日后追怀不已的，并非那些枯燥无味的"章程"或"课程表"（尽管这很重要），而是曾生气勃勃地活跃在讲台上的教授们。而对于教授而言，每堂成功的课，都是一次与听众合力完成的"表演"。课堂的魅力，一如舞台，某种意义上，也是不可重复的。经验丰富的教师，即便上同一门课，也会根据学生的趣味及需求做适当的调整，同时融入自家的感情。能把文学课讲得让人着迷的，大多具备以下特征：教案精彩且能临场发挥；兼及教书与育人；学术上具有前瞻性；顾及学生感受。至于今人津津乐道的"教学法"（如讲课时如何动静结合，以及怎么制作精美课件等），基本上可忽略不计。

单有演讲者的"谈吐自如"还不够，还必须有听讲者的"莫逆于心"，这才是理想的状态。第一是表演，第二是氛围，第三是对话，第四是回味——20 世纪中国的"大历史"、此时此地的"小环境"，加上讲授者个人的学识与才情，共同酿就了诸多充满灵气、变化莫测、让后世读者追怀不已的"文学课堂"。

将学术与生活打通的"诗意人生"

北伐成功，国民政府定都南京，原先的东南大学，经由一番蜕变，取代原本遥遥领先的北京大学，成为首都乃至全国的"第一高校"。20 世纪 30 年代的南京，文学教授主要集中在中央、金陵两所互聘教授的大学中文系。衣食无忧、同气相求的教授们，在传道授业之余，多有让后人欣羡不已的诗酒酬唱。

当年中央、金陵两大学的国文教授，如吴梅、胡小石等，都乐于此道。龙榆生曾撰文，追忆 20 世纪 30 年代常去南京拜访吴梅，请教词曲之事："有一次，给我印象最深的，是一天的下午，他知道我到了南京，特地叫他的学生唐圭璋君，约了我往游后湖。他老人家带着一位儿子，和唐君连我四个人，坐上小艇，叫唐君吹起笛子，他父子两个，唱起他新近刻成而颇自鸣得意的《霜厓三剧》来，嫣嫣余声，绕云萦水，真叫人有'望之若神仙'之感。一直游到夕阳西下，才收艇归来。"

诗酒唱和属于教授的私生活，本不该说三道四；我关心的是，这种生活方式是否影响其从事的文学教育。南京的文学教授有学问，教书也精彩。弟子程千帆忆及胡小石：一日，先生读柳宗元《酬曹侍御过象县见寄》，"破额山前碧玉流，骚人遥驻木兰舟。春风无限潇湘意，欲采苹花不自由"。读着读着，便情不自禁地拿着书唱了起来，唱了一遍又一遍。五六遍之后，先生把书一掷，对诸生说"你们走吧，我什么都告诉你们了"。

喜欢"文酒登临之乐"的南京教授，其治学的最大特色，莫过于力图将生活与学术打通，以嬉戏的心态从事研究。撇开政治史，单从学术史角度思考，沉醉于古典诗词者，确实容易流连"花天酒地"。只不过时代迥异，对此评价不一。解放初觉得是"可耻"的，半个世纪后，则被称为"风雅"。程千帆谈及胡小石教"唐人七绝诗论"，则是："他为什么讲得那么好，就是用自己的心灵去感触唐人的心，心与心相通，是一种精神上的交流，而不是《通典》多少卷,《资治通鉴》多少卷，这样冷冰冰的材料所可能记录的感受。"执着于"诗意人生"的南京教授们，其专擅旧诗写作，对于从事中国古典文学教学，自有其优胜之处。

关键不在"写作"能不能教，而在谁来教

半个多世纪后，已经隐入历史深处的"西南联大"，日渐成为国人赞叹、追忆、阐释的"神话"——包括其文学教育。众多有关西南联大的历史文献中，小说家汪曾祺《沈从文先生在西南联大》更是精彩。"沈先生在联大开过三门课：各体文习作、创作实习和中国小说史。三门课我都选了。"汪撰文的目的，是探讨"写作"到底能不能教。

作为大学教师，沈从文的教学别具一格。在《沈从文先生在西南联大》中，汪曾祺是这样描述沈从文的教学生涯的：沈先生的讲课，可以说是毫无

系统。前已说过，他大都是看了学生的作业，就这些作业讲一些问题……沈先生的讲课是非常谦抑，非常自制的。他不用手势，没有任何舞台道白式的腔调，没有一点哗众取宠的江湖气……沈先生教写作，写的比说得多，他常常在学生的作业后面写很长的读后感，有时会比原作还长。

为什么不太会讲课的沈从文，可以被称为"好老师"？因为"到教室听他的课，甚感吃力，似乎学生听得吃力，他也讲得吃力"；可私下里接触，每次晤谈，聊及文学话题，"都是一次愉快的享受"。

作为已经成名的小说家，有生活体会，有文学感觉，有创作经验，这就够了，不一定非卖弄"文学概论"或"文学史"不可。

假如真像汪曾祺说的，"沈先生不长于讲课，而善于谈天"，而这种课后的"谈天"又有利于学生写作能力的培养，何乐而不为？汪曾祺于是呼吁："我希望现在的大学里教创作的老师，能用沈先生的方法试一试。"问题在于，今天中国的大学中文系，有多少像沈从文那样经验丰富的作家，又有多少愿意因材施教的教师？

回到开头的提问：创作到底能不能教？西南联大中文系主任罗常培以及20世纪50年代北大中文系主任杨晦，都有"中文系不培养作家"的名言。我的辩解是："作家需要文学修养，但个人的天赋才情以及生活经验，或许更为关键。古往今来的大作家，很少是在大学里刻意培养出来的。再说，北大中文系承担培养语言研究、文学研究、文献研究专家的任务，倘若一入学便抱定当作家的宏愿，很可能忽略广泛的知识积累，到头来两头不着边，一事无成。"除此之外，还有一个很现实的问题，我们还能找到像沈从文那样认真执着的文学教授吗？

至于沈从文本人，二十年后，怎么看待当初在西南联大的教学活动？沈从文写信给在上海师范学院任教的老朋友程应镠："你能有机会教作文，我觉得极可庆幸，为学生得好教师庆幸。务望十分热情十分耐烦十年八年做下去，对国家有益，有长远利益，事情十分显明。我可惜年老了，也无学校可去，不然，若教作文，教写短篇小说，也许还会再教出几个汪曾祺的。"

"务望"这句话，沈从文是加了着重号的，可见其对于"教作文"一事确实看得很重。有沈—汪师生的"前呼后应",我们或许可以得出一个结论:关键不在"写作"能不能教,而在谁来教。

重点是"课堂",还是"书斋"

在众多辅仁大学教授中,1938年方才从燕京大学转入的顾随,以讲授古典诗词见长,当初并不耀眼,日后因弟子叶嘉莹等的大力阐扬,方才广为人知。

特定的政治环境(抗日战争中的沦陷区),特定的文人心态(保持传统士大夫气节),配合特定的教学内容(中国古典文学),顾随课堂内外挥洒自如,吟诗、填词、编杂剧,深深吸引那些热爱古典诗词的青年学生——包括日后为阐扬老师声名不遗余力的叶嘉莹女士。至于学术著述,非其所长,也非其所好。

其实,课堂讲授与书斋著述之间,存在很大差异。选择"一如上堂讲课",必定偏于鉴赏,而这在重考据讲实证的国文系,很不吃香。相比步步为营的"论著",顾随更擅长的是天马行空的"口说"。新中国成立后,顾随努力转型,撰写"正规"的学术论文,但实在不精彩。换句话说,顾随的性情与学养,不太适应西式论文的写作风格。

关于顾随的讲课风格,叶嘉莹《纪念我的老师清河顾随羡季先生——谈羡季先生对古典诗歌之教学与创作》一文写道:"先生之讲课,真可说是飞扬变化,一片神行。先生自己曾经把自己之讲诗比作谈禅,写过两句诗说:'禅机说到无言处,空里游丝百尺长。'"

以"谈禅"的方式"讲课","飞扬变化,一片神行",现场效果肯定很好,但不是所有学生都能适应。对于有悟性且对古典诗词有特殊爱好的学生,这种课,确实终生难忘。

回溯百年中国大学史,谈及某某"大师",一般是以"著述"为标志。对于大学教授的"正业",即所谓"传道授业解惑",其实没有充分重视。有人口才好,讲台上挥洒自如;有人内秀,更喜欢在书斋里笔耕不辍。二者兼得当然最好，若分而治之，前者必定吃亏。因为，在现代中国大学，教授在课堂上表现如何，只关涉茶余饭后的闲谈，很少作为评价人物的主要标准。这也能理解为何在叶嘉莹奔走呼吁之前，顾随长期被中国学界遗忘。从学术史上看，顾随确实算不上"大家"；可如果引入教育史的视野呢？重视且擅长"讲课"的顾随、叶嘉莹师徒，给我们出了个难题：所谓的"文学教育"，重点到底在"课堂"，还是在"书斋"。

近三十年来，奔走于世界各地，为大众宣讲中国古典诗词的叶嘉莹，其讲演颇有乃师之风。据其自述，无论讲诗讲词，她明显地重"性灵"而轻"学问"："一般说来，我自己对于讲课本来就没有准备讲稿的习惯。这倒还不只是因为我的疏懒的习性，而且也因为我原来抱有一种成见，以为在课堂上的即兴发挥才更能体现诗词中的生生不已的生命力，而如果先写下来再去讲，我以为就未免要死于句下了。"

这种不写讲稿、即兴发挥的"表演"，难度很大——需要特殊的记性，方能随手拈来；需要丰富的譬喻，方能生发开去；需要生命的体悟，方能入情入理；最后，还需要自家创作的经验，方能真正领略与阐发古典诗词的妙涵。对于叶氏深入浅出、生动细致的讲演，同门史树青、刘乃和均赞叹不已。目前坊间广泛流传的各种"迦陵讲演集"，或许不入专门家的"法眼"，但对于传播中国文化，尤其是引领中国人进入古典诗词的幽深境界，意义非同小可。

在追怀中获得方向感

任何文学课堂，都是由教师与学生共同构成的。教师不是面对空白的墙壁说话，学生也并非毫无反应，真实的课堂上，不管采用何种教学法，师生之间多少总有互动。但在已刊的各种回忆录中，往往只见教师忙碌的身影以及慈祥的笑容，至于学生则成了纯粹的听众。这是因为回忆录这一特殊文体，决定了学生们仰视的目光。不否认当初的课堂上，师生本就不平等，掌握"话语权"的教师，凭借讲台"高高在上"，一直处于有利位置。但在实际的教学活动中，获益的主要是学生。

所谓"教学"，包括教与学、习与得，整个活动的关键，不是教师的表演能力，而是学生的收获程度。这点决定了课堂不同于剧场，好看之外，还得实现特定的教学目标。在这个意义上，引入学生的视野十分必要。

讨论何为"理想的文学教育"，为什么不直接立论，而是倒着说，从后人的"追忆"入手？最直接的理由是：倘若没有程千帆对南京师长们诗意人生的赞叹，没有汪曾祺对沈从文教学方式的描述，没有叶嘉莹为其师顾随的奔走呼吁，就没有今天我们所熟悉的多姿多彩的"文学课堂"。在我看来，所谓"传统"，只有当它被不断追忆与阐释时，才真正具有生命力，也才能介入当下的教育改革与文化建设。

当然，"追忆"需要契机，何时被提起，何者被追怀，如何借题发挥，怎样刻意压抑，所有这些，都值得深究。"文学课堂"是可以如此五彩斑斓——既不像档案数字那么冰冷，也不像理论推演那么僵硬。讲述这些曾经存在的"文学课堂"，本身就是一种价值判断。不管是着眼于"感恩"，还是希望提出"问题"，所有感人至深的"追忆"，其实都是相当脆弱的。因为，再好的讲述者，也都可能"失忆"或"失真"——这就需要研究者借助各种历史资料，加以辨析与校正。

大学校园里的"文学"，作为科系、专业、课程之外，还有作为修养、趣味、精神的一面。故，称其"关系重大"，一点都不过分。

晚清以降的中国大学，总的趋势是重"学问"而轻"教学"。学问好但不会讲课的（如刘师培），问题不大；反过来，很会讲课但极少著述的（如罗庸），可就大大吃亏了。当初声名远扬，时过境迁，很容易被遗忘。在一般人眼中，罗庸只有薄薄一册《鸭池十讲》，作为名教授，未免有点寒碜。但这与罗庸的文学教育观念有关："文学本来是极活泼的东西，其所寄托在文字，而本身却散在生活的各方面。假如上堂就有国文，下堂就没国文，那就失去了国文的目的。"罗庸因此而提倡"打成一片的国文教学法"，即将国文教学与人格陶冶合而为一。如此将全副精力集中在教学中的教授，即便著述无多，依旧值得敬重。

　　如何在大学里讲授"文学"，古今中外，没有一定之规，可以追摩的，只有前人的足迹。那些充满激情与灵性的"课堂"，凭借老学生的"追忆"，得到部分重现。已经成为著名教授的老学生们，之所以津津有味地讲述早就隐入历史深处的"文学课堂"，除了借此构建学术谱系，更是在与当下的学术界或教育界对话。作为后来者，我们因前辈的"追怀"而获得真切的"历史感"，同时，也获得某种"方向感"。

　　在大学的所有课堂中，"文学教育"本该是最为独特、最具诗性、最有情调、最不可能整齐统一的。它可以培养一代人的审美趣味，也可能隐藏着一个时代的政治风云；可以酝酿一场新的文学革命，也可能预示一代人的精神危机……如此可大可小、可雅可俗的"文学教育"，是一个实践的过程，只能在特定时空中展开，且并非当时就能收效，其得失成败有待几十年后老学生们的追忆与评判。如此说来，在一个注重市场、讲求实效、蔑视玄思的时代，借追怀、重构并阐释那些曾经存在的"文学课堂"，来为危机四伏但又充满魅力的"文学教育"寻找突围策略，不失为一种取巧的办法。

　　（《中国教育报》2013 年 5 月 14 日第 3 版）

为中华文化的伟大复兴而努力

——中共中央宣传部原副部长、文化部原部长蔡武

人物简介：蔡武

现任全国政协外事委员会副主任。1973 年 1 月加入中国共产党，2005 年 6 月任中共中央宣传部副部长、中共对外宣传办公室主任、国务院新闻办公室主任，2008 年 3 月任中共中央宣传部副部长、文化部部长、党组副书记，2008 年 9 月任中共中央宣传部副部长、文化部部长、党组书记。中国共产党第十七届中央委员，中共十五大代表，第十届全国政协委员。

2012 年 11 月 29 日，习近平总书记率领新一届中央政治局常委、中央书记处书记到国家博物馆参观基本陈列《复兴之路》。就是在这次参观中，习近平总书记提出了实现中华民族伟大复兴"中国梦"的重要命题。选择在国家博物馆这样一个文化场所，发表具有深远历史意义的重要讲话，充分表明了党的新一届中央领导集体的历史眼光和文化情怀，也充分说明文化建设在中华民族伟大复兴中占据重要位置。可以说，实现中华民族伟大复兴的"中国梦"，必须实现中华文化伟大复兴，没有中华文化的伟大复兴，就没有中华民族的伟大复兴。

全面理解文化的属性

文化是什么？文化的内涵非常丰富，没有一个一致认同的概念。文化是

一种复杂的现象，是人们生存方式、生活方式的体现，是历史积淀的结果，也是一定时代人类物质生活在精神领域的反映。党的十七届六中全会通过的《中共中央关于深化文化体制改革推动社会主义文化大发展大繁荣若干重大问题的决定》（以下简称《决定》）对文化建设做了全面总结，这些精神也体现在党的十八大报告中。结合这两个文件，我们可以从这些方面来理解文化的属性。

第一，文化是民族凝聚力和创造力的重要源泉。《决定》提出"文化是民族的血脉、是人类的精神家园"的表述，深刻地揭示了文化在一个民族中的重要地位。文化本身就像人类的血脉一样，在文化的传承发展中始终保持祖先的基因。一部人类文明发展史，就是各个民族、各个地域文化创造的历史。历史变迁过后，许多东西都灰飞烟灭，唯有文化以物质和非物质的形态流传下来，成为永恒。文化就是一个民族的集体记忆，是民族文化身份和独特个性的象征，是培育民族精神的土壤，是人们代代相传赖以栖息的精神家园。文化是一个国家和民族赖以存在和发展的基础，更是一个民族凝聚力和创造力的不竭源泉。

第二，文化是经济社会发展的不竭动力。文化是一定历史条件下经济、政治的反映，又反过来给经济、政治以能动的影响。首先，进步、科学的文化能够给社会发展提供精神动力，提高整个社会的文明程度，并能启迪思考，推动创新，引领社会进步。其次，文化也直接参与经济价值的创造。在市场经济条件下，文化产品本身就是商品，能够直接带来经济效益。在许多发达国家，文化产业已经成为国民经济的支柱性产业。

第三，文化是满足人民精神文化需求的重要途径。文化是人类文明的结晶，也是人类生存的一种形态。马克思主义认为，人作为社会存在物，其需求是多方面的，既有物质需要，又有文化需要、精神需要。美国学者马斯洛提出过需求层次论。在人类生存所需的物质满足之后，就产生了精神文化需求，产生了科学、艺术方面的追求。文化能够启迪心灵、愉悦身心、陶冶情操、增进知识，丰富人们的精神世界，提升人的素养，最终实现人的全面发展。因此，文化的功能不仅仅是教化，还有一项很重要的功能，就是满足人民日益增长的精神文化需求。我们在实际工作中，不能仅仅考虑我们的学生、我们的民众该接受怎样的教育。这是重要的，但是这样做能不能真正起到作用，还取决于能不能满足人们自身的需求。所以我们要深入了解人民群众自身的需求，在社会主义核心价值建设中把最能体现大众需求的东西梳理出来。

第四，文化是综合国力的重要标志。文化代表着一个国家和民族的文明程度、发展水平，既是综合国力的重要组成部分，也是综合国力的体现。所谓综合国力，是指一个国家所拥有的生存、发展以及对外部施加影响的各种力量和条件的总和。它涵盖政治、经济、军事、科技、外交等方面，也包括文化方面；既包括自然因素，也包括社会因素；既有硬实力，也有软实力，所以精神文化因素在一个国家的综合实力中起很大的作用。一个国家离开了文化的支撑，即使经济繁荣，它的强国地位也难以巩固。

中华文化伟大复兴的现实途径何在

当今世界正处在大发展、大变革、大调整时期，世界多极化、经济全球化深入发展，科学技术日新月异，各种思想文化交流交融交锋更加频繁，文化与经济、政治、科技等相互交融，越来越成为综合国力竞争的重要因素。谁占据文化的制高点，谁就拥有主导能力、拥有话语权、拥有强大的国际影响力和竞争力。讲到中华民族伟大复兴，应包括两个含义：第一个含义，我们要复兴中国历史上的辉煌，但是我们的复兴不是靠复仇或者强权，而是靠各方面实力攀上世界最高峰；第二个含义，我们要想真正成为富强、民主、文明、和谐的社会主义现代化国家，如果没有文化的强力支撑，不可能实现。所以，民族的复兴要靠文化的复兴。文化的复兴包括三个方面：弘扬优秀传统文化，实现传统文化的现代化，要有相互尊重的精神，吸收世界各地的一切文明成果为我所用。把这三者紧密结合起来，我们就能创造中华文化的历史新辉煌。如何实现中华文化伟大复兴的目标呢？这就是建设社会主义文化强国。党的十七届六中全会明确提出建设社会主义文化强国的战略目标，党的十八大对扎实推进社会主义文化强国建设做出全面部署。可以说，建设社会主义文化强国的宏伟目标，为我们描绘了文化建设的美好蓝图，为中华文化的伟大复兴指明了前进方向。

第一，建设社会主义文化强国是实现中华民族伟大复兴中国梦的需要。今天，我们正处在中华民族伟大复兴的历史进程中。一方面，我们追求的中华民族伟大复兴是经济、政治、社会、文化、生态文明的发展，不仅仅要有经济的发展、政治的文明、社会的和谐、生态的美丽，还要有文化的复兴。而且文化的复兴与经济政治相比更具有竞争力、生命力和创造力。我们必须增强文化自觉和文化自信，建设民族的、科学的、大众的社会主义文化。另一方面，应该看到，我们处在西强我弱的总体格局中，面临着尖锐的挑战。我们要突破这个困境，就必须在文化领域真正实现弘扬中国精神、凝聚中国力量。

社会经济的巨大变革使人们的思想观念日益活跃和多元化，这是好事。但是，怎样在多元化社会中确保主流价值观占据主导地位，引领社会朝着正确方向前进，这是文化复兴面临的重大任务。我们需要塑造民族精神，振奋全民族的精气神，增强继续前进的信念和勇气。要充分发挥文化引领风尚、教育人民、服务社会、推动发展的作用，为实现中国梦提供强大的精神动力和文化支撑。这是我们建设社会主义文化强国的第一个重大意义。

第二，建设社会主义文化强国是全面建成小康社会的需要。中国特色社会主义建设所遵循的科学发展观，坚持的是以人为本，追求的绝不仅仅是物质财富的积累和 GDP 数字的增长，而是全面协调可持续发展，是建设富强、民主、文明、和谐的现代化国家。我们要全面建成小康社会，既要让人民要过上殷实富足的物质生活，又要让人民享有健康丰富的文化生活。只有物质上的富裕，没有精神文化上的充实，就不能说是真正的幸福生活和美好人生。随着经济的快速发展，人民生活水平的逐渐提高，人民群众的文化消费需求急剧高涨。我们必须重视文化建设，满足人们的精神需求，提高人们的幸福感，这样我们才能真正实现全面建成小康社会的目标。

第三，建设社会主义文化强国是增强我国文化软实力的需要。约瑟夫在

20 世纪 90 年代提出了软实力的概念。文化软实力就是指与经济力、军事力、科技力相对应的，通过文化载体和文化方式表现的影响和能力。它对内表现为民族的创新力、向心力和凝聚力，对外表现为国家的亲和力、影响力和感染力。近年来，许多国家都把加快文化发展、提高文化软实力作为增强综合国力和国家核心竞争力的重要战略选择。

努力实现建设社会主义文化强国的宏伟目标

从经济总量上讲，我们国家虽然已经超过日本，成为全球第二大经济体，但是中华文化的影响力、中华文化的整体实力与我国经济和政治的地位是很不相称的，与我国深厚的文化底蕴和文化资源大国身份还不相称，文化资源的优势还没有转化为文化竞争优势。具体表现为：一是文化产业的规模有限；二是中华文化的影响力不够。外国的主流社会对到底什么是中国文化、中国文化具有哪些特质是不了解的，这和我们的传播能力不强有关系。当然跨文化的传播是有难度的，你的文化必须要让人家理解，让人家懂，这需要经过艰难的再创作。

我们要在日趋激烈的竞争中赢得主动，必须努力推动文化建设，发挥中国优秀传统文化的突出优势，把我国丰厚文化资源转化为强大的文化竞争力，切实提高国家文化软实力，这是我们建设社会主义文化强国的一个重大任务。提高我们国家的文化软实力，使我们国家在政治上、经济上、文化上屹立于世界之林，这是中华民族伟大复兴的必然选择。

《决定》系统阐释了社会主义文化强国的基本内涵和整体要求："要发展面向现代化、面向世界、面向未来的，民族的、科学的、大众的社会主义文化，培养高度的文化自觉和文化自信，提高全民族文明素质，增强国家文化软实力，弘扬中华文化，努力建设社会主义文化强国。"党的十八大提出四个方面的任务：一是加强社会主义核心价值体系建设，二是全面提高公民道德素质，三是丰富人民精神文化生活，四是增强文化整体实力和竞争力。这为社会主义文化强国建设提出了根本方针和行动指南。建设社会主义文化强国要实现这样几个目标。

第一，人民享有健康丰富的精神文化生活。文化建设的最终目的是要满足人民群众的精神文化需求，促进人的全面发展。让人民享有健康丰富的精神文化生活，是全面建成小康社会的重要内容，是提升群众幸福指数的有效途径，也是社会主义文化强国的重要体现。

第二，社会主义核心价值体系深入人心。社会主义核心价值体系是什么，我们曾经有三次表述。最早的表述是党的十七大提出的"弘扬以爱国主义为核心的民族精神，以改革创新为核心的时代精神，坚持马克思主义的指导地位，践行社会主义荣辱观"，这个是原则性要求。党的十七届六中全会将社会主义核心价值体系定位为我们的战略任务，但是对社会主义核心价值体系的内容是什么并未做具体阐述。党的十八大明确提出"三个倡导"，叫作"倡导富强、民主、文明、和谐，倡导自由、平等、公正、法制，倡导爱国、敬业、诚信、友善，积极培育和践行社会主义核心价值观"。三个倡导，就是要使富强、民主、文明、和谐成为人民认可并且为之奋斗的目标，自由、平等、公正、法制成为社会的共同规范和共同追求，爱国、敬业、诚信、友善成为我们每一个人自觉的价值选择。社会主义核心价值体系还需要在实践中继续丰富、完善。我们要深入思考社会主义核心价值体系与传统文化的关系是什么，应当从传统文化中吸取什么东西。另外，社会主义核心价值体系要解决当代社会主义市场经济和现实环境下亟待解决的问题，那就是满足人们的精神文化需求。

第三，人的素质全面提升。中国在经济高速发展、社会日益进步的同时，也出现了信仰缺失、道德失范的现象。一些人理想信念淡薄，人生观、世界观、价值观扭曲，是非、善恶、美丑界限混淆，拜金主义、享乐主义、极端个人主义有所滋长，以权谋私、造假欺诈、见利忘义、损人利己的现象时有发生，封建迷信、黄赌毒等丑恶现象沉渣泛起。这些问题和现象，都与社会主义核心价值体系背道而驰，与中华民族礼仪之邦的传统美德格格不入。我们要形成全社会共识，通过建设社会主义文化强国，全面提升公民素质。

第四，中华文化的创造力、竞争力显著提高。文化是最需要创新的领域，创新是文化的本质特征。一部人类文化发展史，实际上就是一部文化创新史。只有不断创新，我们的文化才能迸发出活力、充满竞争力。文化强国强在创新，我们要在这个方面下功夫。

第五，全社会的文化自觉、文化自信明显增强。文化自觉和文化自信，是我们进行社会主义文化强国建设应有的思想状态和精神风貌。是否具备高度的文化自觉和文化自信，事关文化的传承、创新，事关文化的振兴、繁荣。培育高度的文化自觉、文化自信，是建设社会主义文化强国的思想基础和先决条件。

第六，中国文化的影响力不断提高。有人认为我们除了传统文化没有当代文化，这是一个误解，其实中国当代文化发展得非常快。中国文化的影响力不断提高，主要表现在我们要有话语权，要能够提出看法，要使中华文化的新形象被世界认可。

（《中国教育报》2014 年 3 月 24 日第 11 版）

感受中国优秀传统文化的亲和力

——西北大学名誉校长张岂之

人物简介：张岂之

　　著名历史学家、思想史家。长期从事人文学术与大学文化素质教育研究，致力于传承和弘扬中华优秀传统文化。现任西北大学名誉校长，西北大学中国思想文化研究所所长，清华大学和西北大学教授、博士生导师，教育部社会科学委员会副主任，学风委员会主任，《华夏文化》（季刊）主编。

　　东南大学在探讨祖国优秀传统文化方面有很好的历史传统，1922 年，原国立东南大学的吴宓先生在当时的副校长刘伯明的支持下创办了著名的《学衡》杂志，在弘扬祖国优秀传统文化方面做出了很大的贡献。《学衡》杂志在九十多年前就刊登了许多优秀传统文化方面的学术研究成果，并力求探索怎么把国学与西学的优秀文化成分融合起来，它的基调在今天来看也没有过时。

实现"中国梦"离不开中华传统文化的滋养

　　2014 年 4 月 1 日，教育部发布了《完善中华优秀传统文化教育指导纲要》（以下简称《纲要》），指出"加强中华优秀传统文化教育，是深化中国特色社会主义教育和中国梦宣传教育的重要组成部分"。并且对我国小学、初中、高中、大学的优秀传统文化教育提出了不同的要求。对大学来讲，《纲要》明确提出要"引导大学生深入学习中国古代思想文化的重要典籍，理解中华优秀传统文化的精髓"。我的理解是：大学生更要增强传承弘扬中华优秀传统文化的责任感和使命感，要读一些关于中华优秀传统文化的经典名著，从中吸收精神营养，提高自身素质，加深对来源于优秀传统文化的社会主义核心价值观的理解。了解实现中华民族伟大复兴的中国梦离不开中华优秀传统文化的滋养和教育。

习近平主席多次阐述学习研究中华优秀传统文化的重要性。2014 年 2 月 24 日，他在政治局第十三次集体学习时这样说："牢固的核心价值观，都有其固有的根本。抛弃传统，丢掉根本，就等于割断了自己的精神命脉。博大精深的中华优秀传统文化是我们在世界文化激荡中站稳脚跟的根基。"我们在世界文化激荡中站稳脚跟，离不开中华优秀传统文化这个根本。

2014 年 3 月 27 日，习近平主席在巴黎召开的中法建交 50 周年纪念大会上说："中国和法国都是有着独特文明的古老国度……老子、孔子、墨子、孟子、庄子等中国诸子百家学术至今仍然具有世界性的文化意义。"

中国的诸子百家学术产生于春秋战国时期（前 770—前 221 年）。诸子百家的"家"就是学派，形成了学派，有理论、宗旨、传承。西汉时期，史学家司马迁的父亲司马谈写了《论六家之要旨》，讲了六个学派的要点。阴阳家认为宇宙的根本力量在于阴阳的交流和相辅。儒家在中国历史上传承、创造中华文化，贡献很大，司马迁称其代表人物孔子为"至圣"，他在《史记》里写了孔子弟子列传。墨家主张"兼爱"，反对战争。名家，用今天的话来讲就是逻辑学家，春秋战国时期就有系统的关于逻辑思想的研究和传播。法家主张以严刑峻法来统治国家。道家创始者是老子，发展者是庄子。除了这六家，到西汉时期有人主张增加农家、杂家、纵横家、小说家，这十家号称"百家"。百家争鸣的形成反映了中华原创性文化的形成，后来的中华文化都可以从春秋战国时期"百家"中找到自己的文化基因。

我今天想着重介绍四位中华优秀传统文化的代表人物：老子、孔子、庄子、孟子，希望由此引起同学们阅读中华优秀传统文化经典的兴趣，感受中华优秀传统文化的亲和力。

读老子：感受探索宇宙和人生大智慧问题的勇气

老子姓李名耳，根据司马迁的记载，老子曾经担负过东周王室管理图书的工作，学问渊博，思想深刻。他给后世留下了一部中华优秀传统文化的不朽名著，叫作《道德经》，总共五千字。老子有智慧、有勇气、有能力去探索世界的本原。

老子认为千变万化的世界有一个来源，名叫"道"，人们看不清"道"是方的还是圆的，也看不清楚它的细节，它是"玄之又玄，众妙之门"。老子不用神，不用"上帝"，也不用中国古代的阴阳五行去说明我们的现实世界，而是用"道"去说明，用智慧去把握世界的本质与来源，这是一个很深层的精神追求，这是中国哲学的开端。"道"如何转化为千变万化的世界呢？《老子》书说"道法自然"，"道"自然而然地产生了纷纭复杂的世界。这反映出中华民族是一个勇于探索大问题的伟大民族。

老子还探讨了"道"是如何运动的。他认为"反者道之动"，"道"总向相反的方向去运动，最终回到它最初的起点上。"反者道之动"是中华民族创造的深刻的辩证思维。强与弱、大与小、远与近、生与死、祸与福都在转化中。老子又说"弱者道之用"，认为"柔弱"才是人对"道"认识之后应当采取的一个态度：指任何事情不要武断，条件不够不要强求，不要妄为，不要自以为是，不要骄傲。老子提醒，一旦认为自己到了"顶点"就很危险了，"物极必反"嘛！你的学问越大，你应该越是谦虚，不要把事情做得绝对化。

老子说"上善若水"，最高的善就像水一样，要人们把眼睛向低处去看，向民间去看，"以百姓心为心"。老子讲"上善若水"，还指心要像水那样清澈，交朋友要像水那样相亲，语言要像水那样真诚，办事要像水那样清晰，正因为像水那样，所以它能够成功。

读庄子：感受人生的哲学，获取精神的力量

老子之后的战国中期产生了一位大哲学家，也是中国文学的先驱——庄

子。庄子的书有内篇、外篇、杂篇，其中内篇是庄子自己写的。庄子书说的故事，其中包含有深刻的哲学道理。

例如"朝三暮四"的故事就是庄子为了提醒世人，不要只看到差别，还要看不同事物的同一性。庄周梦蝶则反映了作为主体的人，在一定的条件下也可以转化成为客体。人有的时候是主体，有的时候是客体。庄子还说，秋天水涨，百川流入黄河，河神很高兴，自以为天下第一。他顺流东行，到了北海，不见边际。他这才醒悟，对海神说，我看到你是这样广大无边而难于穷尽，如果我不到你这里来，坐井观天，我肯定会被理解大道的人所耻笑呀。因而人应当不断追求与"大道"的合一，千万不可坐井观天。庄子还提醒世人：哀莫大于心死，如果人停止了对"大道"的追求，那就是"心死"了，值得警惕呀！

读孔子：感受仁爱精神，明晰"君子"之意

儒者是春秋时期对西周的礼制十分熟悉、深有感情的那些人，他们对西周礼乐文化身体力行。孔子是儒家学派的开创者。

西周时代，"官学"以吏为师，是为了培养贵族子弟，使其拥有知识文化，从而世代做官的。对此，孔子挺身而出，办私学，倡导"有教无类"，不分贫贱亲疏，都可以受到教育，打破了西周以来贵族对文化教育的垄断，为诸子百家的出现做了人才上的准备。孔子作为中国教师的代表当之无愧，后人要继承他这样的精神。我认为应该把孔子的生辰日——9月28日定为教师节，作为后人对中国历史上第一位开私学的老师的纪念。孔子是一位诲人不倦的老师，他自己说十五岁志于学习，三十而立，四十而不惑，五十而知天命，六十而耳顺，七十从心所欲不逾矩，这是很高的人生境界了。

办好教育一定要有好的理念，孔子的教育理念就是要把普通人培养成为有道德修养、有文化、有理想的"君子"。"君子"有道德修养，有文化修养，也有理想。孔子引导学生们做君子不做小人，产生了巨大的思想文化影响。

孔子还把西周以来的文化典籍《诗》《书》《易》《礼》《春秋》进行了

整理，作为教科书，使它们流传下来，教育后代。他对"五经"加以整理，提炼出"仁者爱人"的做人准则。

什么叫爱人呢？孔子回答说"己所不欲，勿施于人"，这是 2500 年以来中华民族的子子孙孙、代代辈辈都能记住的一句话，是每个人经过努力就能够办得到的。今天对大学生进行道德教育，我觉得要从孔子的"己所不欲，勿施于人"做起，不断提升自己。

"己欲立而立人，己欲达而达人"是第二个层次，你自己站得住，也要让别人站得住，你自己想发达，也要让别人也发达，这也是经过努力可以做得到的。孔子想的不只是他个人，而是整个社会。

第三个层次则是孔子回答他的学生时所说：一是"老者安之"，希望在社会上老人要得到照顾；二是"朋友信之"，朋友之间要讲究信用，讲究友善，诚实相待；三是"少者怀之"，使少年儿童受到良好的教育，这些经过努力都是可以做到的。

2014 年春节期间中央电视台采访人们对家训、家教的看法，起了很好的作用。今天我们要建设社会主义和谐社会，一定要把弘扬优秀传统文化放在重要位置上，要讲仁义礼智信。

读孟子：感受"民本"与人性，让内心更加坚强

孟子和庄子同处战国中期。孟子对梁惠王说，老百姓如果没有恒产，就不会有恒心，很难安定下来。要统一天下就必须让百姓有固定的收入，能够赡养他的父母，抚养他的妻儿。孟子建议分给每家农户 5 亩地，四周再种上桑树，这样 50 岁以上的人就有棉袄可以穿了，70 岁以上老人可以吃上肉了，这还不够，还要开办启蒙学校，让少年儿童都能够读书。孟子提出的政治思想是"民为贵，社稷次之，君为轻"，这是中国古代宝贵的"民本"理念。

孟子怎么看人性的问题？孟子说人性和兽性差别就那么一点点，就在于人有而动物没有，只是人性还不够，还要通过后天的学习把先天的人性发扬起来，使之巩固。孟子认为，人性包括恻隐之心、羞恶之心、恭敬之心和是

非之心，但是只有善的人性是不够的，后天的教育是不可少的。

孟子还讲"生于忧患，死于安乐"，安乐使人沉迷不醒，忧患使人头脑清楚、奋发有为，因而君子应当有忧患意识。由此他归纳为："天将降大任于斯人也，必先苦其心志，劳其筋骨……"，让人们在克服困难中变得更加坚强。

中华优秀传统文化是我们共同的精神家园

先哲早已离开世间，但是他们的精神追求，也就是传统文化的成果依然存在。

在我国，从西汉时起建立了以汉族为主体的文化共同体，即汉族文化与少数民族文化相互交流、学习，构成中华文化的整体，构筑了丰富多彩的中华文化的精神家园，其中体现出民族的智慧、民族的价值尺度、民族的思维方式和生活方式等。中华儿女无论遇到什么困难，都会从自己的精神家园中找到克服困难和奋勇前进的力量与智慧。中华文化包含中华优秀传统文化，也包含中国特色社会主义的先进文化。我们还要有鉴别地吸取人类的优秀文化。实现中华民族伟大复兴的中国梦，必须学习、研究中华优秀传统文化，学习中华优秀文化蕴含的深沉精神，感受深层的精神追求。

（《中国教育报》2014 年 4 月 21 日第 11 版）

践行核心价值观　长风破浪正当时

——访清华大学人文学院院长、中国伦理学会会长万俊人

人物简介：万俊人

现任清华大学人文学院院长，教育部"长江学者"特聘教授；兼任中国伦理学会会长、中华孔子学会副会长以及中央"马克思主义理论研究和建设工程"之伦理学首席专家召集人。主要从事伦理学、政治哲学、社会文化批评等研究，为我国著名的伦理学专家。

2014年5月4日，习近平总书记在北京大学师生座谈会上发表了关于青年要自觉践行社会主义核心价值观的重要讲话。如何深入理解讲话的精神，从知与行的角度，发掘每个人心底蕴藏的道德意愿和道德情感，使社会主义核心价值观内化为每个人的自觉意识、外化为每个人的行为规范呢？笔者就这一问题，采访了我国著名伦理学家万俊人教授。

社会主义核心价值观是国家和社会的德

王如：习总书记说"核心价值观是国家的德、社会的德"，怎样理解这句话，如何理解核心价值、传统文化以及道德伦理之间的关系？

万俊人：核心价值观是人类社会的精神支柱，关乎社会的行为准则、品德规范、根本理想和民族的精神品格，贯通民族、国家、社会和全体国民的精神理想。伦理是指人与人相处、人与社会相处、人与国家相处的各种道德

准则。伦理学则是关于道德的起源和发展，以及人的行为准则和人际、群际、人与社会、人与国家之间的责任权利和义务的学说。社会主义核心价值观涵盖了伦理学所要探究的全部内容。很难设想：如果每个公民严重缺乏甚至没有爱国、敬业、诚信、友善的道德品质，如果社会严重缺乏甚至没有自由、平等、公正、法治的基本秩序，我们如何建设一个富强、民主、文明、和谐的伟大国家？反过来说，如果没有一个富强、民主、文明、和谐的伟大国家，国家怎么有能力去实现社会的自由、平等、公正和法治？又怎么会激发每个公民爱国、敬业、诚信、友善的美德精神呢？因此，这三者之间是相辅相成、互为促进的关系。建设富强、民主、文明、和谐的伟大国家，是应有的国家伦理；实现自由、平等、公正、法治的社会，是应有的社会伦理；崇尚爱国、敬业、诚信、友善的精神，是公民应有的美德伦理。儒家有言："道之以政，齐之以刑，民免而无耻；道之以德，齐之以礼，有耻且格。"孔子举出两种截然不同的治国方针：刑罚只能使人避免犯罪，却不能使人懂得犯罪可耻的道理；而道德教化比刑罚更高明，既能使人循规蹈矩，又能使人有知耻之心。这反映了道德在治理国家时有不同于法制的特点。法能治人但治不了人心，道德教化却能内化于心，外显于行。我赞成儒家的这一主张，因为它与我们现在所弘扬的社会主义核心价值观正好契合。把立法治国与道德教化紧密地结合起来，就能够收到树立正确导向、完善法律约束，从而达到风清气正、长治久安的效果。

王如：在全面深化改革的进程中，在追逐"中国梦"的伟大奋斗中，弘扬什么样的价值观，才能引领思潮、凝聚共识、攻坚克难？才能使我们的国家、民族、人民在思想和精神上更加强大？

万俊人：党的十八大从国家、社会和公民三个层面概括了社会主义核心价值观的价值目标、价值取向和价值准则，即"倡导富强、民主、文明、和谐，倡导自由、平等、公正、法治，倡导爱国、敬业、诚信、友善"。这三个"倡导"，确立了我们国家的价值根本，描绘出了我国社会发展的理想蓝图，规范了我国全体公民的行为准则，必将在全社会激起强烈共鸣，也必将在引领全国各族人民凝神聚力、攻坚克难、实现中国梦的伟大实践中产生巨大的导向和激励作用。

改革开放三十多年来，我国在物质文明建设上取得了巨大成就，经济总量超越日本紧随美国之后，成为世界第二大经济体，令全世界赞叹不已。可是，也正如邓小平所说的那样："十年来最大的失误在教育。"我们在精神文明建设上的确存在着相对滞后的状况，出现了三个"严重"的情况：精神信仰严重缺失；伦理道德严重滑坡；社会风尚严重败坏。虽然我多次说"出现某种道德困境是社会转型期的必然结果，没有哪一个社会或者国家可以幸免，关键是如何应对"，可是面对这三个"严重"情况，还是令国人瞪目、令世界瞪目！

那么，我们国家面临一个什么样的社会转型期呢？十八大后，我国确定了从深度和广度上讲都是前所未有的宏大改革目标，被外媒称为"近三十年来最大胆的经济和社会改革计划"。因此，新华社刊文阐述今年"两会"所涉及的政治、经济、军事、外交、文化、环境、安全等焦点议题时指出，2014年是中国改革的"元年"！之所以说2014年是改革的"元年"，是因为2013年11月召开的十八届三中全会后，我国启动了1978年改革开放以来改革的更高阶段，毫无疑问这也是一个十分关键的阶段。在这个更高、更关键阶段的改革中，一定会遇到既得利益者的阻力，一定要"啃硬骨头"，也一定会经过"深水险滩区"，复杂且充满了挑战。正如李克强总理在2014年"两会"的《政府工作报告》中指出的："中国到了爬坡过坎的紧要关头！"

我们怎样才能冲破阻力、啃下硬骨头、渡过深水险滩区而到达更高阶段改革胜利的彼岸呢？我的回答是：要认真学习和领会习近平总书记在中央政治局第十三次集体学习时的讲话精神，把培育和弘扬社会主义核心价值观作为凝魂聚气、强基固本的基础工程，继承和发扬中华优秀的传统文化、传统美德，积极引导人们讲道德、尊道德、守道德，追求高尚的道德理想，不断夯实中国特色社会主义的思想道德基础。因为历史和现实表明，构建具有强大感召力的核心价值观，关系社会和谐稳定，关系国家长治久安。换句话说，实现社会和谐稳定、国家长治久安，也就意味着我国更高阶段的改革取得了成功；改革的成功反过来又会促进社会和谐稳定和国家长治久安。因此，弘扬社会主义核心价值观，对实现这一宏伟目标能够起到巨大的助推作用；同时对扭转我国在精神文明建设上（亦即伦理道德建设上）严重滞后的现状也会起到巨大的推动作用；更非常有利于提升我国的文化软实力。我想起了杜甫的两句古诗，一句是"好雨知时节，当春乃发生"，党的十八大高屋建瓴地概括并出台的这24字的中国特色社会主义核心价值观，恰似一场"及时雨"；另一句是"长风破浪会有时，直挂云帆济沧海"，培育和弘扬社会主义核心价值观既是当务之急，又要志在必得，必须"直挂云帆"，咬定目标不放松，持之以恒抓下去。从这一点上说，中央对社会主义核心价值观做出新归纳、提出新要求，可以说是恰逢其时、恰逢亟须，堪称"长风破浪正当时"！

中国传统文化的作用润物无声

王如：您曾说过"我们每个人都生活在传统之中"，您认为中国传统文化对青少年价值观的形成以及道德养成起到哪些作用？如何运用传统文化的生命力与影响力培育和树立核心价值观呢？

万俊人：中华民族源远流长，中华文化博大精深。文化的作用是以文化人，潜移默化，润物细无声。之所以说"每个人都生活在传统之中"，其实就是说生活在文化之中，传统就是过去形成的文化。一个人来到世界上就浸淫在文化之中。文化无所不包，文化无处不在，文化看得见也看不见，摸得着也摸不着。文化和传统、习惯和习俗，都是核心价值观的载体和媒介，人们自觉不自觉地被其引领、被其教化、被其束缚、被其影响，甚至被其洗脑。《三字经》就是封建社会核心价值观的普及读本，也是中华民族思想道德教育的成功范例，至今还在发挥着不可替代的影响。忠孝节义，向善戒恶，都是我们中华民族融入血液骨髓的道德理念。古人云，修身、齐家、治国、平天下。这就是一个非常科学的核心价值观体系，既有具体内涵，也有养成路线。其中，修身为这四件大事之首。何为修身？就是慎独、律己，克己复礼，修养一己之道德情操，勉以躬行实践，谓之修身。修身是一个人想立志成为堂堂君子之人、成为天下栋梁之材的第一道门坎。己身道德不修养，情操不陶冶，私欲不约束，就做不了一个纯粹的人、一个高尚的人、一个精神完美的人，那么齐家、治国、平天下这些作为，也就成为无源之水、无本之木，无从谈起。古人家里常挂这样一副对联："穷则独善其身，达则兼济天下"，这也是核心价值观的科学体现，上联是底线，不可突破，下联是目标，应当努力追求。祖先给我们留下的好东西太多太多了，繁星满天，玑珠遍地，我们应当学习借鉴，汲取营养，运用到培育和弘扬社会主义核心价值观的伟大实践中去。

中华文化体现核心价值观的内容数不胜数，表现方式也丰富多彩，对于我们培育和弘扬社会主义核心价值观仍然具有借鉴作用。四书五经、诗词歌赋、戏剧曲艺、宗教民俗，等等，都可以为我所用。国学大师季羡林先生就曾对泰山上的众多石刻大加赞赏，认为泰山石刻留存自封禅帝王、官宦贵人、文人墨客、黎民百姓之手；有关国家政治、民俗信仰、儒释道俗、天人合一、哲理情理、天文地理、自然风物，无所不包，博大精深；对于政治、经济、历史、民俗、文学、书法、美学、艺术、旅游诸方面均有重要的研究价值。泰山文化，体现了中华民族的传统文化，在东方文明史上占有重要地位，在世界文明史上也举足轻重。从远古到现在，人类进步的脚步，都能在泰山上反映出踪迹，之所以如此，应归功于泰山石刻。泰山石刻是泰山文化的载体之一，它是在石头上书写的泰山文化，文字记载的泰山文化，客观的泰山文化，是泰山文化的核心。

我常常吟诵家乡岳阳楼上刻着的范仲淹《岳阳楼记》中末尾的一段话："嗟夫！予尝求古仁人之心，或异二者之为。何哉？不以物喜，不以己悲。居庙堂之高，则忧其民；处江湖之远，则忧其君。是进亦忧，退亦忧。然则何时而乐耶？其必曰：'先天下之忧而忧，后天下之乐而乐'欤！噫！微斯人，吾谁与归？"我希望每一个人，尤其是青年知识分子，都能以范仲淹为榜样，思想感情不因环境的好坏和个人的得失而有所改变，坚定不移追求"先天下之忧而忧，后天下之乐而乐"的道德境界，积极自觉践行社会主义核心价值观，做一个忧国忧民的具有高尚道德情操的人，为实现中华民族伟大复兴的

"中国梦"，做出自己应有的贡献！

将立德树人作为修身教育的根本任务

王如：人生成长起始于少年。《三字经》一开始就说："人之初，性本善，性相近，习相远。"请您谈谈伦理道德建设如何从娃娃抓起，青少年应当如何自觉践行社会主义核心价值观？

万俊人：儿童是祖国的花朵，青少年是国家和民族的未来，培育和弘扬核心价值观必须从娃娃抓起，让青少年从小就自觉树立核心价值观，铭记在脑海里，落实在行动上。我们都知道古代少年孔融让梨的故事，也知道古代少年司马光砸缸救小伙伴的故事，这两个故事充分说明了古人对未成年人的修身教育十分重视，否则就不会有这么感人的故事流传至今。"人无德不立，国无德不兴"，要让我们的孩子从小就懂得这个道理。

历史发展到了今天，我们对今天的未成年人如何进行修身教育呢？第一，要把立德树人作为修身教育的根本任务，围绕"培养什么人，怎样培养人"这一核心，大力开展社会主义核心价值体系的学习和教育，加强社会主义核心价值观的教育和实践，引导未成年人树立正确的道德价值观；第二，要广泛开展"中国梦"的学习和教育，引导中小学生努力学习、奋发有为，长大后报效祖国和人民；第三，要全面实施素质教育，深入改进德育工作的方式方法，着力培养未成年人的社会责任感、创新精神和实践能力；第四，要加强学段、学科、教育教学环节、育人力量和阵地五个方面的统筹，构建全方位、立体化的育人体系；第五，要重视孤残儿童等特殊群体未成年人的心理健康教育，让每个孩子都能成为有用之才。总之，要全面贯彻党的教育方针，把立德树人作为修身教育的根本任务，让孩子们熟读并记住24字的社会主义核心价值观，使他们在核心价值观沐浴下健康成长，成为具有高尚思想品质与良好道德修养的合格建设者和接班人。

现在考进大学的青年人，以古代的标准来衡量，都是刚过"及冠"（20岁男子）和"及笄"（15岁女子）之年，正是人生观、价值观形成的关键时期。因此，习近平总书记强调："青年的价值取向决定了未来整个社会的价值取向，而青年又处在价值观形成和确立的时期，抓好这一时期的价值观养成十分重要。这就像穿衣服和扣扣子一样，如果第一粒扣子扣错了，剩余的扣子都会扣错。人生的扣子从一开始就要扣好。"总书记的这一比喻十分形象生动，贴切易懂。在此，我想讲一个也许大家都知道的不幸故事，就是复旦高才生投毒杀害室友的悲惨故事。2014 年 2 月 18 日，上海市第二中级人民法院对"复旦投毒案"依法公开一审宣判，被告人林森浩犯故意杀人罪被判处死刑，剥夺政治权利终身。林森浩为什么要投毒杀害同为复旦大学研究生的室友黄洋呢？他在法庭上供述，黄洋曾戏称欲在即将到来的愚人节"整人"，林森浩便产生了整黄洋的念头，并由此实施投毒行为。他说，自己和黄洋关系一般，且无直接矛盾，只是彼此"有些看不惯"。因琐碎小事而毒杀同窗室友，这样的杀人动机令人费解，也令人对已经成年的林森浩难以理解。据说林森浩是因为学习成绩优异而被保送到复旦大学读研究生的，而且在读研阶段他发表了 8 篇核心期刊级别的学术论文。这样的"好"学生为什么会杀人呢？有人总结说是"人格教育缺失的恶果"。我认为这个看法是完全正确的。我国社会普遍有一俊遮百丑的观念，只要学习好就是好孩子，只要能考进北大、清华、复旦这样的名牌大学就是优秀人才，并且把素质教育的核心人格教育偷换成了技能教育，认为只要有音乐、体育等一技之长就是素质好，严重偏离了素质教育的本质，忽视了人格的成长和培养。什么是人格的成长和培养？就是修身养性的教育。由于林森浩从小就缺失修身养性教育，所以他只是"半"个好孩子。用习近平总书记的比喻来说，林森浩人生的第一粒扣子就扣错了，所以才有杀人和自身年纪轻轻就锒铛入狱的恶果。

那么，广大青年具体怎么做才能不重蹈林森浩的覆辙、才能不辜负习近平总书记的殷切希望，创造自己的精彩人生呢？第一，要树立远大理想，自觉融入打造美丽中国、实现中华民族伟大复兴的"中国梦"的实践中，服务人民、奉献社会；第二，要始终爱岗敬业，在全面深入改革中建功立业；第三，要敢于主动担当，努力做深化改革的拥护者、支持者、参与者；第四，要锤炼过硬本领，加强学习钻研，成为可堪大用的创新者和栋梁之材；第五，要引领时代风尚，争当弘扬传统美德、彰显时代风尚的实践者、倡导者、引领者，为祖国的繁荣发展凝聚强大的正能量。总之，广大青年要向习近平总书记所要求和希望的那样，从现在做起，从自己做起，勤学、修德、明辨、笃实，使社会主义核心价值观成为自己的自觉遵循，并身体力行将其推广到全社会去，努力在实现中国梦的伟大实践中创造自己的精彩人生。

我建议广大青少年重读梁启超先生的《少年中国说》，因为现在重读这篇闳中肆外的文章，仍然具有现实意义。我自己虽然已经过了"知天命"之年，但愿意以梁先生的《少年中国说》，与广大青少年朋友们共勉。

（《中国教育报》2014 年 9 月 1 日第 5 版，
特约撰稿人王如为季羡林基金会秘书长）

第六部分

教育与经济、科技

紧紧抓住社会建设的机遇期

——访中国社会科学院经济研究所原所长刘树成

人物简介：刘树成

全国政协委员，中国社会科学院学部委员、经济学部副主任、经济研究所原所长。"十一五""十二五"国家规划专家委员会委员，兼任《经济研究》主编、中国数量经济学会顾问等职务。主要研究领域为宏观经济学。

刚刚过去的 2012 年，从国内生产总值的宏观收入分配格局看，中国居民个人收入和政府财政收入的增速虽然双双"跑赢"了国内生产总值的增速，但是，企业收入的增速却大大"跑输"了国内生产总值的增速。

结合 2012 年中国经济基本面的表现，近期国内外经济学界对 2013 年中国经济走势的预测众说纷纭。根据对 2012 年中国经济增速由超预期回落到初步企稳回升的分析，著名经济学家、全国政协委员刘树成预判：2013 年，经过努力，中国经济增长可以呈现略高于 8% 的适度回升的良好态势；未来五年，经过努力，有望使中国经济在 8% 至 9% 的适度增长区间内运行，走出一种较为平稳的、锯齿形缓升缓降的良好新轨迹。

"中国宏观经济未来五年的这种发展走势，将为全面建成小康社会打下更为坚实的基础。"刘树成在全国两会接受《中国教育报》记者采访时说："中国宏观经济相对平稳的发展走势对于公共事业是一个利好消息，它或许能为满足公共财政在教育、科技、文化等社会建设方面的刚性支出奠定比较好的基础。就教育而言，未来五年或是一个比较好的改革发展机遇期。"

2013 年中国经济增速将重回"8 时代"

我国经济波动走出一种锯齿形缓升缓降的新轨迹，即一两年微幅回升、一两年微幅回落、又一两年微幅回升，在潜在经济增长率的适度区间内保持较长时间的平稳运行和轻微的上下起伏波动。

作为世界第二大经济体，中国宏观经济的走势牵动着世界经济的敏感神经。2012 年中国经济在向世界交出一份企稳回升的满意答卷的同时，国际经济学界、媒体再一次将闪光灯的聚焦点转向中国。

2013 年中国经济走势如何？中国经济能不能回升……面对一连串悬而未决的疑问，刘树成认为，现在，中国经济又面临一次新的回升机遇，但背景已与 1991 年和 2000 年这两次大不相同。当前，我国经济发展所面临的国内外环境发生了重大变化：一方面，目前世界经济已由金融危机前的"快速发展期"进入"深度转型调整期"。国际金融危机的影响还在不断发酵，世界经济低速增长的态势仍将延续，国际经济形势依然错综复杂，充满不确定性。另一方面，国内经济已由"高速增长期"进入"增长阶段转换期"。改革开放三十多年来中国经济近两位数的高速增长已告一段落，开始进入潜在经济增长率下移的新阶段。

根据相关数据显示，规模以上工业增加值的月同比增长率，从 2012 年 9 月至 12 月，连续 4 个月小幅回升。GDP 季度同比增长率也在 2012 年第四季度出现回升，为 7.9%。但经济回升的基础还不稳固，经济增长的下行压力仍然很大。从微观层面看，在宏观经济运行刚刚出现回升苗头的初期，不同行业、不同企业的感受是不一样的。有的行业、企业已开始感受到回暖，恰似"春江水暖鸭先知"。而其他许多行业、企业，还没有立即感受到"春天的温暖"。总的来看，中国经济态势还处于"乍暖还寒"的局面。

在新的国内外形势下，2013 年中国经济走势如何？刘树成认为，要回答这个问题，首先得全面分析中国经济波动趋势和规律。比如，从 2010 年第二季度到 2012 年第三季度的这一轮经济增速连续 10 个季度下滑，是决定经济运行在一个较长时期内基本走向的诸如劳动力、资本、技术进步等要素投入、资源禀赋、生态环境等趋势性因素，还是影响经济运行在短期内波动的周期性因素在起作用？抑或是两种因素都在起作用？如果是两种因素都在起作用，那么究竟是哪一种因素的作用更强、更重要？

如果认为这一轮经济增速下滑只是趋势性因素在起作用，而没有周期性因素在起作用，那么，2013 年经济增速就只能继续往下滑，而没有可能进入回升通道。因为由各种趋势性因素的变化（比如人口红利逐渐消失，土地、能源、资源、生态环境等约束不断强化）所决定的潜在经济增长率进入了下移阶段。潜在经济增长率在"十二五"时期会下移，"十三五"时期会继续下移，因此，2013 年的经济增速就只有下滑而不可能回升了。

刘树成分析说，中国经济本轮增速下滑是趋势性因素与周期性因素交织在一起，共同起作用的结果。虽是共同起作用，但作用的特点不同，即作用的性质、角度和方式不同。因此，一方面，我国要重视趋势性因素的作用，加大转变经济发展方式和调整经济结构的政策支持力度，积极推进改革开放和长效的体制机制建设。另一方面，要继续把握好稳中求进的总基调，继续实施积极的财政政策和稳健的货币政策，充分发挥宏观调控政策的逆周期调节和推动结构调整的作用，巩固和发展已出现的经济适度回升的良好态势。

通过对多年来中国经济基本面的大量研究，刘树成判断，我国经济波动走出一种锯齿形缓升缓降的新轨迹，即一两年微幅回升，一两年微幅回落，又一两年微幅回升，在潜在经济增长率的适度区间内保持较长时间的平稳运行和轻微的上下起伏波动，这既不是简单的大落又大起的"V"形或"U"形轨迹，也不是大落之后很长时间内恢复不起来的"L"形轨迹。具体来说，2013 年中国经济增速有可能小幅回升至 8.2% 左右。如果 2013 年回升力度适度而不过高，2014 年仍有可能继续小幅上升。

在当前我国经济增速刚刚呈现企稳回升态势的背景下，刘树成认为，当前的中国经济增长还有一定的回升空间，但不需采取力度过大的刺激政策，要在继续实施积极的财政政策和稳健的货币政策中，适时微调、预调。

经济适度回升将为各项改革提供驱动力

对于当前的中国来说，经济增速适度是最佳状态。经济增速太高，不利于转方式和调结构，而经济增速偏低，也不利于转方式和调结构。

据刘树成分析，改革开放三十多年来，我国经济以近两位数高速增长，现在进入潜在经济增长率下移的新阶段。从我国目前的经济发展阶段看，在现实经济运行中，经济增长率 8% 应该是一个基本底线。如果低于 8%，经济运行会遇到一系列问题和各种困难而难以持续。

"对于当前的中国来说，经济增速适度是最佳状态。经济增速太高，不利于转方式和调结构，而经济增速偏低，也不利于转方式和调结构。"刘树成说，经济增速太高，如冲高到 10%，既会恶化经济结构，造成宏观经济效率损失，不利于转变经济发展方式，还会带来高速度、高投入、高能耗、高物耗、高污染、高通胀、低技术、低质量、低效益的"六高三低"的粗放型增长问题，这也是过去我国经济增长中存在的主要问题。现在，我国要实现转方式和调结构，无疑就要把过去那种过高的经济增长速度降下来。

为什么经济增速偏低也不利于转方式和调结构呢？刘树成说，经济增速偏低会使宏观经济运行环境趋紧，给经济发展带来一系列困难和问题，如企业利润增速下降，市场上弥漫悲观预期，国家财政收入增速亦下滑。就企业来说，企业是转方式和调结构的基层主体。如果企业利润增速下降或负增长，市场上又弥漫着悲观预期，市场前景不明朗，企业就没有信心和能力去转方式和调结构。而转方式和调结构，提高经济增长质量和效益，不是纸上谈兵，不只是转变观念问题，重要的是要实实在在地推动技术进步、技术创新。而技术进步、技术创新是需要投资支持的。新材料、新产品、新技术、新工艺的研发，技术改造、设备更新、节能减排等，都需要投资。在经济增速偏低的宏观经济环境下，企业生产经营困难，一是不愿、不敢去投资，二是没好项目去投资，三是没钱去投资。现在，人们常说，要利用经济下行的"倒逼机制"使企业加快转方式和调结构。但实际上，"倒逼机制"的压力是在经济下行阶段产生的，也就是说，"倒逼"所要解决的问题是在经济增速低位运行时暴露出来的，而这些问题则要在经济回升过程中解决。在宏观经济回升的大环境中，企业生产经营状况改善，企业利润增速提高，原材料、机器设备等生产资料价格尚处于低位，信贷条件相对宽松，市场前景看好，市场信心恢复，这就有利于企业扩大投资，有利于企业转方式和调结构。

"经济增速偏低，不仅会影响企业的宏观经营环境，影响就业的扩大，而且还会影响国家财政收入。财政收入若大幅下降，需要财政支持的经济结构调整，经济发展方式转变，科学、教育、文化、卫生等各项社会事业的发展，社会保障的扩大以及相关改革措施的推进等，都会遇到困难。"刘树成说，"同时，财政收入增速下降，而财政支出刚性很强，财政收支矛盾将会突出，还会给居民收入增长和人民生活带来影响。"

2012 年，随着经济增速的低位运行，全国财政收入累计同比增速大幅下降。2012 年 1 至 12 月累计比上年同期增长 12.8%，比上年同期大幅回落12.2 个百分点。

刘树成认为，如果国内生产总值增速连续两个季度或以上维持在偏低水平，将会给中国经济发展带来一系列困难和问题，除影响企业利润、市场预期、国家财政收入之外，还可能滞后影响企业职工收入和就业。因此，当前我国需要摆脱经济持续偏低增长的局面，有必要进一步巩固和发展已经出现的经济适度回升态势，为推进转方式和调结构、推进改革开放创造良好的宏观经济运行环境。

新型城镇化将成为经济增长的重要引擎

今后，我国城镇化再不会像 1995 年至 2012 年那样以年均 1.38 个百分点的速度提高，但若将目前的按城镇常住人口统计的城镇化率 52.57% 提高到60%，估计每年以 0.7 个百分点提高，还需十年的时间。

党的十八大后，城镇化成为国内外经济界探讨中国"新四化"的一个热词。

"城镇化是转方式、调结构、促改革的聚合点，中国城镇化发展的未来空间还很大。"刘树成认为，在未来五年的这一轮经济回升中，城镇化是扩大内需的最大潜力所在。目前，我国城镇化还不完全、不成熟。虽然 2012 年我国城镇化率达到 52.57%，但这是按照城镇常住人口统计的，其中包括了在城镇居住半年以上的进城农民，但实际上他们还没有完全融入现代城市生活。如果按城镇户籍人口计算，目前的城镇化率仅为 35% 左右。同时，我国城镇化的质量还不高，城镇各种基础设施建设和各项社会事业发展都还跟不上，"城市病"多有显现。

根据刘树成的分析预判，今后，我国城镇化再不会像 1995 年至 2012 年那样以年均 1.38 个百分点的速度提高，但若将目前的按城镇常住人口统计的城镇化率 52.57% 提高到 60%，估计每年以 0.7 个百分点提高，还需十年的时间。加之，还要提高城镇化质量，有序推进农业转移人口市民化，走集约、智能、绿色、低碳的新型城镇化道路，这将为我国未来五年，乃至更长时期的经济发展提供巨大潜力。

刘树成说，从"转方式"的角度来说，城镇化有利于扩大消费和投资。但在一定时期内，对投资的扩大作用可能更大一些。因为要为进城的农民工及其家属提供相应的产业岗位和就业机会，提供相应的公共服务，这些都需要扩大投资。从"调结构"的角度来说，城镇化有利于区域经济结构和产业结构优化升级。从"促改革"的角度来说，城镇化需要在改革攻坚中推进，它涉及户籍制度、土地制度、收入分配制度、社会保障制度、投融资体制、基本公共服务体制等多方面的配套改革。

大学生就业形势仍不容乐观

在当前和未来五年的这一轮经济回升过程中，中国的就业和经济发展的关系正好进入一个调整转换期，产业结构调整后，吸引劳动力的就业弹性系数在发生变化，未来中国的就业压力依然很大。

未来五年中国经济基本面向好的这种发展走势对于大学生就业将会产生怎样的影响？刘树成认为，近几年来，在中国经济放慢时，所带来的就业岗位反而增加，这意味着反映就业增长的弹性系数发生了变化。因此，未来中国的就业压力依然很大。

比如 2010 年经济增速为 10.8%，新增就业岗位 1068 万个。到了 2011 年，经济增速放缓至 9.2%，就业岗位反而新增到 1221 万个。2012 年经济增速虽然只有 7.8%，全国劳动力供给总量减少 345 万个，但新增就业人数却达到历史最高峰，为 1266 万个。这一数字，甚至比十多年来中国经济最高速的 2007 年增速 14.6% 时所增加的 1204 万就业岗位还要多。

"经济放慢，反而就业总量显著增加了，这与经济放慢时，第二产业放慢、第三产业加快相关。而每次经济加快时，主要是工业拉动，服务业发展相对较慢，拉动就业的作用相对并不明显。"刘树成认为，在一般的条件下，服务业发展加快，对于就业的带动作用，比同等条件下第二产业的作用要大一些。在当前和未来五年的这一轮经济回升过程中，中国的就业和经济发展的关系正好进入一个调整转换期，产业结构调整后，吸引劳动力的就业弹性系数在发生变化。对于就业影响经济增长或者经济增长拉动就业的趋势，现在很难做出准确的预判，但基本趋势依然是就业形势不容乐观。虽然我国劳动年龄人口总量下降了，但需要就业的人数仍会增加。而这种态势需要经过大概四至六年的调整期后，需要就业的人数才可能减少。

根据人力资源和社会保障部的统计资料显示，2012 年第三产业增加值增长 8.1%，增速与第二产业持平，尽管增加值与第二产业还有一定差距，但这改变了过去多年来第三产业增速低于第二产业的状况。

据了解，我国"九五"期间国内生产总值年均增长 8.6%，年均增加就业人数 804 万人；"十五"期间国内生产总值年均增长 9.5%，年均增加就业人数只有 748 万人，比"九五"时期少 56 万。

（《中国教育报》2013 年 3 月 4 日第 3 版）

防雾霾，要有一双科学的慧眼

——访中国工程院院士、山东大学环境研究院院长王文兴

人物简介：王文兴

山东大学环境研究院院长、中国工程院院士、中国环境科学学会大气环境分会理事长。兼任中国环境与发展国际合作委员会委员、国家环境咨询委员会委员等。

近日，全国再次出现大范围雾霾天气，多地空气污染指数达到 6 级严重污染程度。雾霾是怎么形成的，其成分是什么？对于大中小学这样人群集中的场所，应该如何应对雾霾？作为教育工作者，应该了解哪些有关雾霾的常识？带着这些问题，记者采访了长期从事大气环境研究的中国工程院院士、山东大学环境研究院院长王文兴。

雾霾是怎样形成的

记者：连日不散的雾霾，影响着每个人的生活。我想请您先给我们普及一些关于雾霾的知识，雾霾到底是怎么回事？

王文兴：我们所说的雾霾，是指大气中的细颗粒物浓度达到一定程度，影响能见度的一种天气现象。

我们通常说的大气污染物，主要是指二氧化硫、氮氧化物、臭氧和颗粒物。前三种是气体污染物，对大气能见度的影响不大，影响能见度的污染

物主要是大气细颗粒物。空气中的这些污染物能使大气混浊、视野模糊并导致能见度降低。气象学中规定，当水平能见度小于 10 公里、相对湿度小于 80% 时，这种天气现象就称为霾或灰霾。由于这种天气出现时常伴随着较高的相对湿度，所以也称为雾霾。

记者：颗粒物和我们通常所说的 PM2.5 是什么关系？

王文兴：颗粒物的英文名是 Particulate Matter，缩写为 PM。数值则是表明它代表的颗粒物粒径大小范围。例如 PM10 表示颗粒物动力学直径等于和小于 10 微米的细颗粒物，这些颗粒物能够进入人的呼吸道里；PM2.5 则代表颗粒物动力学直径等于和小于 2.5 微米的细颗粒，能够通过呼吸道进入人的肺泡，造成更大的危害。

我们对大气颗粒物的认识是不断发展的。现在世界各国都将 PM10 和 PM2.5 列为空气质量标准中的控制指标。目前，科学工作者正在研究 PM1 对人体健康的影响，PM1 将来也有可能会被列为空气质量标准中的控制指标。

记者：这种细颗粒物是从哪里来的，又是怎么形成的呢？

王文兴：大气细颗粒物主要来自直接排放的污染源和排放的污染气体二次生成。直接排放的细颗粒物主要来自如钢铁、水泥等工业生产过程和风沙扬尘等。所谓二次生成的细颗粒物，主要是由污染源排放的污染气体，如二氧化硫、氮氧化物、氨气、有机物等在一定天气条件下生成的，这部分细颗粒物的生成机制非常复杂，是目前研究的热门课题。

二氧化硫主要来自煤的燃烧，氮氧化物主要来自高温燃烧过程，只要有燃烧发生，就会产生氮氧化物。如烧煤炭、烧秸秆、烧垃圾等都会产生氮氧化物。氨气主要来自养殖业、农业生产、工业生产和自然排放。此外，风沙扬尘、炊事、烧烤等也都有影响。厨房炊事如炒菜，油在高温下蒸发、燃烧，都会产生有害有机气体和有机颗粒物。

污染物排放量大是形成雾霾的首要条件，但是仅这一条还不够，还必须具有充分的气象条件。2013 年以来，京津冀地区遭遇几十年不遇的不利气象条件，风速小、逆温，再加上特殊的地形，污染物容易堆积，形成雾霾，北京就是如此。北京地区西侧是太行山脉，北面是燕山山脉，地形条件相对闭塞，在这种类型的地形条件下，大气污染物不易扩散传输，致使北京地区经常发生雾霾。

记者：从国际范围看，我国的颗粒物污染程度如何？

王文兴：近年来，我们看到一些城市的细颗粒物日均浓度频繁超过300微克/立方米，污染程度非常严重，是我国 PM2.5 现行标准的 4 倍。如果用严格的标准来衡量，那就超过得更多了，世界卫生组织 2005 年颁布的《空气质量准则》规定，日均值最低标准是 25 微克/立方米，300 微克/立方米是该数值的 12 倍。

我国城市大气细颗粒物浓度大大高于欧洲、北美相应城市的浓度。欧美一般大城市的细颗粒物浓度只有几十微克/立方米，小城市甚至只有几微克/立方米。而我们发现泰山上的 PM2.5 浓度都达到四五十微克/立方米，超过了世界卫生组织提出的最低标准。

如何应对十面"霾"伏

记者：现在应对雾霾已经成为全民话题，在您看来，学校能做些什么？

王文兴：现在全民关注、警惕雾霾污染是一个非常好的现象，说明大家环保意识增强了。在学校里，有两方面的工作可做，一方面，校领导和老师们从思想上要引起重视，认识到环境保护是生态文明的重要组成部分，保护环境，人人有责；另一方面，学校要重视对学生进行生态文明、环境保护教育，爱护环境的意识是整个中华民族人文素质提高的重要方面。防雾霾，保护环境，学校应该成为知识传播者。

记者：目前，中小学教师可能欠缺相关知识，大家会觉得没有合适的人能够做这件事情。

王文兴：可请专家、环境保护工作者为学校的教师和领导举办一些专门的讲座，普及环保知识。在中学里，化学、生物、地理等专业教师都可以发挥一些作用，因为这些专业是环境科学许多领域的基础，特别是化学、生物学老师，大气污染的一些基本常识都与化学专业相关，他们一看就懂。如果化学老师能够先走一步，应该可以给全校师生讲解环境保护相关知识。

记者：除了知识和观念之外，像中小学校这样未成年人集中的场所需要采取哪些措施应对雾霾？

王文兴：在中小学里，如何应对雾霾危害是很重要的。雾霾对人的影响一般不是急性的，是一个长期过程，所以最怕的是有些地区如果经常出现这种天气，人们会习以为常，不太注意就过去了。现在，各地有关部门会发布公告，告诉大家雾霾污染到什么程度，到什么级别，有哪些活动要避免，要注意些什么。学校领导和老师一定要主动关注这些公告，按要求去做，不要不当回事。

现在各地已经把污染分级了。二级、三级问题不大，四五级就严重了。这时应该尽量减少室外活动。雾霾主要影响两个方面：一是能见度低影响交通，比如孩子在上学路上的交通安全；二是影响健康。污染特别严重的时候，10分钟路程就能吸进去很多大气污染物。这时，确实应采取必要的措施，减少室外活动，关闭门窗等，将影响降到最低限度。

中小学学生外出尽量戴口罩。目前，市场上效果比较好的口罩能够阻挡90%以上的PM2.5，不过要注意正确的佩戴方法。

扫除雾霾，高校大有可为

记者：在雾霾成因与防治方面，高校科研工作者如何更好地发挥作用？

王文兴：目前，不仅是长期从事大气污染研究的科技人员在关心颗粒物污染，很多原来属于其他学科的科技工作者，也转向雾霾相关科学技术问题的研究。现在，全国很多单位在研究大气颗粒物污染防治相关的技术，比如燃料脱硫、脱氮、汽车尾气催化净化等净化技术，以及雾霾污染的基础研究。在这一领域的研究中，高校是重要的参与者。

全国高校科技力量很强，已经并继续进行雾霾观测、形成机制、人体健康影响、控制技术以及相关科学基础研究。比如，从各种来源排放的二氧化硫、氮氧化物、挥发性有机物、氨气等都是生成细颗粒物PM2.5的前体物（原料）。这类细颗粒物称为二次颗粒物，二次颗粒物的形成是雾霾污染研究中的核心问题之一，查明它的生成过程、机制、条件对雾霾控制至关重要。这方面的研究是当前热点，高校科研工作者可发挥重要作用，大有可为。

我国在细颗粒物对人体健康影响方面的研究非常薄弱。根据世界卫生组织的研究，目前我国城市人群所暴露的颗粒物浓度水平，会对健康产生有害影响。颗粒物对健康的影响是多方面的，但主要影响呼吸系统和心血管系统，所有人群都可受到颗粒物的影响。其易感性视健康状况和年龄而异。随着颗粒物暴露水平的增加，各种健康效应的风险也会随之增大。

记者：欧美等发达国家也曾经历过一些严重的大气污染事件，他们的防治经验对我们有何借鉴意义？

王文兴：从大气污染的全球分布来看，主要在北半球。北半球有三大污染区。第一是欧洲，这是最老的污染区，从工业革命时代就开始了，特别是西欧国家，曾经是历史上第一个大的污染源。其次是美国、加拿大，北美洲工业发达，特别是美国，汽车保有量全世界最大，化石燃料消耗也最多。第三就是亚洲，严重的地区在东北亚，即我国东部地区、朝鲜半岛和日本。在这世界三大污染区中，欧洲、北美都经历过大气污染最严重的时期。20世纪30年代欧洲、北美主要大气污染物的排放量远远高于我国高峰时期的排放量，当时这两个地区的二氧化硫和氮氧化物的排放量分别约2700万吨，而我国的排放量大约各为2000万吨。而对应的经济总量，中国要高得多。另一方面，我国避免了许多大气环境灾害，如大气酸化形成的酸雨危害曾造成欧洲、北美大面积森林衰亡，湖泊鱼虾绝迹，而我国则没出现。

还有一个重要的例子，1952年英国伦敦烟雾事件发生期间，一周之内不正常死亡4000多人，最多的时候一天死亡900多人。那时伦敦燃煤排放的二氧化硫浓度高达每立方米4000多微克，正是高浓度的二氧化硫引起的急性呼吸系统伤害造成大量死亡。我国是燃煤大户，为什么没有发生这类烟雾事件呢？因为我国早就下大力气进行燃煤脱硫了，从而避免了这类污染事件的发生。例如，去年北京雾霾污染最严重时二氧化硫的浓度也只相当于伦敦事件时期的1/10，故未造成严重的急性伤害。发达国家环境保护的经验与教训，让我们在大气污染控制方面少走了不少弯路。

记者：对于我国大气污染治理，您有何建议？

王文兴：国务院非常重视雾霾污染控制，2013 年颁布了 10 条意见、35 项措施来控制各地的 PM2.5，包括能源结构改变、减少用煤等，规定很细，要求很具体。各地区、各单位都应根据单位的具体情况制订实施计划，并坚决执行。但是，我们也应看到，由于雾霾污染的复杂性，大气污染的治理不可能一蹴而就，这是一个长期的过程。我们应制订大气污染控制长期规划，分期实施。此外，我们现在执行的大气细颗粒物标准是世界卫生组织提出的初期阶段目标，以后要求会不断地提高，所以环保是一个持续不断的过程，环境保护工作应随时调整，以使经济、环境协调发展，促进国家发展的最优化。

雾霾易诱发哪些疾病

雾霾天气时，空气中往往会带有细菌和病毒，易导致传染病扩散和多种疾病发生。城市中空气污染物不易扩散，加重二氧化硫、一氧化碳、氮氧化物等物质的毒性，危害人体健康，如诱发流涕、鼻塞等上呼吸道感染，以及哮喘、咽炎、气管炎、结膜炎等疾病。

有研究证实，PM2.5 和细菌的大小差不多，一般而言，细菌进入血液后，血液中的巨噬细胞（免疫细胞的一种）就会立刻将其吞噬，将其"消化"掉。但是，PM2.5 一旦进入血液，由于其没有生命，巨噬细胞吞噬后，无法利用细胞内的各类分解酶，将其"消化"掉，其结果会导致巨噬细胞受损，释放出有害物质，导致细胞、组织出现炎症反应，机体的免疫功能就会随之下降。

雾霾中的各类有害或致病颗粒主要是通过呼吸道，进入肺部的微小通气道和肺泡，研究发现，有 75% 的微小颗粒将黏附在人体上、下呼吸道和肺叶中，引起鼻炎、支气管炎等病症，长期处于这种环境中还会诱发肺癌。同时，由于雾霾天气压较低，空气中氧含量相对减少，由此导致血流速度降低，细胞内呼吸功能下降，还会危及循环系统功能。

此外，部分研究还证实，雾霾中的部分致病微生物、化学污染物、油烟等也会"搭车"进入体内，伴随血液循环分布到神经等系统内，导致更为严重的神经伤害，甚至导致细胞产生癌变。

北京大学医学部公共卫生学院的一项研究发现，雾霾天气是心血管疾病患者的"健康杀手"，尤其是对有呼吸道疾病和心血管疾病的老人。PM2.5每立方米浓度增加10微克，医院高血压类的急诊患者就会增加8%。因为起雾时气压低，空气中的含氧量下降，人们很容易感到胸闷，早晨潮湿寒冷的雾气还会造成冷刺激，容易导致血管痉挛、血压波动、心脏负荷加重等。

长时间持续不断的雾霾天气还会造成长期的健康隐患，对人体呼吸系统、脑神经系统、心血管系统等产生威胁。（作者系北京体育大学教授、运动医学专家吴健）

雾霾的"黄、橙、红"

2013年1月，中国气象局对霾预警信号标准进行了修订。新规定将霾天气预警信号分为三级，以黄色、橙色和红色表示，分别对应预报等级用语的中度霾、重度霾和极重霾。

黄色预警：（1）能见度小于3000米且相对湿度小于等于80%。（2）能见度小于2000米且相对湿度大于80%，PM2.5大于等于75微克/立方米且小于150微克/立方米。（3）PM2.5大于等于150微克/立方米且小于500微克/立方米。

橙色预警：（1）能见度小于2000米且相对湿度小于等于80%。（2）能见度小于1000米且相对湿度大于80%，PM2.5大于等于150微克/立方米且小于500微克/立方米。（3）PM2.5大于等于500微克/立方米且小于700微克/立方米。

红色预警：（1）能见度小于1000米且相对湿度小于等于80%。（2）能见度小于1000米且相对湿度大于80%，PM2.5大于等于500微克/立方米且小于700微克/立方米。（3）PM2.5大于等于700微克/立方米。

（分级依据：预计 24 小时内可能出现以上条件之一或实况已达到以上条件之一并可能持续。）

（《中国教育报》2014 年 3 月 2 日第 3 版）

后　记

　　《教育新视野》总共收录了 35 篇文章，其中包括 25 篇访谈和 10 篇署名文章，先后刊发于《中国教育报》的"高端访谈"和"文化讲堂"两个栏目。根据内容，本书将这些文章分为"中国梦与教育梦""全球视野看中国教育""教育信息化挑战与趋势""教育改革与人才培养""教育与传统文化""教育与经济、科技"六个部分。

　　参与采访写作的本报记者有：顾雪林、周飞、刘华蓉、汪瑞林、唐景莉、柯进、赵秀红、张春铭、俞水、易鑫、李凌、万玉凤、高靓。参与相关版面编辑工作的人员有：张春铭、俞水、易鑫、于建坤、李薇薇、黄文、唐景莉、汪瑞林、赵秀红。此外，北京师范大学国际与比较教育研究院滕珺博士对三位关注中国教育的国际知名学者进行采访，以特约撰稿人的身份为本报提供了稿件。季羡林基金会秘书长王如女士也以特约撰稿方式为本报采写了一篇高端访谈文章。本书的系列文章在选题策划、采写、编辑，以及后期收集整理过程中，得到了《中国教育报》编辑部及编委会的大力支持和悉心指导，在此一并表示感谢。

《教育新视野》编委会

出 版 人	所广一
责任编辑	张　璞
版式设计	沈晓萌
责任校对	贾静芳
责任印制	叶小峰

图书在版编目（CIP）数据

教育新视野 / 翟博主编 . —北京：教育科学出版社，2015.11

ISBN 978－7－5041－9957－7

Ⅰ.①教…　Ⅱ.①翟…　Ⅲ.①教育工作—文集　Ⅳ.①G4-53

中国版本图书馆 CIP 数据核字（2015）第 242521 号

教育新视野
JIAOYU XIN SHIYE

出版发行	**教育科学出版社**		
社　　址	北京·朝阳区安慧北里安园甲 9 号	市场部电话	010-64989009
邮　　编	100101	编辑部电话	010-64981232
传　　真	010-64891796	网　　址	http：//www. esph. com. cn
经　　销	各地新华书店		
制　　作	北京大有图文信息有限公司		
印　　刷	保定市中画美凯印刷有限公司		
开　　本	169 毫米 ×239 毫米　16 开	版　　次	2015 年 11 月第 1 版
印　　张	18.5	印　　次	2015 年 11 月第 1 次印刷
字　　数	246 千	定　　价	40. 00 元